餐饮运营与管理

图说餐饮管理系列

匡仲潇　主编

化学工业出版社
·北京·

《餐饮运营与管理》一书,从餐饮品牌管理、餐饮营销推广、餐饮采购管理、餐饮企业"五常法"管理、餐饮质量管理、餐厅食品安全控制、餐厅运营安全管理七个方面对餐饮企业的运营与管理做了深入浅出的讲解和分析,并附以大量实际案例。

《餐饮运营与管理》一书理念新颖,实用性和可操作性强,是一套不可多得的餐饮企业管理与操作实务读本,可以作为中小餐饮企业创业者、管理人员、基层员工参考使用的工作手册和指导用书。

图书在版编目(CIP)数据

餐饮运营与管理/匡仲潇主编. —北京:化学工业出版社,2018.2(2024.10重印)
(图说餐饮管理系列)
ISBN 978-7-122-31009-5

Ⅰ.①餐… Ⅱ.①匡… Ⅲ.①饮食业-经营管理-图解 Ⅳ.①F719.3-64

中国版本图书馆CIP数据核字(2017)第279541号

责任编辑:陈 蕾　　　　　　　　　　　　装帧设计:尹琳琳
责任校对:边 涛

出版发行:化学工业出版社(北京市东城区青年湖南街13号 邮政编码100011)
印　 装:北京天宇星印刷厂
710mm×1000mm　1/16　印张18　字数319千字　2024年10月北京第1版第8次印刷

购书咨询:010-64518888(传真:010-64519686)　售后服务:010-64518899
网　　址:http://www.cip.com.cn
凡购买本书,如有缺损质量问题,本社销售中心负责调换。

定　价:68.00元　　　　　　　　　　　　　　　　　版权所有　违者必究

前 言

近年来，餐饮市场可谓是异常火爆。尤其是近两年，大小企业都进军餐饮市场，很多餐饮品牌扎堆出现的同时，大批品牌悄然消失。餐饮行业新一轮的大洗牌，使得只有不断创新的优质品牌才能够在竞争激烈的市场上逆势而上。

有业内人士指出，未来餐饮业只有两种形态：一是以外卖为核心的产品模式；二是以社交为核心，创造不同场景与体验的餐厅模式。无论是哪种形态，都需要"独一无二"的产品与体验。然而，并不是每个品牌都能够做到。那么，哪些品牌关注度最高？哪些品牌才能够在市场上脱颖而出呢？

根据赢商网大数据中心与汉博商业研究院联合发布的数据显示，在2016年第一季度最受关注的餐饮品牌前50名中，外婆家位列第一，成为一季度最受关注的餐饮品牌；西贝莜面村、火炉火、胡桃里音乐酒馆、原麦山丘、禄鼎记、乐凯撒比萨、奈雪の茶、天泰餐厅与70后饭吧等餐厅分别位列前十。从整体榜单看，占比最多的餐饮类型是中式正餐、休闲餐饮与火锅，分别占据15席、8席与7席。另外，在本季度的前50名餐饮品牌中，新兴品牌共有24席上榜，几乎占据了榜单的一半。可以看出，越来越多的优质新兴品牌已经开始渗透国内餐饮市场，并受到了市场与消费者的关注。

中式正餐主打性价比、融合创新的地域特色及品质化。上榜的中式正餐品牌依然是以川菜、江浙菜受关注度最高。中式正餐人均消费价格集中在60元左右，且消费者偏年轻化，因此创新的菜品与独特的就餐环境成为了此类餐饮品牌的重要因素之一。值得关注的是，上榜的新兴品牌前期多以周边城市进行试点布局，嫁接互联网或微信圈等进行商业模式创新，后期成熟后迅速向全国拓展。

此外，随着消费者的年轻化，越来越多的品牌都在想方设法地抢占年轻消费者的市场，以"创意"为品牌附加值取得消费者关注的品牌为数不少。如通过"爆款单品""有格调的就餐环境""嫁接互联网思维的商业模式"等创新的招数吸引顾客，相信这种方式也将成为未来餐饮品牌的发展趋势之一。

因此，只有向大众化餐饮市场、年轻化消费趋势、品牌效应、菜品的创新、有格调的就餐环境、嫁接互联网思维的商业模式等转变，才能顺应时代潮流，抢占餐饮先机，发现餐饮机遇，轻松地挖掘财富，成为成功的掘金人。

然而，除了创意之外，日常的经营管理也非常重要，一个好的创意，必须有好的经营，才可能走向成功。经营则须从细微处入手，做好采购控制、员工培训、营销促销等一系列工作。笔者针对目前餐饮市场的状况，凭借多年的管理和培训经验，组织编写了《图说餐饮管理系列》图书，包括《餐饮运营与管理》《餐饮营销与促销》《餐饮成本控制与核算》《餐饮岗位·制度·流程·表格》《连锁餐饮运营与管理》《餐饮电商营销》，为餐饮企业经营者和从业人员提供全方位的指导和参考。

本书理念新颖，实用性和可操作性强，是一套行之有效的餐饮企业管理与操作实务读本，可以作为中小餐饮企业创业者、管理人员、基层员工参考使用的工作手册和指导用书。

本书由匡仲潇主编，在编写过程中，得到多家餐饮企业和餐饮一线从业人员的帮助及支持，其中参与编写和提供资料的有王红、王健、王春华、李建华、李景吉、李汉东、李春兰、刘婷、刘春海、刘海江、李牧苇、冯飞、宋健、张君、许华、陈丽、陈素娥、周军、周亮、高健、匡粉前、杨雯、赵建学、黄彪，最后全书由匡仲潇审核完成。同时本书还吸收了国内外有关专家、学者的最新研究成果，在此对他们一并表示感谢。

由于编者水平有限，书中难免出现疏漏与缺憾，敬请读者批评指正。

编者

目 录

第一章 餐饮品牌管理

如今，品牌繁多的餐饮连锁企业，例如瓦蓝、一茶一座、合合谷、永和、小肥羊、味千拉面、真功夫等餐饮品牌的竞争日趋激烈。在国内品牌相互竞争日趋激烈的同时，还面临着国外的大品牌进入中国的竞争。

面对激烈竞争的环境，中国餐饮业如何打造知名品牌，如何完成从成本型经济到品牌经济的转变，已经成为中国餐饮界每个企业家都要思考的大问题。

第一节 塑造餐饮品牌 2
一、品牌定位 2
二、品牌形象建立 10
三、品牌设计 12
  相关链接：俏江南品牌标志设计 20
  相关链接：餐饮行业知名品牌故事 21
  相关链接：知名餐饮品牌口号欣赏 27

第二节 餐饮品牌连锁扩张 34
一、认识品牌扩张 34
二、品牌扩张的价值 36
三、餐饮品牌竞争环境 37
四、餐饮品牌竞争格局 38
五、餐饮品牌扩张策略 38
六、制定加盟连锁标准 40
  【实战范本】俏江南加盟手册 40

七、餐饮品牌异地扩张 41

第三节　餐饮品牌维系保护 42

一、餐饮品牌硬性保护 42

相关链接：小肥羊商标维权之路 44

二、餐饮品牌软性保护 47

三、餐饮品牌危机处理 48

第二章　餐饮营销推广

　　餐饮营销，不单是指餐饮推销、广告、宣传、公关等，它同时还包含餐饮经营者为使宾客满意并为实现餐饮经营目标而展开的一系列有计划、有组织的广泛的餐饮产品以及服务活动。它不仅仅是一些零碎的餐饮推销活动，而更是一个完整的过程。餐饮营销是在一个不断发展着的营销环境中进行的，所以，为适应营销环境的变化，抓住时机，营销人员应该制订相应的营销计划。

第一节　餐厅的传统营销手段 56

一、广告营销 56

二、店面广告营销 64

三、内部宣传品营销 65

四、菜单营销 65

五、餐厅服务促销 69

六、餐厅主题文化促销 73

七、餐厅跨界促销 76

八、口碑营销 79

九、利用"Event"推销 83

第二节　"互联网+"下的餐饮企业营销 84

一、"互联网+"的定义 85

二、餐饮企业的"互联网+" 86

三、餐饮企业网站营销 86
四、餐饮企业微信营销 89
　　【实战范本】××餐饮企业微信营销活动 91
五、餐饮企业微博营销 96
　　相关链接：微博营销的推广技巧 99
六、餐饮企业网络团购营销 101
　　相关链接：国内主要团购网站 102
七、餐饮企业的O2O营销 106
　　【实战范本】金百万旗下准成品O2O平台"U味儿"正式上线 107
　　案例　中国餐饮O2O十大创新性案例 109

第三章　餐饮采购管理

　　餐饮企业中的采购工作是一项复杂的业务活动，它不能简单地按照"便宜无好货，好货不便宜"的俗套思维进行。管理学家认为，一个好的采购员可为企业节约5%的餐饮成本，甚至远大于5%。

第一节　餐饮采购的方式 120
　　一、统一采购 120
　　二、集团统一采购与各区域分散采购相结合 120
　　三、本地采购与外地采购相结合 120
　　四、餐饮企业联合招标采购 120
　　五、供应商长期合作采购 123
　　六、同一菜系餐饮企业集中采购 123
　　七、向农户直接采购 123
　　八、自建原料基地 123
　　九、网络采购 124
　　　　相关链接：餐饮企业如何选择采购方式 124

第二节　电商时代的餐饮采购 125
　　一、餐饮采购转型食材集采 125

相关链接：生鲜电商用食材节做对接，集采会上见成效 128
　二、餐饮B2B采购 129
　三、餐饮O2O采购 133
　四、餐饮APP采购 137

第三节　采购成本控制 142
　一、从采购质量上控制成本 142
　二、从采购价格上控制成本 144
　三、从采购数量上控制成本 145
　　相关链接：餐饮中控制原料采购数量的方法 146
　四、从采购员上控制成本 148
　　相关链接：餐饮企业采购成本控制的具体措施 149

第四节　采购中食品安全控制 150
　一、从供应商环节控制 150
　　【实战范本】食品供货安全协议 151
　二、从原料采购环节控制 152
　　相关链接：食品采购要查验索取有关票证 155
　三、从原料验收环节控制 155

第四章　餐饮企业"五常法"管理

　　"五常法"即常组织、常整顿、常清洁、常规范、常自律的简称，是当今餐饮企业广为推崇的、先进的自身卫生管理模式，也是强化餐饮经营卫生意识，提高卫生管理水平，促进企业员工自律，消除餐饮卫生安全隐患的一种有效手段。"五常法"的要义是"工作常组织，天天常整顿，环境常清洁，事物常规范，人人常自律"。

　　运用"五常法"管理能对餐饮企业的安全、卫生、品质、效率、形象等进行科学有效的提升，是生产高品质产品、提供高品质服务、杜绝或减少浪费、提高企业效率、树立企业形象的最佳途径。

第一节 "五常法"概述 158
一、"五常法"的含义 158
二、餐饮企业实施"五常法"的意义 159
三、"五常法"管理的组织与职责 160
四、"五常法"实施的步骤 163

第二节 5S实施的具体做法与要求 168
一、1S——常组织,腾出有效空间 168
二、2S——常整顿,让物品"有名有家" 170
  相关链接:目视管理的载体 176
三、3S——常清洁 保持环境整洁 177
四、4S——常规范 做到持之以恒 179
五、5S——常自律 提升员工素质,变"要我做"为"我要做" 180
  【实战范本】"五常法"管理制度 181
六、重点岗位"五常法"要点 187

第五章 餐饮质量管理

  餐饮质量管理包括食材质量、菜肴制作以及楼面服务管理。原料采购是餐厅为客人提供菜品质量的重要保证,是餐厅运营的起点。厨房是餐厅的核心,必须有细致的管理,管理要实现统一标准、规格、程序,以提高工作效率,降低生产成本,并确保菜肴标准、质量,加快服务速度。楼面的服务主要包括菜品销售和顾客服务,这两项工作做好了,餐厅的营业状况必能一直保持良好,为餐厅的营运奠定良好的基础。

第一节 保证餐饮原料的质量 195
一、制定原料采购规格标准 195
二、加强食品原料验收 198
三、食品原料储藏的质量控制 201

第二节　菜肴制作和出品质量控制 205
　　一、制定菜品质量标准 205
　　二、加工环节的质量检查与质量监督 210
　　三、厨房出品质量控制方法 211
　　四、有效控制异物 214

第三节　楼面服务质量控制 216
　　一、制定餐厅环境质量标准 216
　　二、餐厅用品配备质量标准 217
　　三、餐厅设备质量及日常保养标准 218
　　四、餐厅卫生质量标准 221
　　五、服务态度统一标准 222
　　六、餐厅服务质量检查 224
　　七、进行顾客意见调查 225
　　八、开展服务质量评估 229
　　【实战范本】管理者每日工作检查表 234

第六章　餐厅食品安全控制

　　餐饮业是食品行业产供销产业链中的终端行业，处于与消费者日常生活联系最紧密的领域，可以说食品安全是餐饮业链条的核心。对于众多餐饮企业而言，破解餐饮业食品安全的前提，需要系统地从源头采购、半成品加工、仓储、配送等各个环节加强食品安全风险管控。具体而言就是要在原料的采购、原料的存储保管、原料的加工、原料的运输过程以及成品的销售服务环节等都能够严格按照相关要求把控，不仅为消费者营造出良好的环境就餐，更加注重食品安全环境。

第一节　健全从业人员健康管理制度 240

一、新进人员健康检查 ... 240
　　二、定期健康检查 ... 240
　　三、培养员工的健康意识 ... 240
第二节　采购与储存环节食品安全控制 ... 240
　　一、采购环节的食品安全 ... 240
　　二、验收环节的食品安全 ... 241
　　三、储存的食品安全 ... 242
　　四、发货环节的食品安全 ... 242
第三节　加强厨房的卫生管理 ... 243
　　一、厨房应当保持内外环境整洁 ... 243
　　二、加强餐饮设施、设备的卫生 ... 246
　　三、做好厨房用具的卫生 ... 249
　　四、保证餐具的卫生 ... 251
第四节　食物中毒的预防 ... 253
　　一、食物中毒的特点 ... 253
　　二、食物中毒的常见原因 ... 253
　　三、预防食物中毒的关键点 ... 254
　　四、各类食物中毒的预防措施 ... 255
　　五、发生食物中毒应及时处理 ... 257
第五节　食物过敏控制 ... 257
　　一、食物过敏的反应 ... 257
　　二、最常见的食物过敏原 ... 258
　　三、过敏原预防管理 ... 259
第六节　加强病媒生物的防治 ... 261
　　一、加强对虫鼠的防治 ... 261
　　二、加强对苍蝇的防治 ... 261
　　三、加强对蟑螂的防治 ... 262

第七章　餐厅营运安全管理

　　在日常经营中，以经济效益为核心，又往往使领导忽视安全。安全虽然不直接创造经济效益，但是，它可保障经济效益的实现。一旦失去安全保障，那么餐厅的经济效益和社会效益都会付之东流。因此说，安全是餐厅有序生产的前提，是实现餐厅效益的保证，是保护顾客与员工利益的根本。

第一节　餐厅人财物的安全防范..264
　　一、防抢..264
　　二、防偷..266
　　三、防意外..268
　　四、防火..269
　　五、防台风..271
　　六、防爆..271
　　七、防地震..272

第二节　餐厅突发事件应急处理..272
　　一、烫伤..273
　　二、烧伤..273
　　三、腐蚀性化学制剂伤害..273
　　四、电伤..273
　　五、客人突然病倒..273
　　六、客人跌倒..274
　　七、顾客出言不逊..274
　　八、客人丢失财物..274
　　九、顾客打架闹事..275
　　十、突然停电..276

第一章
餐饮品牌管理

引言

如今,品牌繁多的餐饮连锁企业,例如瓦蓝、一茶一座、合合谷、永和、小肥羊、味千拉面、真功夫等餐饮品牌的竞争日趋激烈。在国内品牌相互竞争日趋激烈的同时,还面临着国外的大品牌进入中国的竞争。

面对激烈竞争的环境,中国餐饮业如何打造知名品牌,如何完成从成本型经济到品牌经济的转变,已经成为中国餐饮界每个企业家都要思考的大问题。

第一节　塑造餐饮品牌

一、品牌定位

品牌定位是餐饮企业开展市场销售工作的重要前提。通俗地说，品牌定位就是餐饮企业将自己的产品或服务设想在目标消费者心目中的独特位置。

餐饮企业的品牌定位实质上就是推出餐饮企业自身所期望的形象（产品、服务或餐饮企业本身），目的是让其在消费者的心目中的实际形象与餐饮企业所期望的形象相吻合或产生共鸣，这也可以说是餐饮企业的一种引导和控制消费者心理的销售行为。

（一）品牌个性塑造要把握的内容

品牌可以赋予产品个性、意会、情感文化等，它就会像风情万种的活生生的人，具有非常丰满的文化形象与气质。为此必须把握以下几点。

（1）产品、服务有什么突出的特质、特征、特点？

（2）以谁为目标顾客？他们有何种生活形态偏好？

（3）目标消费群体有何种心理个性？

（4）对你的产品、服务如何进行定位？

（5）对你的产品、服务如何进行人格化？

（6）人格化的形象广告如何让消费者产生认同或把前几个问题综合起来不难得出以下公式：品牌性格＝产品＋定位＋个性。

（二）品牌定位要素

品牌定位要素包括目标市场、消费者心理、竞争环境、品牌独特性等。

1.目标市场

品牌定位的一个要素是确定目标市场或目标消费者。品牌定位是品牌被预设的在目标消费者心理空间的位置。只有选定目标消费者，并由此确定定位空间，才谈得上品牌定位。

一项调研表明，美国牙膏有4个主要的细分市场：追求香味和外观的用户、追求牙齿洁白效果的用户、追求防蛀效果的用户和追求低价的用户。佳洁士牙膏的品牌定位以追求防蛀的用户为主要的目标市场，而Close-Up牙膏的品

牌定位以追求香味和外观的用户及追求牙齿洁白效果的用户为目标市场。

又如，美国钟表公司通过市场调查，把美国手表市场分为3个子市场：想买价格低廉、能够计时的手表的消费者，占美国手表市场的23%；想买价格适中、计时准确且耐用的手表的消费者，占46%；想买各种名贵手表、追求其象征性价值的消费者，占31%。美国其他著名的钟表公司将这3个子市场都作为目标市场，而美国钟表公司则选择前两个子市场作为目标市场。由于目标市场明确，美国钟表公司将天美时手表的品牌定位于"物美价廉"的形象，通过大力促销赢得了目标消费者的厚爱，取得了品牌定位的成功。

2.消费者心理

消费者心理是品牌定位的一个要素，因为品牌定位是预设品牌在目标消费者心理空间的位置；只有了解目标消费者的心理，才能建立他们的心理空间；而只有建立心理空间，才能进行品牌定位；建立消费者的心理空间，就是确定与消费者认知、动机和态度有关的定位维度（定位坐标轴）。因此，了解目标消费者现在的和潜在的认知、动机、态度，选择与此相关的、恰当的定位维度，是品牌定位的一个关键。

案例 ▶▶▶

例如中式快餐巨头——真功夫，则是以营养健康为卖点。信奉"民以食为天"的中国人特别讲究饮食的搭配与营养的吸收。人们在快节奏的生活中要求采用无公害的绿色，黑色的野生食材，天然原料进行科学烹饪，加工，要求保持菜肴原料的本色，并要求口味清淡。

近年来，麦当劳、肯德基等世界快餐名牌产品的营养问题已经引起人们的普遍质疑；代表着"黄色"和"黑色"的食品，其品种在开发、配方、加工方式上的单一化、标准化，其烹饪方法以煎、炸、烤为主，从而导致了产品的高热量、高脂肪、高蛋白质和低维生素、低矿物质、低食用纤维等对人体需求不利的、易使人体发胖的弊端。其缺乏营养、热量高、容易上火、长期食用对健康不利等弊端也逐渐被人们所认知。因此国人对"洋快餐"的追捧也逐渐降温。真功夫抓住机会，积极扩展市场，除了宣布"坚决不做油炸"外，还剔除所有油炸产品，推出各款营养食品，以满足人们对健康的追求。

真功夫以营养健康为卖点的原盅蒸饭和蒸汤，是典型的岭南风味：口味清淡，制作精细。真功夫尽管属于岭南饮食文化，但大部分中国人以米饭为主食，而目前在快餐市场上像真功夫这样专注于"做饭"的快餐品牌几乎没有，而蒸以水为热媒，能保持食物原味，不上火，是非常健康的烹饪方式；真功夫的这一做法，恰好迎合消费者的消费习惯，抓住了消费者的心理。

美味是中餐的一种共性，"营养"才是真功夫的竞争力所在。真功夫的品牌口号"营养还是蒸的好"和"80秒完成点餐"顺应了中国消费者对快餐"便捷、健康"的需求趋势，并与肯德基、麦当劳等"洋品牌"形成鲜明的市场区隔，一举击中洋快餐的"烤、炸"不健康"软肋"，具有较强差异化竞争力，初步完成对快餐市场蛋糕的"切割"。以消费者认可的方式来确定自己的竞争手段，这正是真功夫能在竞争激烈的市场中取胜的主要原因。

3. 竞争环境

分析竞争环境是品牌定位的一个要素，因为进入目标消费者心理空间的品牌通常不止一个，品牌与其竞争对手的定位之间是相互影响的，因此，品牌定位要分析竞争环境和了解对手的定位。分析竞争环境，就是选择一组竞争维度，比较品牌与其对手在每一个竞争维度上的优势或劣势，由此选择较能体现该品牌优势的竞争维度，再从中选出最重要的竞争维度作为定位维度。

 案例 ▶▶▶

品牌A的竞争对手是品牌B。现选择技术、成本、质量和服务作为比较两个品牌的4个竞争维度。经过市场调研发现，在技术上，品牌A与品牌B旗鼓相当；在成本上，品牌A处于弱势；在质量和服务上，品牌A处于优势。由此选择质量和服务作为品牌A候选的定位维度。再通过调研了解到，品牌B在质量上具有较强的改进能力，而在服务上改进的能力较弱，改进的可能性较小。据此，最终应确定服务作为品牌A的定位维度，即品牌A应定位于服务优势。

4. 品牌独特性

品牌独特性或品牌差异化也是品牌定位的一个要素，这也是由品牌在目标市场的竞争所决定的。品牌定位是预设品牌在消费者心理空间的独特的位置，独特的位置就是品牌区别于其他对手的有特色或有差异的位置。品牌的特色定位或差异化定位，是品牌定位的一个关键。

（三）品牌定位的方法

1. 比附定位法

比附定位就是攀附名牌，比拟名牌来给自己的产品定位，希望借助知名品牌的光辉来提升本品牌的形象。

比附定位通常采用以下三种方式来实施。

（1）"第二主义"　就是明确承认市场的第一品牌，自己只是第二。

这种策略会使人们对公司产生一种谦虚诚恳的印象，相信公司所说是真实可靠的，这样较容易使消费者记住这个通常难以进入人们心智的序位。

第二主义最著名的例子就是美国阿维斯出租汽车公司"我们是第二，我们要进一步努力"的定位。

（2）攀龙附凤　首先是承认市场中已卓有成就的品牌，本品牌虽自愧不如，但在某地区或在某一方面还可与这些最受消费者欢迎和信赖的品牌并驾齐驱，平分秋色。

这以巴奴毛肚火锅定位为代表：服务不是巴奴的特色，毛肚和菌汤才是！既让自己与"老大"海底捞相提并论，又形成了明显的差异化。

巴奴毛肚火锅

（3）俱乐部策略　公司如果不能取得本市场第一地位，又无法攀附第二名，便退而采用此策略，希望借助群体的声望和模糊数学的手法，打出会限制严格的、俱乐部式的高级团体牌子，强调自己是这一高级群体的一员。从而借助俱乐部其他市场领先品牌的光辉形象来抬高自己的地位形象。

这以美国克莱斯勒汽车公司为代表，其定位为"美国三大汽车之一"。这种定位使消费者感到克莱斯勒和第一的通用、第二的福特一样都是最好的汽车生产商之一。

2. 利益定位

利益定位就是根据产品或者所能为消费者提供的利益、解决问题的程度来定位。

由于消费者能记住的信息是有限的，往往只对某一利益进行强烈诉求，容易产生较深的印象。这以宝洁的飘柔定位于"柔顺"；海飞丝定位于"去头屑"；潘婷定位于"护发"为代表。

3.USP定位

USP定位策略的内容是在对产品和目标消费者进行研究的基础上,寻找产品特点中最符合消费者需要的、竞争对手所不具备的、最为独特的部分。

美国M&M巧克力的"只溶在口,不溶于手"和乐百氏纯净水的"27层净化"是国内USP定位的经典之作。又如,云味馆的"世界很大、云南不远"也是如此!

云味馆

4.目标群体定位

该定位直接以某类消费群体为诉求对象,突出产品专为该类消费群体服务,来获得目标消费群的认同。

把品牌与消费者结合起来,有利于增进消费者的归属感,使其产生"这个品牌是为我量身定做"的感觉。

如金利来的"男人的世界"、哈斯维衬衫的"穿哈斯维的男人"、二人锅的"90后"女性社区、莫奈花园以女性为主的下午茶。

二人锅官方微博

5. 市场空白点定位

市场空白点定位是指企业通过市场上未被人重视或者竞争对手还未来得及占领的细分市场，推出能有效满足这一细分市场需求的产品或者服务。

如乐凯撒的榴莲比萨创造者的定位，抢占了榴莲比萨的市场空白！

榴莲比萨创造者

6. 质量/价格定位

即结合对照质量和价格来定位，质量和价格通常是消费者最关注的要素，而且往往是相互结合起来综合考虑的，但不同的消费者侧重点不同。

如某选购品的目标市场是中等收入的理智型的购买者，则可定位为"物有所值"的产品，作为与"高质高价"或"物美价廉"相对立的定位。这以戴尔电脑的"物超所值，实惠之选"和雕牌的"只选对的，不买贵的"为代表。

7. 档次定位

按照品牌在消费者心中的价值高低可将品牌分出不同的档次，如高档、中档和低档，不同档次的品牌带给消费者不同的心理感受和情感体验，常见的是奢侈品牌的定位策略。

如劳力士的"劳力士从未改变世界，只是把它留给戴它的人"、江诗丹顿的"你可以轻易地拥有时间，但无法轻易地拥有江诗丹顿"和派克的"总统用的是派克"的定位。

8. 类别定位

该定位就是与某些知名而又属于司空见惯类型的产品做出明显的区别，把自己的品牌定位于竞争对手的对立面，这种定位也可称为与竞争者划定界线的定位，这以七喜的"七喜，非可乐"为代表。

目前火爆的单品正是这种定位，如黄太吉、冒菜老号、老碗会等。

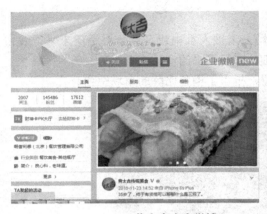 

黄太吉官方微博　　　　　　　　　　　冒菜老号官网

9. 文化定位

将文化内涵融入品牌，形成文化上的品牌差异，这种文化定位不仅可以大大提高品牌的品位，而且可以使品牌形象更加独具特色。

酒业运用此定位较多，如珠江云峰酒业推出的"小糊涂仙"的"难得糊涂"的"糊涂文化"和金六福的"金六福——中国人的福酒"的"福运文化"的定位。

10. 比较定位

比较定位是指通过与竞争对手的客观对比来确定自己的定位，也可称为排挤竞争对手的定位。

在该定位中，企业设法改变竞争者在消费者心目中的现有形象，找出其缺点或弱点，并用自己的品牌进行对比，从而确立自己的地位。

这以泰诺的"为了千千万万不宜使用阿司匹林的人们，请大家选用泰诺"为代表。

11. 情感定位

情感定位是指运用产品直接或间接地冲击消费者的情感体验而进行定位，用恰当的情感唤起消费者内心深处的认同和共鸣，适应和改变消费者的心理。

浙江纳爱斯的雕牌洗衣粉，利用社会对下岗问题的关注而进行的"……妈妈，我能帮您干活啦"的"下岗片"定位，真情流露，引起了消费者内心深处的震颤以及强烈的情感共鸣，使得"纳爱斯"和"雕牌"的品牌形象更加深入人心。

又如：山叶钢琴的"学琴的孩子不会变坏"，这是中国台湾地区最有名的广告语，它抓住父母的心态，采用攻心策略，不讲钢琴的优点，而是从学钢琴有利于孩子身心成长的角度，吸引孩子父母。

12. 首席定位

首席定位即强调自己是同行业或同类产品中的领先地位，在某一方面有独到的特色。

企业在广告宣传中使用"正宗的""第一家""市场占有率第一""销售量第一"等口号,就是首席定位策略的运用。但现在广告法不准打第一、最大等词语。

13. 经营理念定位

经营理念定位就是企业利用自身具有鲜明特点的经营理念作为品牌的定位诉求,体现企业的内在本质,并用较确切的文字和语言描述出来。一个企业如果具有正确的企业宗旨、良好的精神面貌和经营哲学,那么企业采用理念定位策略就容易树立起令公众产生好感的企业形象,借此提高品牌的价值(特别是情感价值),提升品牌形象。

这以TCL的"为顾客创造价值,为员工创造机会,为社会创造效益"的经营理念定位为代表。随着人文精神时代的到来,这种定位会越来越受到重视。

14. 概念定位

概念定位就是使产品、品牌在消费者心智中占据一个新的位置,形成一个新的概念,甚至造成一种思维定式,以获得消费者的认同,使其产生购买欲望。该类产品可以是以前存在的,也可以是新产品类。

这以拾味馆打造"骨汤"为特色概念的连锁品牌为代表。

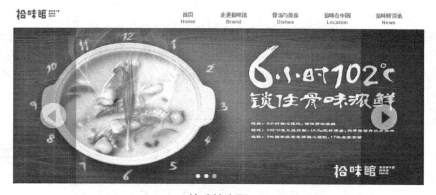

拾味馆主页

15. 自我表现定位

自我表现定位是指通过表现品牌的某种独特形象,宣扬独特个性,让品牌成为消费者表达个人价值观与审美情趣、表现自我和宣示自己与众不同的一种载体及媒介。

自我表现定位体现了一种社会价值,能给消费者一种表现自我个性和生活品位的审美体验及快乐感觉。

如百事的"年轻新一代的选择",它从年轻人身上发现市场,把自己定位为新生代的可乐。

李维斯牛仔的"不同的酷,相同的裤",在年轻一代中,"酷"文化似乎是一种从不过时的文化,紧紧抓住这群人的文化特征,以不断变化的带有"酷"像的广告出现,以打动那些时尚前沿的新"酷"族,保持品牌的新鲜和持久的生产力。

二、品牌形象建立

餐饮企业要想塑造自身的品牌形象,首先就要弄懂品牌形象建立的相关因素,如下图所示。

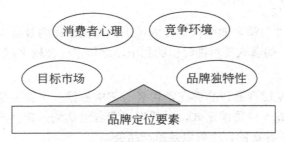

品牌形象建立的相关因素

1. 品牌文字

品牌文字是建立品牌形象的一个要素。品牌名称、品牌口号、品牌年度报告、品牌产品目录、品牌手册等文字都是建立品牌形象的重要手段。品牌文字的含义、读音和多义性,能使消费者对品牌产生认知和联想,并由此建立一定的品牌形象。

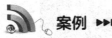 案例 ▶▶▶

著名饮料品牌名称"娃哈哈"可以通过消费者的认知和联想建立以下品牌形象。

(1)特色形象　娃哈哈饮料具有适合儿童的口味和营养特色。

(2)利益形象　儿童从娃哈哈饮料得到很大的满足。

(3)价值形象　让孩子愉快、幸福是中国家庭的价值观念。

(4)文化形象　"娃"代表了浓厚的中国家庭文化色彩,同时谐音"哇哈哈"是一首20世纪60年代流行的新疆民歌的歌名,听起来有亲切感。

(5)个性形象　"娃"体现强烈的人性——对孩子真诚的爱,"哈哈"具有强烈的感染力。

(6)对象形象(特征)　"娃"表明品牌的市场对象是儿童。

2. 品牌标志

品牌标志是建立品牌形象的一个要素。品牌的标志图案、标志色和标志物以及品牌包装等，都是建立品牌形象的手段。

3. 品牌传播

品牌传播是建立品牌形象的一个要素。品牌广告、品牌展览、品牌公关和品牌形象代言人等传播方式，都是建立品牌形象的手段。其中，品牌广告通过大众传媒进行传播，具有最高的传播效率，是最重要的传播品牌形象的手段。

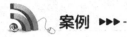

西安一家食品公司阿香婆香辣酱品牌形象的树立，与那则曾经轰动大江南北的广告有关。在广告里，姑娘说："精选上等的牛肉、芝麻、核桃、花生、桂圆、味素精心地熬（画面：锅里翻腾的热气）。"老太太说："熬哇熬，我终于熬成了阿香婆。""阿香婆香辣酱，口口流香好滋味"。这里，一个"熬"字将香辣酱制作的精心和工夫突出表现出来，同时与"媳妇熬成婆婆"联系起来，暗寓代代相传、历史悠久的地方文化意味。

4. 品牌销售环境

品牌销售环境是建立品牌形象的一个要素。品牌销售的地点、建筑、场地、设施、工具、用品、信息资料、人员、顾客、气氛等环境因素，都是建立品牌形象的手段。

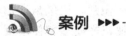

美国海特饭店通过艺术画廊塑造了一种品牌形象，而维多利亚饭店则通过箱形专用车塑造了一种品牌形象。又如，销售环境在餐饮业可以起到以下形象提示作用：

（1）繁华的地段暗示饭店、餐馆的档次不会低；

（2）整洁的环境可以提示食品的卫生水平；

（3）新鲜而芳香的店堂空气可以暗示所出售菜肴、点心的新鲜程度；

（4）温暖宜人的气温、柔和的灯光和音乐、舒适的座位可以提示温情、细腻的服务风格，而强烈的灯光和欢快的音乐又可以提示热情、豪爽的服务风格；

（5）醒目的指示牌和印制精良的菜单可以提示精心设计的、周密的服务；

（6）店堂服务人员和在座顾客语言举止的文明可以提示格调的高雅。

5. 品牌活动

品牌活动也是树立品牌形象的一个要素。品牌促销、品牌公关等活动对品牌形象的建立起到重要的作用。

案例 ▶▶▶

瑞士斯沃琪（Swatch）手表树立品牌形象的主要手段之一就是举办或参加促销或公关活动。又如，美国派克笔（Parker）通过巡展活动在中国市场树立自己的品牌形象。

三、品牌设计

品牌设计也就是品牌的表现形式，主要包括品牌的名称及品牌标志，其次还有品牌说明、品牌故事、品牌形象代言人、品牌包装等附加因素。餐饮企业的品牌设计就是针对餐饮企业品牌的形式或要素进行的设计。

品牌设计一般准则

- 保护性 10%
- 适应性 15%
- 可记忆性 35%
- 可转移性 22%
- 含义丰富性 18%

（一）品牌设计准则

品牌设计的一般准则是可记忆性、含义丰富性、可转移性、适应性和保护性，如右图所示。

1. 可记忆性

品牌设计的准则之一是可记忆性，即容易让消费者记住和识别。记忆是认知的储存，即品牌资产的储存。容易记住和识别的品牌，是品牌资产储存和使用费用较低的品牌。

案例 ▶▶▶

比如，Acer品牌名"只有2个音节、4个英文字母，易读易记"，符合可记忆性准则。Acer品牌名第一个字母A，在字母表排在最前面，第二个字母C也排在前面，这就有助于Acer在按字母排列的商业资料（如企业名录）中排在前面，而根据人们的阅读心理，一篇资料中排在前面的文字容易引起阅读者更多的注意，并容易给阅读者留下更深的印象。因此，Acer的字母选用也符合可记忆性准则。

2. 含义丰富性

品牌设计的准则之二是含义丰富性，即有品牌特色和利益的描述，有情趣，容易让人产生联想。品牌含义越丰富，品牌的信息量就越大，就越能更全面地满足消费者和员工对品牌信息的需要，给他们带来激励。

比如，Acer品牌就是一个含义丰富的品牌：使人联想到高技术（芯片形状）、计算机的灵敏（Acer的拉丁语义）、在国际计算机市场"称王"的壮志（词根Ace的含义）、计算机的质量（箭图案和钻石图案的含义）、竞争力（箭图案的含义）和价值（钻石图案的含义）。

3. 可转移性

品牌设计的准则之三是可转移性，即品牌能向不同的产品种类延伸和向不同的市场转移。品牌的市场可转移性主要表现为跨文化性，即能融入不同的文化。品牌是市场的语言，而市场总是要冲破文化障碍的，包括地区之间、国家之间、民族之间或社会群体之间的障碍，因此，品牌设计要有跨文化性。这一点在经济全球化的大背景下越来越重要。

4. 适应性

品牌设计的适应性即品牌设计能通过修改或调整适应市场的变化。

案例 ▶▶▶

联想的英文品牌原来是Legend，体现了联想创业阶段的"传奇"色彩。进入成长阶段的联想将Legend改为Lenovo，其中"Le"仍然代表中文"联想"，而"nov"代表"创新"（Innovation），联想试图以创新来适应计算机市场的变化。Legend（传奇）代表过去，而Lenovo（创新）代表未来，代表联想对未来的憧憬（品牌理想，Vision）。因此，从Legend到Lenovo，是符合品牌设计的适应性准则的。

5. 保护性

品牌设计的保护性是指产权保护性和设计难模仿性。

（1）产权保护性，包括品牌注册（拥有注册符号"®"和商标符号"TM"）和防止品牌侵权。

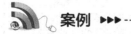
案例 ▶▶▶

俏江南商标持有者北京俏江南餐饮有限公司十分注重知识产权的保护，自成立之日，就开始商标注册和保护。如今，已经在10多个类别中对俏江南进行了注册保护，换句话说，就是对"能进嘴的"都进行了商标注册。据介绍，该公司现在使用在餐饮经营和服务中的注册商标中文俏江南与英文South Beauty组合，字体为华文行楷。这一商标还向国家工商总局商标局申请了国际注册并已获批准。

（2）品牌设计的难模仿性。品牌设计的各个准则之间可能存在一定的矛盾。因为，含义丰富的品牌可能在文化转移方面有困难。

 案例 ▶▶▶

中国品牌全聚德（烤鸭）具有丰富而深刻的文化内涵，周恩来总理曾经这样诠释"全聚德"："全而无缺，聚而不散，仁德至上。"像这样典型地体现中国传统文化的品牌就很难翻译成一个外文品牌（除了"烤鸭"以外）。相反，含义不丰富的品牌文化转移反倒比较容易。如美国CocaCola品牌的取名与两种来自南美的原料有关：古柯（Coca）叶子和可乐（Cola）的核没有多少含义，而CocaCola的市场拓展——跨文化或国际化经营倒比较顺利，没有遇到多少文化障碍，即使进入语言文字最特别的中国也十分通畅。CocaCola被成功地翻译成"可口可乐"。中文"可口可乐"不仅读音接近英文，而且含义的丰富性还超过了英文："可口"的含义是口感宜人，"可乐"的含义是一种享乐的情趣。

（二）品牌设计要素

品牌设计要素包括品牌名称、品牌标志和品牌附加要素等的设计。

1. 品牌名称

品牌名称也就是指餐饮企业品牌的命名/取名。

（1）品牌命名的原则　餐饮企业品牌命名应遵循相关原则，具体如下表所示。

品牌命名的原则

类别	需遵循原则	具体示例
独特性	（1）品牌名称首先应当具有独特性，不宜重复别的品牌名称（尤其是同行业），因为品牌重名会稀释品牌的独特性 （2）品牌独特可将企业的个性强调出来，以便于迅速扩大企业的影响力，使企业在市场中拥有清晰的形象	比如，国内以"天鹅"为品牌名称的企业有175家、以"熊猫"为品牌名称的企业有331家

续表

类别	需遵循原则	具体示例
暗示性	暗示性就是品牌名字能暗示出产品的某种性能和用途，具有良好的提示作用	比如，"999胃泰"，它暗示该产品在治疗胃病上的专长；"SONY"提示索尼在音响设备及器材上称雄世界
易传播性	简明。简明的名字容易记忆，取名一般不宜超过3个字，外文名字的字母也应尽量少	比如，杭州的"盾"牌链条只有1个字；可口可乐的缩写"Coke"也只有4个字母
易传播性	朴实。朴实的取名给人一种诚信感，而消费者对品牌的诚信感是品牌的赞誉度的基础	比如，老干妈、大娘水饺
易传播性	易读。易读性包括易懂、易写	比如，娃哈哈、蒙牛、报喜鸟、金利来
易传播性	亲切。亲切就是贴近消费者的日常生活，有亲切感，亲切感是购买行为的驱动力之一	比如，上海人家、宜家、湖南人家
支持标志物	（1）标志物是品牌经营者命名的重要目标，需要与品牌名称联系起来一起考虑 （2）当品牌名称能够刺激和维持品牌标志物的识别功能时，品牌的整体效果就加强了	比如，苹果牌的牛仔服，立刻就会想起那只明亮的能给人带来好运的苹果；"健力宝"，能让人联想到运动、健康等
保护性	品牌的名称要能够受法律保护，要能够注册。为此，企业应该注意以下两点。 （1）注意该品牌名称是否有侵权行为 （2）注意该品牌是否在允许的注册范围之内	

（2）品牌命名的步骤　餐饮企业品牌的命名通常包括以下几个环节。

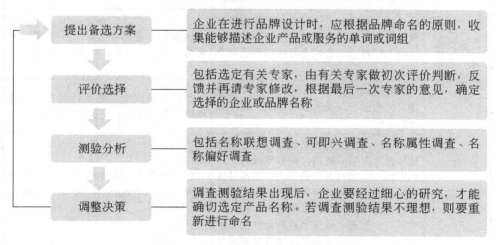

品牌命名的步骤

（3）品牌命名的策略　品牌命名的策略很多，归纳起来不外乎以下几种，具体如下表所示。

品牌命名的策略

策略	内容	示例
以产品带给消费者的不同利益层面来命名	功效性品牌。这类品牌以产品的某一功能效果作为品牌命名的依据	如，奔驰（汽车）、飘柔（洗发水）、波音（飞机）、佳能（相机）、捷豹（汽车）、媚登峰（内衣）、美加净（香皂）、舒肤佳（香皂）、汰渍（洗衣粉）、护舒宝（卫生巾）、固特异（轮胎）、好味思（面包）、锐步（运动鞋）等
	情感性品牌。这类品牌以产品带给消费者的精神感受作为品牌命名的依据	如，登喜路（服装）、金利来（服装）、贺喜（巧克力）、美的（家电）、百威（啤酒）、家乐氏（食品）、七喜（饮料）、富豪（汽车）、吉列（刀片）、万事达（信用卡）等
	中性品牌。这类品牌无具体意义，呈中性	如，海尔（家电）、索尼（电器）、埃克森（石油）等
以品牌本身的来源渠道命名	以姓氏、人名命名。以姓氏、人名作为品牌名的多为传统型商品，如汽车、服装、啤酒、食品、医药	如，陈李济药厂、马应龙眼药、福特（Ford）、百威（Budweiser）、飞利浦（Philips）、爱立信（Ericsson）、凯迪拉克（Cadillac）等
	以地名命名。借助闻名遐迩的名胜地、著名的产地、神话及小说中令人神往的地名往往可以使品牌借势成名。但以地名来命名的产品会受到地域的局限	如，青岛、燕京、茅台、兰蔻（LANCOME）、香格里拉（Shangri-La）等
	以物名命名。以物名命名主要指以动植物名称命名的方式，以动植物命名可以将人们对动植物的喜好转嫁到品牌身上	如熊猫、猎豹、骆驼、小天鹅、赤兔马、芙蓉、荷花、苹果、牡丹等
	以其他词汇命名。其他词汇主要是形容词、动词，以及其他可以从词典中找到的词汇	如，奔驰汽车、联想计算机、快捷相纸、彩虹电器、兄弟打印机等
	自创命名。其品牌名是经过创造后为品牌量身定做的新词，词典里没有。这些新词一方面具备了独特性，使得品牌容易识别，也比较容易注册；同时，具备较强的转换性，可以包容更多的产品种类。自创命名体现了品牌命名的发展方向，是今后最常用的品牌命名方式	如，全聚德、铁美时（Timex）、蔚蓝远景（Azure Prospect）、索尼（SONY）等

续表

策略	内容	示例
以品牌的文字类型命名	以汉字命名。以汉字命名的品牌名即中文品牌，这类品牌不仅是国内企业最主要的命名方式，而且也是一些国际品牌进入中国后实施本地化策略的命名方式	如，惠而浦（Whirlpool）、黛安芬（Triumph）、桑塔纳（Santana）、奥林巴斯（Olympus）、劳斯莱斯（Rolls-Royce）、欧宝（Opel）等
	以拼音命名。以拼音为品牌命名是国内企业的独特做法	如，Haier（海尔）、CHANGHONG（长虹）
	以数字命名。因容易出现雷同，这类品牌比较少	如999（药业）、505（神功元气袋）、555（香烟）等
	以英文命名。一类是国外品牌；另一类是国内品牌进入国际市场，通常也会选择一个英文名称	如，Intel、Kodak、Dell、Dove、Mexin（美心）、Youngor（雅戈尔）、KELON（科龙）等

2.品牌标志

品牌标志包括标志的字体、标志的图案、颜色及标志物。下图列示的是部分知名餐饮企业的品牌标志，供参考借鉴。

部分知名餐饮企业的品牌名称、定位及标志

品牌名称及定位	品牌标志	品牌名称及定位	品牌标志
星巴克：大众化	STARBUCKS COFFEE	多伦多海鲜自助餐：中高档	多伦多海鲜自助餐厅
四海一家：高档	四海一家 国际美食之都 Four Seas International House	同庆楼：高档	同庆楼 中华老字号
川味观：中高档	川味观	毛家饭店：中高档	毛家饭店 MAOJIA
外婆家：中高档	外婆家 THE GRANDMA'S	帕提亚泰国风情主题餐厅：中高档	PATTAYA RESTAURANT 帕提亚

续表

品牌名称及定位	品牌标志	品牌名称及定位	品牌标志
海底捞：中高档		俏江南：高档	
禾绿回转寿司：中高档		韩香苑：中高档	
青石牛：中高档		王品台塑牛排：中高档	
川人百味：中高档		小厨娘精菜馆：高档	
辣宴：大众化		黄四娘酱骨：中高档	
慕家牛肉汇：大众化		干锅居：大众化	
避风塘：大众化		永和大王：大众化	

续表

品牌名称及定位	品牌标志	品牌名称及定位	品牌标志
永和豆浆：大众化		老妈米线：大众化	
东方既白：中高档		湘汁源：中高档	
西堤牛排：中高档		四道菜：中高档	
德保（TURBO）：大众化		石山水美式餐厅：中高档	

（1）品牌标志书写　中外品牌名的书写都可以成为一种标志和给消费者留下深刻印象。

（2）品牌标志图案　品牌图案包括品牌的标志符号、图形等，一般是对品牌名的一种图解，以便让消费者记住和识别。

（3）品牌标志色　品牌标志色就是品牌的颜色标志，它是对品牌的一种解释。

（4）品牌标志物　品牌标志物，通常就是人物、动物、景物或动漫人物。许多标志物与标志图案一样都是图形，但标志图案是比较抽象的图形，而标志物是比较具体的图形。比如，快餐连锁巨头肯德基的山德士上校、麦当劳的麦当劳大叔、海尔的两个泳装快乐卡通男孩等，这些品牌的标志物设计都是很成功的。

相关链接

俏江南品牌标志设计

（1）红色　象征力量、激情、创造和进取，代表着俏江南不断创新的锐气与勇于挑战的精神，预示着俏江南在困难面前永不妥协，同时也代表俏江南是一个有着强大生命力的优秀团队。

（2）黑色　象征个性、尊贵，既现代又古典，是永不褪色的时尚颜色。代表着俏江南的尊贵、经典与时尚。

（3）白色　象征完美、理想，代表着俏江南永远引领餐饮文化时尚，不断追求完美、缔造完美。

（4）黄色　是明亮、温暖的颜色，是收获的象征，代表着俏江南以灿烂夺目的成就，为社会创造源源不断的价值和财富。

脸谱面门正中眉心处黄色的"人"形，代表着俏江南以人为本、寓情于理的管理思想；眼睛似寿龟眼部的造型，象征着俏江南集团基业长青，员工健康平安；角两侧到额头的"如意"图案，代表着俏江南吉祥如意，兴隆盛世；下巴和嘴的图案如同一个金元宝，象征俏江南生意兴旺、财源广进。

3. 品牌附加因素

品牌附加因素是指品牌说明、品牌口号、品牌故事、品牌口号、品牌广告曲、品牌包装、品牌代言人等。

（1）品牌说明　品牌说明是指对品牌产品所属产业或行业的说明。其主要作用是让消费者对品牌所涉及的领域有一个明确的认知，以便于餐饮企业品牌的延伸。品牌说明比较适合持品牌延伸战略的餐饮企业。

案例 ▶▶▶

家电行业的成功典范海尔最初是做电冰箱的，那么"海尔"就是家用电器的一个子领域。由于海尔的品牌说明是"家用电器"，那么，给人的感觉就是海尔不仅有生产电冰箱的能力，还有生产其他家用电器的能力。因此，当海尔品牌延伸到空调、彩色电视机、洗衣机、手机、计算机等时，消费者也不会觉得海尔"不专业"。

（2）品牌口号　品牌口号是指能体现品牌理念、品牌利益和代表消费者对品牌感知、动机及态度的宣传用语。餐饮企业在设计自己的品牌口号时，一定要让品牌口号能突出品牌的功能和给消费者带来利益，具有较强的情感色彩、赞誉性和号召力，能够刺激消费者。餐饮企业的品牌口号可通过标语、电视（广播）媒介、手册、产品目录等手段进行宣传。

（3）品牌故事　品牌故事是指餐饮企业品牌在创立和发展过程中有意义的一些轶闻旧事，它可通过公司手册或著书等手段进行传播。品牌故事体现了品牌的理念或文化，能增加品牌的历史厚重感、资深性和权威性，能加深消费者对品牌的认知，增强品牌的吸引力。

品牌故事类别有三种：一种是技术或原材料的发明或发现故事；一种是品牌创建者的某段经历的故事；一种是品牌发展过程中所发生的典型故事。

餐饮行业知名品牌故事

1. 东来顺火锅品牌故事（是品牌发展过程中所发生的典型故事）

"百年诚信东来顺，清真一品冠京城"——这是东来顺人在20个世纪赢得的光荣与商誉。

东来顺饭庄是北京饮食业老字号中享有盛誉的一个历史名店。话说20世纪初，从河北沧州来了一个叫丁德山的人，在北京城做苦力——从城外往城里送黄土。给各个煤场送黄土经常路过老东安市场，他是个有心人，就琢磨着也不能一辈子干苦力啊！于是奋发图强，终有一天拿干苦力攒下的几个小钱，在东安市场北门，摆起一个"东来顺粥摊"，专卖贴饼子、小米粥，外加抻面。别说，生意做得挺红火！尤其当时主管的太监魏延，专爱吃这东来顺抻面。每次魏延来，他都服侍得格外妥帖、周到，加上嘴又甜会奉承人，一来二去，就被认了干儿子。1912年，东安市场失火，东来顺粥棚被焚。魏太监拿出银两若干，帮丁德山盖起了三间瓦房，重新起了字号——"东来顺羊肉馆"。开始只做些羊汤、杂碎，后来把"涮羊肉"引进了店堂。由此，东来顺的涮羊肉，仗着选料精、加工细、佐料全，逐渐享誉京城。

东来顺的百年历史和独树一帜的清真餐饮文化，以及享誉全国的东来顺品牌，虽然是一笔巨大的无形资产，但是在市场经济不断发展的今天，尤其是面对日趋开放的市场，老字号若想在日益激烈的市场竞争中恒远不败，除了要继承和发扬优良的传统之外，还要与时俱进，不断更新观念。北京的商业已经步入了流通现代化的快行道,各行各业的经营观念和经营机制都在发生着巨大的变革。同样,伴随着首都流通现代化的飞快步伐,东来顺也大胆选择了世界先进的营销方式——将"特许加盟""连锁经营"与老字号的无形资产相结合。充分利用东来顺的商标、商号、产品、专利和专业技术、经营方式等以合同的形式授予加盟商有偿使用,实现特许者和受许者互惠互利,实现双赢。近年来,东来顺的规模和声誉得到了进一步扩大,全国营业面积累计达6.5万平方米,加入连锁经营的经济成分和行业更加多元化,年营业收入超过6亿元。2011年,东来顺品牌被世界品牌价值实验室评为中国品牌500强,品牌价值已达28.66亿元。

时代在前进,企业在发展,机遇在前,挑战在前,时不待我,任重道远。但我们相信有着百年历史积淀和优秀传统的东来顺人,将一如既往,与时俱进,开拓创新,勇往直前。

2. 呷哺呷哺火锅品牌故事(是品牌创建者的某段经历的故事)

贺光年是1993年来到大陆投资的,最开始的时候,他做的是珠宝生意,在一个中国与国外信息不对称的时代,他的金鹅珠宝在北京与东莞两地都有工厂,同时国内的几百家国营商场都有专柜销售,每年轻松就可以赚到几亿元,确切地说每个月的入账都是在800万元以上,在这个发展缓慢的行业来说,他是领先的。

后来他看到了快餐行业的发展,因为除了饭店就是路边摊,他相信会有越来越多的人选择在外边吃饭,这就给快餐行业带来了机会。在日本特别流行一对一的服务,人均消费非常高,到了中国台湾就演变成为了高、中、低端的吧台火锅模式,贺光启就想做一种让顾客舒服的就餐模式。

因此在1998年的时候,他在北京西单开了第一家店,而如今,这个小火锅品牌已经在京城中疯狂地驻扎,我们在繁华的商圈、大学的附近等都能够看到呷哺呷哺的标志,人均消费三十元的标准,如今到底开了多少家店,公司的员工有时候都说不清,只有去问运营部,因为呷哺呷哺每四天就有一家店开业,而且如今每年的营业额达到了近十亿元。

贺光年与他的呷哺呷哺故事,还在不断地上演着,我们吃火锅,依然会选择呷哺呷哺。

3. 烤肉季品牌故事(技术或原材料的发明或发现故事)

烤肉季饭庄原名"潞泉居",因店主姓季,俗称"烤肉季",位于西城区什刹海前海东沿。

相传,清道光二十八年(1848年),北京东通州的回民季德彩,在什刹海边的"荷花市场"摆摊卖烤羊肉,打出了"烤肉季"的布幌。季家在此经营烤羊肉多年,有了积蓄后,买下了一座小楼,正式开办了"烤肉季"烤肉馆。烤肉季所处位置,正是"燕京八景"之一的"银锭观山"处,面对一波碧水,远望西山夕阳,品味烤肉,实在是一个好去处。

  北面咫尺之遥的鼓楼,又是京城著名的商业繁华之地,八方客商,四处游客,给烤肉季带来了空前的发展和兴隆。吃烤肉时的那一种"野气",及烤肉吃法的"野味",吸引着各界食客。烤肉季店堂内,设有铁炙子,下面燃旺着松塔松柴,气味芳香。吃烤肉时,皆围炉而立,一脚踏在长板凳上,一脚踩地。一手托佐料碗,碗内是酱油、醋、姜末、料酒、卤虾油、葱丝、香菜叶混成的调料。一手拿长竿竹筷,将切成薄片的羊肉,蘸饱调料,放于火炙子上翻烤。待肉熟,就着糖蒜、黄瓜条、热牛舌饼吃,也可佐酒喝。特别是寒秋冷冬,吃得大汗淋漓,浑身通泰。烤肉本是草原上游牧人的美食,随着满族入关,传入城市。

  虽然食用方法变得讲究细致了,但其余存的"野风野气",会令已变为都市人的满族儿女引起某些怀旧思绪。其他民族也觉新奇,到此品尝一番者趋之若鹜。烤肉季成为京都名馆,生意十分火爆。烤肉季的兴隆,还在于它的精工细做,用料考究。其所烤羊肉,选自西口绵羊,且只用鲜嫩的后腿和上脑部位,剔除筋膜,压去水分,切成薄片,呈半透明状。烤肉季调料齐全,均为精选的定点所产,顾客可根据口味,自行选配。

  4.大娘水饺(技术或原材料的发明或发现故事)

  饺子源于中国古代隋唐年间,距今约1400年,堪称中国的国粹。北方人喜爱把饺子当主食,民谚曰:"舒服不过倒着,好吃不过饺子。"南方人虽以食大米为主,但也把饺子当作一种点心和辅食。既然饺子为中国大部分人所接受,这中间会不会蕴含着无限的商机?思路决定出路,吴国强当机立断,经过一番精心准备后,于1996年4月开始在30平方米的小餐厅经营起水饺生意。他请来了一位退休的东北老大娘当起了包饺工,自己则亲自动手拌制饺馅。第一天包的水饺一卖而光,第二天、第三天同样如此。问问顾客,反映居然不错,于是他又请来了第二位、第三位包饺工,自然生意也日趋火爆。

  为了顺应快餐外卖市场形势的发展,公司于1996年11月23日成立了"大娘水饺"常州外送店,用摩托车把"大娘水饺"送到千家万户。外送店的开业,为公司创业阶段流动广告的宣传起到了积极的作用。

  大娘水饺官网走进了千家万户,正是因为这样的品牌在发展中体现出来的企业文化,吸引了大量的消费者,同时也让我们感受到一个好的品牌在质量上的保证也是毋庸置疑的。

5. 全聚德品牌故事（是品牌发展过程中所发生的典型故事）

全聚德烤鸭店创办于清朝同治三年（1864年），创办人是杨全仁，全聚德的开办有一个小故事，甚为有趣。全聚德原名为德聚全，是位于前门大街卖干鲜果品的店铺，因为经营不佳最终倒闭。经营生鸡生鸭的小贩杨全仁将此店盘下，开始经营烤鸭和烤炉肉。开店前，有一个风水先生沿着店铺转了两圈，站定说："这是块风水宝地，前程不可限量，只是此店之前甚为倒运，要想冲其晦气，除非将'德聚全'旧字号倒过来，称作'全聚德'，新字号才能上坦途。"杨全仁觉得正合心意，一来自己的名字中有一个全字，二来聚德意为聚拢德行，可以标榜自己做买卖讲德行，于是，现在远近闻名的"全聚德"诞生了。

早年的全聚德，为了调剂花样，也是为了表明自己做买卖"买卖公平，童叟无欺"，全聚德将片烤鸭留在盘子里的油做成鸭油蛋羹，将烤鸭较肥的地方，片下切丝，回炉做成鸭丝菜；将鸭架子，加上白菜和豆腐熬成糟骨鸭汤，这就是所谓的"鸭四吃"。

现在全聚德烤鸭的菜品已经做了很多调整，各种以鸭为主配料的菜，还有完全和鸭没有一点关系的，比如锅塌豆腐，也挺有风味的。

全聚德至今已经100多年了，可依然是响当当的金字品牌，仅凭着这个牌子，消费者就心甘情愿地多掏至少贵一倍的价钱去品尝其实滋味也差不多的菜肴。当年一个小小的烤鸭店能经久不衰，除了经营得当之外，最主要是把全聚德塑造成了一个价值消费文化。全聚德有一句耳熟能详的宣传语"不到万里长城非好汉，不吃全聚德烤鸭真遗憾"，这个烤鸭说的就是全聚德烤鸭，这对一些从小不是在北京生长的外地人，是非常具有吸引力的，到了北京，如果去了长城，没有吃全聚德烤鸭，这是人生的遗憾啊。谁会因为几百元而给自己留下人生的遗憾呢？

全聚德在品牌塑造上，还是非常舍得下功夫的。当年北京城里已经有了一家非常有名的烤鸭店——便宜坊，这名字一听就知道是走低端路线的。杨全仁心里明白，如果要想生意好，就必须有自己的特色，于是他重金请来了曾经在宫里做过御用厨师的孙师傅。孙师傅一来，全聚德的生意果然立刻火了。因为他带来了与传统焖炉烤鸭完全不同的挂炉烤鸭技术，这样一来，全聚德独辟蹊径，不仅仅有了完美的品牌故事，又确实找到了独特的产品定位。

杨全仁去世后，全聚德一度闹经济危机，讨债的人纷纷上门，后来的掌柜山东人李子明想出来一个好办法，和发行债券一样，他开始发行鸭票子，那正好是个达官贵人生活腐朽糜烂的时代，吃烤鸭、烤猪也是最时髦的菜肴，大家祝寿、节日，都可以送鸭票子，既经济实惠又体面。全聚德不仅靠鸭票子渡过了经济危机，还通过这种营销方式一举提升了品牌，占领了市场，一举几得。

6. 狗不理包子品牌故事（技术或原材料的发明或发现故事）

说到它的来历，还得追溯到100多年前的清朝同治年间，一个14岁的叫高贵有的孩子，从武清县杨村老家来到天津，当了刘家蒸食铺的小伙计。这家铺子专卖什锦蒸食和肉包，主顾大都是往来运河码头的船工、纤夫、小商贩。高贵有在店里专管做包子，因为他幼年性格很强，父母给他起了个"狗不理"的小名。他人小心灵，做出来的包子好吃，卖得很快，受到人们的称赞。他十六七岁时，利用所积攒的钱，在附近开起了包子铺，人家喊惯了他的小名"狗不理"，久而久之，就把他经营的包子叫"狗不理"包子了。

高贵有拥有一手做包子的好手艺。他是天津最早放骨头汤做馅，第一个用米发面做包子的，因此，大小整齐，色白面柔，咬开流油，肥而不腻，味道鲜美。当他二十多岁时，因羞于再用小名做铺名，曾改为"德聚号"。可是人们仍然喜欢叫他"狗不理"。当时，慈禧太后吃了袁世凯送的"狗不理"包子，也派专人到天津去买。从此"狗不理"包子的名声就更大了。

"狗不理"包子铺到现在已有100多年历史了，而且越开越大，生意也越来越兴隆。他们还接待过一批又一批国外旅游者。西哈努克亲王到天津时还特地约请"狗不理"包子铺的厨师到他的住地，为他制作"狗不理"包子，并且按照这家包子铺的传统吃法，吃了稀饭和酱菜。美国总统布什在他任前驻华联络处主任时，也曾慕名到天津去品尝"狗不理"包子。所以，天津人俗谚说："到天津不尝一尝'狗不理'包子，等于没有来过天津。"

7. 必胜客品牌故事（其他）

"吃比萨就去必胜客"早已成为中国都市人群的消费时尚。必胜客让中国人第一次认识了风靡世界的比萨美食。

由法兰克·卡尼和丹·卡尼两兄弟在1958年，凭着由母亲借来的600美元于美国堪萨斯州威奇托创立首间必胜客。第二年，在同州首府托皮卡市建立首间特许经营的必胜客。必胜客与肯德基和塔可钟是百胜集团的三大品牌。必胜客正如它的名字，从1990年在北京开出中国第一家餐厅以来，就以"必胜"的信念赢得了中国消费者的喜爱。到2006年9月底，必胜客已在中国50多个城市拥有了超过230家连锁餐厅，共有10000多名员工，无疑已成为国内最大的比萨专卖品牌。同时，必胜客在中国率先倡导的"欢乐休闲"用餐理念也受到消费者的高度欢迎，必胜客也由此成为休闲餐饮业的第一品牌。

必胜客是全世界最大的比萨专卖连锁企业之一。在遍布世界各地100多个国家，每天接待超过400万位顾客，烤制170多万个比萨饼。必胜客已在营业额和餐厅数量上,迅速成为全世界领先的比萨连锁餐厅企业。必胜客公司属于世界最大的餐饮集团——百胜全球餐饮集团,百胜餐饮集团在全世界100多个国家拥有超过32500家的连锁餐厅,是全世界餐饮业多品牌集合的领导者。

20年来必胜客在中国开店布局的思路可谓有"全局观"。百胜餐饮集团中国事业部必胜客品牌总经理高耀说,"与跨国企业通常只关注沿海发达城市的做法略有不同,20年来必胜客有步骤、有层次地向中国一线、二线、三线城市逐级进驻,从沿海城市、经济发达地区逐步向西南、东北、西北等区域全面推动。"

8.哈根达斯品牌故事(是品牌创建者的某段经历的故事)

"爱她,就请她吃哈根达斯"(If you love her, take her to Haagen-Dazs.)——对很多人来说,这不过是一个奢侈冰激凌品牌的而已,但对于其创始人鲁本·马特斯(Reuben Mattus),这是一个饱含深情但来不及实现的承诺,与一场发生在丹麦的邂逅有关。

波兰人鲁本年轻时是个生性浪漫、热爱自由的背包族,他发誓要游遍整个欧洲。1920年,他来到意大利首都罗马,当时的罗马已经是欧洲最著名的旅游名城,不仅风光宜人,而且经济发达。许愿池、西班牙广场、威尼斯广场、万神殿、拉特兰圣约翰大教堂、科洛塞竞技场,美轮美奂的名胜古迹让鲁本目不暇接,叹为观止。对建筑艺术和历史文化颇感兴趣的鲁本决定在此住一段时间,好好体验地中海风情。当时正值盛夏,许多人都到郊外避暑。留在本地的人常常会光顾冰室,买冰品和果汁解暑。充满好奇心的鲁本对冰室很感兴趣,光顾了一次之后,他决定在这里拜师学艺。

据冰室的师傅介绍,罗马的制冰技术来源于13世纪意大利伟大的旅行家马可·波罗,而这项技术的真正发明者是中国人。早在唐朝,人们就发现硝石溶于水时可大量吸热,使水温降至零摄氏度结冰,由此掌握了夏天制冰的方法。后来,精明的元代商人刨出冰屑,在冰里加上水果或果汁出售。这一美味被马可·波罗带到欧洲,随即受到狂热追捧。掌握了制冰技术后,快乐的旅行家鲁本离开意大利,向北欧的丹麦出发——大概是炎热的罗马把他热坏了吧,他决定找个凉快一点儿的地方走走。意料不到的是,在途经丹麦的时候,他遇到了女孩乔·贝列娜,她有着地中海一样深邃的蓝色眼睛,两人一见钟情,打算结婚。不料,婚事遭到了贝列娜家人的强烈反对,他们嫌弃鲁本是个身无分文、常常要露宿街头的穷小子。为了能和贝列娜在一起,鲁本决定到美国去闯一闯,听说那里生机勃勃,充满掘金的机会。

1921年,在开往纽约的客轮上,22岁的鲁本愁眉不展。致富之路在哪里呢?经过慎重考虑,鲁本决定做水果冰的生意——这是他唯一掌握的所谓"技艺"。而且,贝列娜曾经说过很喜欢尝他做的牛奶水果冰。

（4）品牌口号　品牌口号是指广告中用以介绍品牌的短语，是对品牌的解释，能帮助消费者了解品牌的内容，包括品牌的含义、利益和特色等。品牌口号在设计时也应像品牌名称一样独特、简明、朴实、易读、亲切、熟悉、有含义。

 相关链接

知名餐饮品牌口号欣赏

1. 肯德基家乡鸡饭馆——味道好得忍不住舔手指头。
2. 姑奶奶餐饮——姑奶奶，我家的第二个厨坊。
3. 红老头主题餐厅——幸福一家，情缘老头。
4. 美心快餐——多一点点新煮意。
5. 生活谷物——你好，麦基。
6. 梅宝即食早餐——今天我40岁了，我要我的梅宝。
7. 德克士——有它就有新鲜事/有它就有快乐事。
8. 真功夫——营养还是蒸的好。
9. 全聚德——不到万里长城非好汉，不吃全聚德烤鸭真遗憾。
10. 东来顺——承续百年炉火，再创二度辉煌。
11. 陶然居——中国川菜第一品牌。
12. 狗不理——诚信为本，品质经营。
13. 仙踪林——享受，自在，真我。
14. 净雅餐饮——让我们一起影响世界。
15. 永和大王——不仅仅是豆浆油条专家。
16. 重庆秦妈——很重庆，很中国。
17. 重庆小天鹅——创建世界级的餐饮火锅连锁企业。
18. 蒙自源——一品米线，浓情百年。
19. 加州牛肉面店——纯正口味，异域情调，美式服务，全新感受，所付甚少，回味悠长！
20. 元芳火锅店——元芳火锅，四季享用！
21. 北京潮州菜馆——香港名师主灶，正宗潮州风味！
22. 夜色火锅料理——多样的菜色，有母亲亲切的叮咛。
　　　　　　　　——寒风凛冽的夜晚，热腾腾的火锅，是您的最佳拍档！
23. 淮河奶汁肥鱼——滚油热汤中，奶汁肥王鱼。
24. 安徽和县炸麻——天下第一香，流传六百年。

25. 吉祥混沌——吃一碗酸一碗。
26. 大娘水饺——水饺,中国的;大娘水饺,世界的。
27. 味千拉面——360毫升骨汤的钙含量,相当于四杯200毫升牛奶的钙!
28. 东湖乐园酒家——借问酒家何处好,东湖乐园酒家优!
29. 荣华酒店——荣华酒家,家外之家!
30. 海棠居——私家生活餐饮顾问·满足你对美味的一切渴望。
31. 永康明珠大酒店——集众家之长,倡导健康理念——具独特风格,营造养生氛围。
32. 上海虹桥小南国餐饮管理有限公司——美食、养生、品位。
33. 山西运城大胖饮食——弘扬民族食疗文化 大胖饮食享誉世界。
34. 重庆市君之薇餐饮——奉献健康美食,增强百姓体质。
35. 大连亚惠快餐有限公司——营养健康每一天。
36. 北京吉野家快餐有限公司——良心品质·健康美食。
37. 重庆口碑餐饮经营管理有限公司——金杯银杯不如好的口碑。
38. 重庆骑龙饮食文化有限责任公司——火锅王者·重庆骑龙。
39. 南海渔村——想到,吃到!
40. 巴蜀风——深圳都知道的川菜。
41. 重庆市德庄实业(集团)有限公司——德庄火锅·天下第一大火锅。
42. 江苏大娘水饺餐饮——得宠于寻常百姓·独秀于快餐之林。
43. 蕉叶——亚洲蕉叶·国际美食。
44. 一尊皇牛——打造中国肥牛第一品牌。
45. 南京绿柳居餐饮连锁——做最专业的素食餐饮运营机构。
46. 东方魔汤武陵山珍——中国第一养生品牌。
47. 张生记得味轩——想吃杭帮菜,首选张生记。
48. 同湘会——打造湘菜直营连锁第一品牌。
49. 蜀国演义——可能是中国最有情趣的川菜馆。
50. 港式火锅城——港式火锅,唯我独有!
51. 小有天饭店——道道非常道,天天小有天。
52. 广州城南酒楼——海上生明月,天边作酒量。
53. 广州迎宾饭店——美味招来天下客,酒香引出洞中仙。
54. 京都宫廷烤鸡——昔日宫中膳,今天百姓尝。
55. 克勒格大米咖喱——咬一口,干干脆脆。
56. 延吉咖喱饭店——不要让今天的疲劳留到明天,请注入一剂辛辣良方!
57. 东湖乐园酒家——借问酒家何处好,东湖乐园酒家优!

58. 潮州酒家——潮州名肴甲天下，美食家的好去处！
59. 好劲道骨汤面——骨汤加好面，营养不忽悠。
60. 白家肥肠粉——记忆中的味道。
61. 小麦一族——冠军的早餐。
62. 人道素食——精选天然有机素食 品尝健康绿色食物。
63. 锦都久缘餐厅——品味在久缘，尽尝天下鲜。
64. 半亩地莜面大王——吃农家菜·坐农家炕。
65. 老娘舅餐饮管理有限公司——用心选好料·安心好滋味。
66. 马兰拉面快餐连锁——美味·健康·快捷·纯正。
67. 重庆刘一手餐饮管理有限公司——火锅处处有·特色刘一手。
68. 四川省成都市巴国布衣餐饮——新川菜·中国风。
69. 北京聚德华天——食以洁为先·放心就餐到华天。
70. 上海竹家庄美食有限公司——人间仙境·世外桃源。
71. 北京俏江南餐饮有限公司——全球品质·中国气质。
72. 重庆武陵山珍——男人的加油站·女人的美容院。
73. 北京好伦哥餐饮有限公司——健康又美味，休闲好伦哥。
74. 史云生鸡汤——天天史云生 煮出新灵感！
75. 上海一日本料理连锁店"海之幸"——鲜入四季，味本自然。
——时之鲜，味之美（时の鲜，味の美）。
76. 周麻婆餐饮——在家有个好老婆，出门有个周麻婆。
77. 小肥羊——中国小肥羊，涮出天下香。
78. 杏花楼——问君何处一缕香，杏花楼中豆腐花。
79. 德庄——德庄邀你聚会，年轻人的专属火锅地带。
——德庄，家的味道。
——来德庄吧，年轻人的专属地带！
80. 永和大王——中国风，台湾味，两岸情。
81. 福满楼饭店——借问珍馐何处有？老饕手指"福满楼"。
82. 福兴饭店——福兴"蒸"照，别有洞天！
83. 北京天天渔港饭店——如果您不满意，请告诉我们。如果你满意，请告诉您朋友！。
84. 天安阁夜宵——天安阁每晚显特色！
85. 新雅饭店——粤菜世界，食在新雅！
86. 青岛海鲜酒店——汇四海品味，聚五洲宾友！

87. 青岛海鲜城——吃玩随君意，龙虾海鲜城！
88. 刘李氏酒家广告——刘伶借问谁家好？李白还言此处挂。
89. 滨海天天渔——万般皆下品，唯有"海鲜"高！
90. 双种子餐饮连锁——美味点，开心点。
91. 广州大西豪餐——真情与您，朝夕相伴。
92. 威士丁餐饮——食食在在，开心每一刻。
93. 品一品食品总汇——您没想到的，我们都为您想到了！
94. 山西省太原市江南餐饮——博爱·坚持·创新·奉献。
95. 上海世好餐饮管理有限公司——好馄饨，用心包制。
96. 成都大蓉和——尽美口味·尽心服务。
97. 上海圆苑餐饮管理有限公司——以卓越美食广交天下宾客。
98. 大惠企业发展有限公司——彰显生活品质·引领消费潮流。
99. 泮溪酒家——探亲访友聚何处，深圳泮溪第一家！
100. 天宫酒店——京都东来顺，今日来天宫；独行涮羊肉闻名美食城！
101. 广西壮族自治区桂林人集团——每天好心情·从桂林人开始。
102. 河南百年老妈饮食管理有限公司——百年老妈·百味人生。
103. 上海来必堡餐饮有限公司——品尝生活的味道。
104. 山东青岛美达尔食品有限公司——美食美客美达尔。
105. 昆明大滇园美食有限公司——食以民为天。
106. 南京大排档——留住老味道。
107. 皇都酒家——皇家豪华，都市风光！
108. 川香粤大酒店——您知道我在等您吗？
109. 民族酒——绘出民俗风情的新画卷，开创美食娱乐的新天地！
110. 印象酒店——享受两小时，印象三十春，传颂四百载，风流五千年！
111. 海港饮食管理集团（海港大酒楼）——策划餐饮，任我行。
112. 山东金德利快餐连锁总公司——精彩美食。
113. 深圳市凤凰楼饮食——以烹调服务为人类生活做出贡献。
114. 内蒙古草原牧歌餐饮发展有限公司——美味唱响全世界。
115. 食上之家——好食上，我们的家，我们永远爱着她，一起努力吧！
116. 上海金萌苏浙汇餐饮有限公司——与世界共享中华美食。
117. 老地方酒店——山亲水亲不如"老地方"亲，千好万好还是"老地方"好！
118. 北京意大利餐厅——意境悠闲，意味不凡。
119. 黑暗餐厅——"美食新体验""感官新经历""法国独此一家"。

120. 法国银塔餐厅——您吃的鸭子是几号?
121. 小榄人家——家真好!
122. 无锡市王兴记——美在江南水,食在王兴记。
123. 安徽蜀王饮食服务有限责任公司——新蜀王·新食代。
124. 卞氏菜根香泡菜餐饮——吃得菜根·百事可为。
125. 湖南省韶山毛家饭店发展有限公司——红色情怀·时尚美味。
126. 重庆市东方菜根香餐饮有限公司——菜根香带来一片香。
127. 西安饮食股份有限公司——三秦美食,尽在西饮!
128. 上海仙踪林餐饮有限公司——享受·自在·真我。
129. 四川省谭鱼头投资股份有限公司——一锅红艳·煮沸人间。
130. 苏州迪欧餐饮管理有限公司——累积生命·畅想生活。
131. 重庆市涪陵巴人餐饮有限公司——情系重庆·品味巴人。
132. 重庆和之吉饮食文化(集团)公司——人和·天下和。
133. 上海市老城隍庙饮食有限公司——趣·味。
134. 绿岛山庄——怡情·欢乐·绿岛。
135. 味道江湖——江湖味道。
136. 滋味堂——滋味如一,岁岁年年。
137. 哈尔滨红事会餐饮管理有限公司——荣耀时光·盛宴传奇。
138. 外婆家餐饮——就是不用回家忙烧饭,外婆帮你烧饭菜。
139. 严州府——山水·文化·美食。
140. 福州佳客来餐饮连锁有限公司——品味·时尚·特别。
141. 便宜坊——用心烹制健康·用心制造快乐。
142. 上海丰收日餐饮管理有限公司——纯品海鲜·丰收人生。
143. 西湖春天餐饮策划管理有限公司——相约春天·品味生活。
144. 百福德——体验快乐的田园生活。
145. 皇家冰窖小院——老北京的文化风情。
146. 四方大千食府——体味湘风赣情,品尝粤菜精品。
147. 图兰多餐厅——美妙音符·跃然食上。
148. 后海16号——后海边上的四合院。
149. Luga's卢卡斯餐厅——多元融合·激情碰撞。
150. 悠仙美地——自由呼吸之地。
151. 杭州楼外楼——以菜名楼·以文兴楼。
152. 无锡港丽酒店——住完美人生。
153. 安徽塞纳河畔酒店集团——漫步塞纳河畔·品味美妙人生。

154. 老房子——一辈子的故事。
155. 新东新——开拓美食新境界。
156. 北京顺峰饮食酒店管理有限公司——中华海鲜之精粹。
157. 上海小绍兴餐饮经营管理有限公司——说起白斩鸡,就数小绍兴。
158. 上海和记餐饮管理有限公司——和记餐饮·海派美食新标准。
159. 河北玉兰香保定会馆饮食有限公司——升华百家味·引领冀菜风。
160. 如一坊——大众消费贵族化。
161. 膳缘居天然素食——无蛋无酒无味精·纯净纯素纯天然。
162. 农家小院——绿色新鲜·口味纯正。
163. 内蒙古乡土居餐饮连锁有限公司——原汁老汤家乡味·土锅土具乡土居。
164. 湖南湘西部落餐饮——创意湘菜专家·健康美食工厂。
165. 重庆五斗米实业集团——打造从田园到餐桌的原生产品产业链!
166. 眉州东坡酒楼——高档菜品平民化·平民菜品精细化。
167. 澳门豆捞控股集团有限公司——澳门豆捞·一脉相承的古老秘方。
168. 阿一鲍鱼——鲍鱼至尊,顶级中国菜。
169. 北京沸腾渔乡餐饮有限责任公司——美食坐标·川味正宗。
170. 觉林素食——民以食为天·食以素为本。
171. 海底捞火锅——好火锅自己会说话。
172. 豪客来牛排——最好的牛排来自于豪客来。
173. 肥西老母鸡——原生态·中国味。
174. 厦门美丽华大酒店——高贵典雅·尽在美丽华。
175. 深圳市金海港集团公司——诚信天下·伟业天成。
176. 红菜坊——当您需要的时候,我们就给您什么。
177. 保定金筷子餐饮有限公司——好吃的是饭菜,不贵的是价格,永远不变的是真诚。
178. 香港绿满家餐饮管理咨询公司——绿满园——是您事业腾飞的好帮手!
179. 浏阳河大酒楼——天天与食俱进,日日开拓创新。
180. 燕莎巫山烤全鱼——总是被抄袭·从未被超越。
181. 致真酒家——诚心诚意."致真"到底。
182. 小尾羊——煮沸绿色梦想涮出营养健康。
183. 吉骨小馆——砂锅老汤·一骨·一汤·一家人。
184. 河北千喜鹤饮食股份有限公司——绿色产业链·有我更健康。
185. 无上素食——回归自然·享受健康。
186. 采蝶轩——健康美味好心情·尽在采蝶轩。

187. 杭州知味观——欲知吾味，观料便知。
　　　　　　——此味只应天上有，缘何为我落人间。
188. 川味观——特别的辣·给特别的你。
189. 辛香汇——尚滋味·好辛香。
190. 合肥贵妃凉皮餐饮有限公司——品周贵妃凉皮·享人世间美味。
191. 安徽梦都集团——替顾客着想，让顾客满意。
192. 广州酒家企业集团——食在广州第一家。
193. 宁波市江东向阳渔港餐饮——真情待客·快乐分享。
194. 净雅集团——创意海洋·体验服务。
195. 潮皇食府——至尊服务·彰显成就。
196. 春满园——诚信待客·服务之道。
197. 重庆苏大姐——让每位顾客得到健康、快乐和感动。
198. 天滋国味集团·山东老家饮食连锁——人在千里·家在心里。
199. 好利来——更懂爱的味道。
200. 哨兵实业有限公司——哨兵在乎您！
201. 金海岸餐饮娱乐有限公司——努力超越，追求卓越。
202. 重庆市毛哥食品开发有限公司——创名牌，树中华汤料大王。
203. 安徽省金满楼饮食集团有限责任公司——品牌就是力量。
204. 西贝餐饮——不争第一我们做什么。
205. 川渝人家——创百年老店·塑百年辉煌。
206. 五芳斋集团——百年五芳·盛世江南。
207. 云天楼——我们应该做得更好！
208. 深圳市嘉旺餐饮连锁有限公司——营养配餐，食之以"衡"。
209. 来伊份——我要来伊份。
210. 福记餐饮——引领餐饮朝阳·创造美食辉煌。
211. 华莱士——简单，有滋味。
212. 老根山庄——较大城市、小品之乡、老根山庄，生产快乐的地方。
213. 川江鱼头火锅城——专业源于专注·服务源于真诚。
214. 上海弘奇食品——永远的朋友·和乐的家庭。
215. 广东省广州市绿茵阁餐饮连锁——聚浓情·尽欢笑。
216. 丽华快餐（中国）有限公司——送的就是一份亲情。
217. 东台凯悦国际大酒——家的温馨·无比体贴。
218. 海景花园大酒店——感觉像家一样。
219. 南京龙宴餐厅——用美食感动您！
220. 家全居——温馨如家。

（5）品牌广告曲　品牌广告曲就是广告里的乐曲，广告曲比的情感性和艺术性更强，对广告受众的刺激性更强，更容易激发消费者的购买冲动。

（6）品牌包装　品牌包装是品牌（信息）的主要载体，在广义上也作为品牌的一个附加要素，品牌包装对品牌起到传播品牌与介绍品牌的作用。

（7）品牌代言人　品牌代言人通常是选文艺或体育界的名人、明星，利用其社会号召力增强品牌的市场号召力。

第二节　餐饮品牌连锁扩张

21世纪是品牌纵横的世纪，品牌已成为餐饮企业最有潜力的资产，品牌扩张成为企业发展、品牌壮大的有效途径。纵观我国餐饮企业发展模式，当前发展主要方向和任务是提升品牌文化水平，推进餐饮产业化。

一、认识品牌扩张

（一）品牌扩张的定义

品牌扩张是一个具有广泛含义的概念，它涉及的活动范围比较广，但具体来说，品牌扩张指运用品牌及其包含的资本进行发展，推广的活动。它是指品牌的延伸、品牌资本的运作、品牌的市场扩张等内容，也具体指品牌的转让、品牌的授权等活动。

麦当劳、肯德基利用其品牌优势开展特许经营、加盟连锁，在全世界范围内扩张。我国的俏江南、小肥羊、乡村基等也纷纷在各地开始进行扩张。

（二）品牌的扩张原因

1. 消费者心理基础

消费者在消费某一名牌并获得了满意后，会形成一种名牌的"光环效应"，影响这一种品牌下的其他产品或服务。中国有句成语"爱屋及乌"便说明了这种心理效应。

2. 企业实力推动

从企业内部讲，企业发展到一定阶段，积累了一定的实力，形成了一定的优势，如企业积累了一定的资金、人才、技术、管理经验后，为品牌扩张提供了可能，也提出了扩张要求。特别是一些名牌企业，它们一般具有较大的规模和较强的经济实力，这为实行品牌扩张提供了条件。

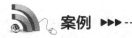 **案例** ▶▶▶

中国餐饮界知名川菜品牌俏江南对外扩张的步伐将再次加快。俏江南董事长张兰最近在接受采访时透露，目前公司正在为上市做准备工作，计划通过资本运作与海外收购，在3～5年内开300～500家俏江南分店。

张兰与其他餐饮投资者相比，在海外的开店选址计划具有较高的目标。历经十年发展，俏江南业已形成自己清晰的定位，主要服务于中高端市场，并在2008年北京奥运会场、2010上海世博会等重要赛事活动中崭露头角。

张兰的海外开店计划直接剑指高端市场。她表示，俏江南要改变全世界人对中餐的印象，如果开店不会选在唐人街，一定要进入（西方）主流社会，选择汇聚主流人群的地方，比如说香榭丽舍大街等，"旁边有大品牌的地方，就一定会有俏江南"。

从湘鄂情和俏江南的扩张可以看出，品牌扩张是企业实力的表现，品牌扩张的良好进行会给企业带来巨大效益。

3. 市场竞争压力

品牌的生存发展也同样摆脱不了市场竞争。市场竞争的压力常会引发品牌扩张的行为，市场竞争压力下的品牌扩张主要指由于竞争对手在某些方面做出了调整，或进行了品牌延伸或市场扩大，而迫使企业不得不采取相应对策，进而采取相应的品牌扩张措施。竞争对手的品牌扩张使其实力增强，规模扩大，或发生了其他有利于竞争的变化。

 **案例** ▶▶▶

麦当劳由美国走向世界进行全世界性的品牌扩张，其销售额、利润都获得了巨大发展，品牌知名度也在世界范围打响。作为其主要竞争对手的肯德基在这种竞争态度下也必须采取相应的措施，开展品牌扩张战略。肯德基也必须进行全世界性扩张，以抵御麦当劳实力增长给其带来的竞争压力，否则，肯德基便在这场竞争中处于下风，并可能导致肯德基的失败。

4. 外界环境压力

企业是在一定的外界环境中生存、发展的，外界环境会对企业的发展、品牌的扩张产生重大影响，外界环境下造成的压力常常也是企业进行品牌扩张的原因之一。

企业生存的外部环境主要指影响企业的宏观环境，如政治环境、自然环境等，这些因素对企业来说是不可控的，某一环境因素的变化都可能导致企业进行适应性变革，这些变革很多是品牌扩张的内容。

5. 规避经营风险

对于单项经营的企业来说，此项业务的失败，会使企业唯一的经营活动失败，从而给企业带来严重的损失。由此，众多的企业在发展中往往采用品牌扩张的策略，进行多元化经营，从而规避经营风险。实施品牌扩张，使企业左右逢源，保证了企业平稳发展。

二、品牌扩张的价值

在市场经济不断发展的今天，品牌代表着企业拥有的市场，在一定程度上也代表着企业的实力。实际上利用品牌资源实施品牌扩张，已成为企业发展的核心战略。

（一）优化资源配置，充分利用品牌资源

企业只有合理配置各种资源，使其充分发挥作用，才能使企业走向良性发展道路，品牌是企业重要的资源，企业在发展品牌战略中可能会出现这样那样的问题。

如小肥羊、小天鹅、德庄等餐饮企业都有其生产的火锅底料，可以说是典型的餐饮品牌资源。

案例 ▶▶▶ --

小肥羊调味品有限公司成立于2003年，是小肥羊餐饮集团唯一生产调料的全资子公司，是国内外小肥羊餐饮店面标准化火锅底料和全世界小肥羊家装火锅底料系列产品、肉酱系列产品、蘸料系列产品、香辛料系列产品、辣椒制品类系列产品供应商。

2006年以来，分别被国家相关部委授予或评定为调味品十强企业、内蒙古名牌产品、中国优质名牌产品、国家良好行为AAAA级企业，是目前为止西北乃至华北地区最大的复合调味品生产加工企业。

公司自成立以来，一直秉承品质第一、安全至上的经营管理理念，始终把食品安全视为指导一切经营活动的核心宗旨。在原料采购环节，采用基地化采购管理模式，先后在新疆焉耆、河北冀州、广西玉林、宁夏中宁等地建立了年产10000吨的核心原料种植基地，其中四大种植基地均通过国家有机食品认证机构认证。纯天然、无污染原料是小肥羊调味品公司实现食品安全保障的关键环节；在生产加工环节，小肥羊调味品公司是国内乃至全世界首家采用全自动化生产流水线加工火锅底料类产品的企业，标准化的生产设备、科学规范的生产工艺确保了小肥羊系列调味料产品始终如一的优良品质，从而也打破了中餐实现标准化的瓶颈，是小肥羊在几年内力挫群雄成为中餐第一品牌；先进的检验化设备、严格规范的管理体系、精细高效的员工队伍是实现小肥羊系列调味品高品质的保障。公司秉承以人为本、顾客至上的经营理念，在人才引进、技术创新、管理创新、制度创新等方面一直引领着行业的发展。"一流企业做标准"，小肥羊调味品公司于2008年正式成为火锅底料国家标准的起草单位，成为行业标准的制定者和引领者。公司始终以不断创新，追求人类健康、美味生活为己任，以持续探索并弘扬民族饮食文化，使之走向世界为使命，力争打造最受消费者尊敬和信赖的调味品行业首选品牌。

（二）借助品牌忠诚，减少新品"入市"成本

当企业进行品牌扩张，对新产品以同一品牌投放市场时，就可以利用消费者对该品牌已有的知名度、美誉度、信任度及忠诚心理，以最少的广告、公共、营业促销等方面的投入，迅速进入市场，提高新产品的开发，上市的成功度。品牌扩张常利用已有品牌及产品的美誉度、知名度、追随度来提携新产品，为新产品上市服务。

（三）提高市场占有率

品牌的扩张更为目标市场扩大了领域，为消费者提供了更多的选择对象，增强了品牌的竞争力。品牌扩张能使品牌群体更加丰富，对消费者的吸引力更大。

（四）实现收益最大化

规模经济可以实现企业运营的最低成本，从而使企业低成本扩张，扩大生产能力，增强企业实力，实现收益最大化。品牌扩张在一定程度上使企业规模扩大，充分利用闲置资源，合理进行闲置配置，从而实现"规模效益"。

> **特别提示**
>
> 品牌扩张可以给企业带来巨大效益，但也伴随着巨大的风险。品牌扩张应在一定的科学思想指导下进行，以减少或避免品牌扩张对企业的风险。

三、餐饮品牌竞争环境

识别竞争是餐饮品牌扩张战略的前提和基础，虽说盲目的品牌扩张在餐饮行业中屡见不鲜，但总体来看餐饮行业竞争可以分为四种形式。

（一）份额竞争

主要在同质化餐饮企业中表现得尤为突出，当市场需求稳定，需求增长率趋缓时，为了保持已有的利润率和维持投资效益，通过扩大市场占有率来达到这一目的。

（二）差别竞争

在同一个行业里，企业之间通常使用的竞争手段是菜品、价格及服务上的差别竞争。

（三）规模竞争

在发展较为成熟的餐饮行业，规模扩张是企业降低成本最有效的手段。

（四）多元化竞争

随着自身能力的不断增强，以及潜在竞争对手的不断出现，多数餐饮企业开始多元化发展，培养不同的餐饮形态和品牌来应对市场挑战。

四、餐饮品牌竞争格局

（一）处于垄断竞争阶段

由于餐饮技术人才的流动性大，产品同质化严重。为控制质量和成本，降低部分风险，多数竞争对手开始采取前后一体化的竞争战略，向供应链上方不断突破，不断拓宽下游企业。如许多餐饮企业都投资兴建了自己的原料供应基地，纷纷建立食品加工厂，拓宽销售范围。这种业态的竞争类别属于形式竞争，在品牌扩张策略中较多地需要依赖品牌传播和品牌推广。

（二）连锁式发展

为了发挥资金、成本控制优势，大多数餐饮企业纷纷走连锁经营道路，可以有效地提高餐饮行业潜在对手的进入门槛，使企业品牌部分得到提升。

（三）竞争类别多样化

如今餐饮种类多样，形式丰富，各种相关的餐饮替代品和新的餐饮形式不断兴起，在就餐形式上改变了很多消费者的就餐习惯。

五、餐饮品牌扩张策略

（一）餐饮品牌识别策略

品牌识别策略是品牌扩张策略的第一步，是消费者对品牌的第一印象。品牌识别是所有品牌活动的基础，对于餐饮企业来说其品牌识别可以通过对竞争态势的分析建立其自己品牌的核心识别、精髓识别和延伸识别。

（二）餐饮品牌定位策略

品牌定位是要针对顾客的心理，将产品在潜在顾客的心目中确定一个适当的位置。餐饮品牌定位的前提条件是清晰、完整的企业竞争战略，找出企业的比较优势，明确企业最佳发展方向，当餐饮企业需要重新定位时，要经过企业的竞争态势分析、企业品牌定位理念的形成、围绕企业品牌定位理念的具体定位（定位更新）。

（三）餐饮品牌形象

我国餐饮企业在品牌形象的塑造上一直投入不足。餐饮行业中叫得响的大品牌本不多。相对于国际餐饮品牌，我们在品牌形象的推广上欠缺很多。从品牌传播的角度看，品牌形象的支撑是品牌文化，只有拥有独特、深厚的文化内涵，品牌形象才更丰富，更有魅力。

酒楼饭店的装修要有个性，如果饭店是老字号，有历史话题、人文典故，则可以在这方面做文章；如果饭店经常有名人光顾，就要形成自己的风格。

案例 ▶▶▶

著名的麦田村餐饮连锁集团，其重要的广告手段是在店堂四壁张贴凸现麦田村餐饮文化的"爱情宣言"，这让消费者在惊奇之余忍不住坐下来细细品味广告给他们带来的"麦田村"文化。若顾客有兴趣，还可以自己动笔写出自己的"爱情宣言"，由店内的美工经过特殊的文字处理，堂而皇之地在麦田村的墙上展示。

（四）餐饮品牌推广

品牌推广在品牌识别、品牌定位和品牌最终形象之间起着中介及桥梁作用。不管品牌识别有多清晰，品牌定位再准确，若离开了强有力的品牌推广，也无法实现最终的品牌形象目标；餐饮企业品牌推广的过程，是品牌形成的过程，也是消费者对品牌的逐步认识过程。

因此，品牌推广可以说是品牌塑造的关键环节。在明晰了餐饮企业品牌识别、定位与整体形象目标之后，餐饮企业具体的推广策略可以因地制宜，因人而异，根据地方产业发展政策而适时调整。

六、制定加盟连锁标准

餐饮品牌要成功实现品牌连锁扩张,一定要制定统一加盟连锁标准。

【实战范本】俏江南加盟手册

俏江南集团旗下的第一个餐饮品牌,2000年4月16日在北京CBD核心区——中国国际贸易中心正式成立,并在短短的几年内得以迅速的发展。

俏江南在立足于中国传统美食文化的基础上,勇于突破、大胆创新,将经典中华美食与时尚现代的设计经营理念相结合,不但追求菜品的创新与融合,还在餐厅设计上标新立意。将中国古典的江南小桥流水进行西式设计,每一间餐厅均采用不同的装饰风格,并聘请国际级设计师量身定做,以中西合璧、风格各异的餐厅环境,为消费者带来时尚、健康、高雅的就餐体验。

2006年,俏江南的战略发展规划中加入特许经营的业务,俏江南开始将在北京和上海等城市的经营积淀,向国内二级城市展开渗透。同时俏江南也重新调整战略目标,利用原有的客户群体和需求进行细分,针对顶级服务市场、高端商务餐市场、时尚健康美食市场,将中式商务正餐的菜品、服务、环境和理念推向极致。

到目前为止,俏江南已在北京、上海等最具商业价值的城市和地段,开设了40多家分店,总营业面积超过七万平方米,员工超过6000名,仅2008年一年已有逾1100万商务人士、时尚精英和外籍人士在俏江南用餐。

2007年4月,俏江南集团已经与全世界知名的航空配餐企业**Marfo**公司达成合作,俏江南中餐已由**Marfo**公司送入法国航空公司、荷兰航空公司,正式开展供餐合作,服务标准与菜品质量开始受到国际的认可。同时,作为北京奥运会的餐饮服务商,俏江南还在北京奥运期间为奥运场馆提供餐饮服务。

2007年11月,俏江南被正式认定为"中国驰名商标",获得了中国唯一在全世界范围内得到国际法律保护的商标标志,也进一步开拓了俏江南在海外市场的发展空间。九年的健康成长,让俏江南逐步树立了中国高端服务的新标准,发展成为最具时尚品位和创新理念的世界级中国餐厅,并带领中餐行业向具有国际水准的中国民族餐饮品牌迈进。

加盟区域:不限。

培训时间:0周。

加盟金:35万元。

保证金:无。

经营模式:特许连锁,直营连锁。

适合人群:自由创业,现有公司增项。

选址建议：商业街商铺。

其他要求：认同俏江南的企业文化和经营理念，诚实守信，没有犯罪及信用不良的记录。与俏江南所有品牌没有利益冲突，具有企业家精神，又有很好的企业管理经验和能力，拥有足以投资此项事业的资本。

地址：××××××××
邮编：××××××
电话：×××××××××

七、餐饮品牌异地扩张

很多传统行业都在走连锁加盟模式，但在异地扩张方面，很多企业却陷入了进退两难的境地。

（一）选址

麦当劳、肯德基为了了解一个地区的生活方式和消费能力，甚至分析该区域的生活垃圾，寻找相关数据。

首先，考虑选择在哪个级别城市，其次考虑选择在哪个区域。选址与市场定位密不可分，什么样的定位决定了选择什么样的店址。

（二）调研

在市场扩张前，能够找到合适的市场调研公司是比较好的做法。实在不行，需要花一定精力去深入地了解将要进入的市场状况，比如市场容量、群体特征、竞争对手、潜在加入者、自身及对手优势与劣势、三至五年内的市场变化及竞争格局等。

连锁行业在异地扩张，目标群体的消费习惯才是最重要的，消费能力倒是其次。如果消费者不认可产品，你再努力也没有用。

（三）人才储备

一个想要做大做强的企业必须储备人才。人才储备必须先于开店前一到两年内完成。如果新店已经开张，店长还没确定，那么扩张的结果是可怕的。

异地连锁企业的发展，最重要的是人的管理而不是制度管理。以人为本，是推动企业向前发展的一个核心所在。如果这个人是对的，那么这个企业也会是对的；如果这个人错了，再怎么正确的制度，也挽救不了人的错误带来的悲剧结局。

（四）一味扩张

扩张与做大，一定要弄清单店与总体的关系。只有单店做好了，整体才会持续发展。如果只求规模、速度、市场占有率、表面贴金或数量增长，而不考虑单店生存状态，那么，一旦资金流出现异常，小则元气大伤、前功尽弃，大则瞬间崩盘、全局皆输。

 案例 ▶▶▶

　　目前，全聚德仍然坚持走以直营连锁为主、特许连锁为辅的连锁发展道路，计划在国内、海外继续增加连锁店的数量，但其扩张方式已经有所调整，尝试采取"特许＋托管＋收购"三合一的开发模式，即在开店初期由加盟商投资、连锁经营公司进行业务辅导，并在合同中约定——度过培育期后，公司可选择购回门店作为直营店，力求有效规避新建企业前期市场培育的经营风险，为3年后直营店发展进行有效储备，降低培育市场的投资风险。

 案例 ▶▶▶

　　湘鄂情同样采用以直营店为主、加盟店为辅的策略，在直营店方面主要采用全资控股模式，对各加盟店则由公司直接派驻店长和驻店董事，对其管理比照直营店的标准进行。除了2010年新开门店亏损外，其在武汉、长沙、株洲、太原的老店运营均告盈利，且基本都在百万元以上。上市后，湘鄂情扩张提速，2010年收购2家加盟店、直营店开业8家，共拓展12个项目，多在外埠，这些项目将进一步验证其运营模式的可复制性。

第三节　餐饮品牌维系保护

　　品牌保护，实质上就是对品牌所包含的知识产权进行保护，即对品牌的商标、专利、商业秘密、域名等知识产权进行保护。

一、餐饮品牌硬性保护

　　美国可口可乐公司的总经理曾经说过："即使可口可乐公司在一夜之间被大火烧为灰烬，它在第二天就能重新站立起来，因为可口可乐的品牌价值高达600多亿美元，这就是品牌的力量，是大火烧不掉的财富。"

　　既然品牌如此重要，那么，该采取什么样的方法和措施对餐饮品牌进行有效保护呢？

对品牌的硬性保护，主要是指对品牌的注册保护，它包括纵向和横向全方位注册，不仅对相近商标进行注册，同时也对相近行业甚至所有行业进行注册。

比如杭州的娃哈哈公司对商标的注册，不仅包括了娃哈哈，还有娃哈娃、哈哈娃、哈娃哈等，光是防伪注册就有70多种，这样一来就确保了品牌保护的万无一失。

1.商标注册好处

商标是企业的生命，可以成为最有价值的财产；商标代表了产品与服务的质量和信誉，能使消费者记住产品和服务；注册商标不仅是协助企业快速成长的利器，也是企业创造利润的必经之路。具体来讲，进行商标注册有以下好处。

（1）为企业可持续发展、创造强势品牌奠定基础。

（2）具有区别商品或服务出处的作用，引导消费者认牌购物或消费。

（3）促进生产者或经营者不断提高、稳定产品或服务的质量。

（4）有利于市场竞争和广告宣传，是企业信誉和质量的象征。

（5）避免自己的商标被他人抢先注册，避免无意侵权而支付巨额赔偿。

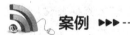

"格拉条"是阜阳名小吃，就是一种类似面条的即食小吃。可是，阜阳特色小吃格拉条的商标已经被北京的一家餐饮公司抢注。

根据《商标法》规定，一旦"格拉条"商标被北京的这家公司注册成功，该公司有权要求阜阳的格拉条停止经营，或支付使用费用；同时，根据相关规定，阜阳格拉条属近似商标，将不会再有申请注册的机会。

（6）能防止或阻挠他人在所专用的商品或服务类别上再注册一个相同或令人混淆的商标。

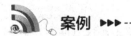

湖北周黑鸭食品有限公司是商标"周黑鸭"文字和一个椭圆拱门内的"卷发小男孩"图形的商标专用权人。从2009年12月开始，市场上出现了一个"汉味周黑鸭"，不仅与"周黑鸭"商标字体相同，且小男孩的卡通形象也类似。"周黑鸭"以商标侵权和不正当竞争行为为由，将"汉味周黑鸭"告上法庭。

武汉市中院审理认为，"汉味周黑鸭"标识使用的直发小男孩卡通形象，与"周黑鸭"商标中的卷发小男孩图形的人物主要要素组合后，形象整体相似，构成对"周黑鸭"商标专用权的侵犯，有明显"傍名牌""搭便车"行为，构成对"周黑鸭"不正当竞争和虚假宣传。

法院一审判决"汉味周黑鸭"立即停止使用带有"周黑鸭"字号的企业名称，不得使用与"周黑鸭"注册商标近似的图形标识，立即停止自行使用或授权他人使用带有"周黑鸭"字样的店面名称或者门面招牌，赔偿经济损失30万元。

(7) 有效地对相似的商标提出异议或维权。

相关链接

小肥羊商标维权之路

小肥羊酒店于1999年9月13日在工商局注册登记成立，在开业仅3个月以后的12月14日，注重知识产权保护的小肥羊公司即向商标局提出了对"小肥羊"这一独创商标进行注册的申请，并于2003年2月14日获得了初审公告。然而，此时便有一些跟风假冒的商家开始对获初审公告的小肥羊商标恶意地提出异议。小肥羊公司为了保护小肥羊这个民族品牌，不得不开始了漫漫的维权之路。

经过几年来一系列的艰苦诉讼，至2006年5月19日，北京市高级人民法院就西安小肥羊烤肉馆和陕西小肥羊实业有限公司诉国家工商总局商标评审委员会就"商标侵权行政诉讼"一案，维持国家工商行政管理局商标评审委员会关于核准内蒙古小肥羊餐饮连锁有限公司3043501号"小肥羊LITTLE SHEEP及图"商标注册的判决，标志着小肥羊维权历程的全面胜利。

该案的终审判决，是该公司"小肥羊LITTLE SHEEP及图"商标在继2004年11月12日获得驰名商标认定后的又一个具有历史意义的里程碑，"小肥羊LITTLE SHEEP及图"商标将成为该公司的注册驰名商标，得到《商标法》的全面保护。

几年来，为保护"小肥羊"的自有品牌，小肥羊公司及其子公司做出了巨大的努力，至今为止在国内已经申请了36种、涉及17个类别的77件商标，已取得30件商标注册证；另有涉及4个类别的9种商标在26个国家和地区申请了77件商标，目前已取得46件商标注册证；并有3件商标通过马德里国际注册。已经初步形成以"小肥羊卡通羊头"和"小肥羊"文字不同组合的、完善的、系列商标保护体系。"小肥羊卡通羊头形象"与"小肥羊文字"已经成为小肥羊公司不可分割的一部分。

（8）公司的一重要财产，有助于公司在股票上市时或被收购时的资产评估。

2.所需提交资料

现在，有专门负责商标注册的公司，可以委托其进行相关事宜办理。一般需要提交以下资料.

（1）《商标注册申请书》一份，填写打算申请的类别和商品/服务。

（2）《商标代理委托书》一份，申请人签字/盖章。

（3）申请人如是公司，需提交清晰的《营业执照》副本复印件一份；如是个人，需提交清晰的身份证复印件一份。

（4）商标图样5份，长和宽应不大于10厘米，不小于5厘米，指定颜色商标应提供彩色图样5份，并附加黑白墨稿1份，图样应当清晰、洁净。

3.商标注册流程

在我国，商标注册流程如下图所示。

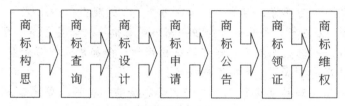

商标注册流程

4.商标注册方式

餐饮企业在硬性保护的同时要注意其他几种注册方式。

（1）行业注册　一个餐饮品牌，不仅需要在餐饮行业进行注册，同时也要考虑到其他的行业，比如食品、医药、地产、电器、化妆品等行业进行注册，就不会在其他行业里出现同名的品牌。

（2）副品牌注册　对于实施了副品牌战略的企业来说，有必要对各种副品牌名称进行注册。比如海王金樽、海王银得菲，如果不对金樽、银得菲进行注册，就可能会出现许多三九金樽、太太金樽甚至海尔金樽，到了最后的时段却是花了很多钱，还为竞争对手无偿地宣传了一回。

（3）包装风格注册　对自己企业或公司独特产品的包装风格，要立刻申请专利保护，如可口可乐的外形包装，其他的饮料企业公司就不能模仿，以防止竞争对手模仿偷袭。

（4）形象注册　如今，形象物已被越来越多的企业所使用。如大家所熟知的麦当劳叔叔、肯德基上校、一休小和尚等。这些形象的使用成为品牌识别的标志之一，对其进行注册保护，可以维护品牌识别的完整性。

（5）跨国注册　在国内，有些企业的品牌自我保护意识非常强。据资料显示，日本的松下电器、东芝、日立，美国的通用，德国的汉高等知名企业拥有的商标注册件数都是从几千件到几万件，少数公司的商标甚至达到六七万件。

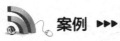

案例 ▶▶▶

"郫县豆瓣"已在德国商标局查出被人申请为商标。如抢注成功，成都50家豆瓣企业或将面临出口壁垒。

"郫县豆瓣"大概在2011年3月前后申请注册，目前已经进入公告期。按照德国商标法律规定，如果相关利益方在公告期的3个月内不提出异议，该商标申请将会成功。如果申请成功，非商标持有人在德国将被禁止使用"郫县豆瓣"。

通过中国商标网查询得知，"郫县豆瓣"在1997年5月曾被郫县食品工业协会在中国申请为商标，但是一直未在海外进行大规模商标注册。

据了解，2003年，加拿大多伦多一家公司曾抢注"郫县豆瓣"商标。其后，郫县当地政府联合企业展开一场跨国维权行动，向加拿大方面提出商标异议延期申请并获得加方认可，最终维权成功。

资料显示，郫县豆瓣原产于成都郫县的唐昌、郫筒、犀浦等地，已有300多年历史。郫县豆瓣是众多川菜品种重要的佐料，由于川菜在国内和海外的巨大影响，郫县豆瓣也在海内外华人间有相当的知名度和认知度。由于目前国际上还没有统一的商标认证组织，商标出国使用应事先注册。

"郫县豆瓣"是当地政府牵头委托申请的地域性商标。目前在郫县的100多家豆瓣厂家中，约有50家企业被允许在产品销售时使用"郫县豆瓣"商标。

（6）近似注册　比如什么"太子奶"与"太于奶"，这只不过是一个字"子"与"于"之间的区别。这就是一种其他企业的"近似注册"。这种注册方式，对于企业品牌的伤害很大，会大幅度影响企业在市场中的销量。"太子奶"如果在同行业中同时注册"太于奶""太小奶"等名称，就可以有效避免。

案例 ▶▶▶

做产品当然需要注册商标，而做服务商标保护更要加倍用心。无名子、蓝与白、上岛咖啡、豪享来等台资或有台商背景餐饮业，纷纷出现了商标被抢注、被傍名等商标纠纷，一度成为业内关注的焦点。2007年，曾经以开"我家咖啡""我家秘密花园"闻名的厦门我家餐饮有限公司，也因为商标被抢注而被迫将旗下所有的"我家咖啡"店改名"我佳咖啡",并尝试做起了"我佳牛排"。

"我家"商标被瓜分抢注

和无名子、豪享来等餐饮企业一样,厦门我家餐饮有限公司也是20世纪末台商来厦门创立的餐饮企业。创始人王先生1999年在厦注册成立了厦门我家餐饮有限公司,并随后在禾祥西路、湖滨北路等地方开出了数家"我家咖啡"店。可是,当时他只注册登记了"我家餐饮"的公司名称,却忽略了对"我家"这个服务商标的注册。

2003年起,国内有不少公司先后分行业分类别注册了"我家"系列商标,有玻璃制品企业、陶瓷企业、纸制品企业等好几家,申请商标注册的时间多在2000年以后。依据有关商标的法律法规,此后"我家咖啡"店里的所有玻璃制品、金属餐具、纸制品、陶器等产品,都没办法加印"我家"两个字。不过,当时这种情况还没有引起王先生的重视。

为维权被迫改名

随着"我家咖啡"的名气越来越旺,厦门当地不少餐馆创业者,也开始纷纷"傍名牌",陆续涌现出不少"我家茶餐厅、我家快餐店、我家冰饮店"等。这些餐馆令王先生感到非常气愤,可由于公司没有注册"我家"商标,就连餐饮业最重要的食品包装、餐具等产品,都被外省的"我家"系列企业抢注了,所以自己根本没办法通过法律手段来维权。

此时此刻,王先生已经意识到注册"我家"商标的重要性,但为时已晚。考虑到重新通过协商的方式,向国内那么多家"我家"企业赎回"我家"商标成本高而且太麻烦,与今后企业规范化健康成长,王先生决心放弃"我家"字号,于2016年底申请注册了"我佳"商标,2017年起逐步把旗下的所有咖啡店改成"我佳咖啡"。

亡羊补牢"因祸得福"

吸取教训的王先生,及时对"我佳"商标进行了一系列相关类别产品的注册与防御性商标注册,而且还注册了相关网络域名等衍生产品、服务。"我家咖啡"改为"我佳咖啡"后,王先生提出"我要做得最好"(我佳)的新企业文化理念,2016年年底起对公司进行了重新VI系统设计。幸运的是,改为"我佳"咖啡后,公司的业绩不但没有下降,反而快速提升,半年内还增开了漳州、帝豪两家分店。

二、餐饮品牌软性保护

软性保护是指餐饮企业在品牌的管理中,严防做出与品牌核心价值不一致的行为。比如,推出与品牌核心价值不吻合的产品或产品概念,推出与品牌核心价值不一致的传播与活动等。

(一)纵向保护

纵向保护是指在时间上,品牌应该坚持一个主题去传播,不要轻易改变主题,推出与主题不一致的广告。如果今天定位"安静",明天又变为"热情",那么传递的信息将会混乱不堪,这对品牌形象的维护极为不利。

如俏江南品牌的商务气质、SUBU概念餐厅的未来感和时尚。

SUBU概念餐厅的未来感和时尚

SUBU是Johannes Torpe设计俏江南集团(SBG)的新概念餐厅。该工作室设计了餐厅的所有物品,包括家具、餐具和用餐吊舱。这种全新的概念餐厅设计使SBG进入一个新时代。SUBU的设计是前卫的,以"太空舱"为灵感,未来感十足,每个包间都有独立灯光和音乐控制系统,线条流畅,色彩明快。

(二)横向保护

横向保护是指在同一时期品牌的推广上,广告、公关、促销等行为应该协调一致,不能相互抵消。

比如一家餐饮连锁企业,由总部设有统一的促销规划,但是各地活动呈现出五花八门的局面。即使同一个活动,也会出现许多不同的声音。品牌的横向保护需要通过协调统一的营销方式和管理手段来实现,并且需要整个公司营销体系的计划配合。

三、餐饮品牌危机处理

(一)品牌危机的定义

品牌危机,是指由于组织内、外部的突发原因而对品牌资产造成始料未及的负面影响,包括品牌形象的损害和品牌信任度的下降。

（二）品牌危机的特征

品牌危机的特征，具体如下表所示。

品牌危机的特征

序号	特征	说明	备注
1	突发性	尽管危机的发生都有诱因，但在危机爆发之前一切风平浪静，一旦时机成熟，危机的来临非常突然，令人始料未及	
2	危害性	品牌信任度丧失，不仅限于某个品牌本身，而且还会在更大的范围和相当长的时间内波及整个企业，甚至是回天无力，使企业遭受灭顶之灾	
3	关注性	一旦出现危机，品牌及企业将成为消费者和媒体关注的焦点，很容易成为众矢之的	

（三）品牌危机的管理

品牌危机管理贯穿于"品牌事件到品牌危机"的始终。从品牌事件发生开始，就要防止品牌事件演化为品牌危机。

案例 ▶▶▶

肯德基的"勾兑豆浆"事件引起了社会广泛关注。2011年7月29日，肯德基官网发布信息称，由于传统的现磨工艺无法满足全国三千多家店对品质及食品安全的要求。肯德基最后与供应商益海集团开发出新的豆浆粉。

尽管肯德基向媒体提供的说明中认为，肯德基豆浆粉有别于市面上一般出售的豆浆粉，消费者也认为肯德基醇豆浆口味纯正，接近传统现磨风味。但是问题在于，连早点摊的豆浆都是煮出来的，肯德基那么贵的豆浆竟然是冲出来的，怎么能说得过去？作为国际知名连锁店，连区区一杯豆浆也要愚弄公众，其形象和市场声誉无疑要遭受很大质疑。

本来，肯德基食物的市场形象经过数十年的洗礼，已经得到了消费者广泛的认可，几乎就是新鲜、洁净、高品质餐饮的代名词。肯德基的制作工艺、对原料的选用标准也达到了高品质化。按着这样的思路，消费者想当然地就认为肯德基的豆浆应该是新鲜、现磨的。尽管肯德基并没有声明豆浆是现磨的，公众能将豆浆理解为新鲜现磨的也完全合情合理。如果不是因为该门店前几箱豆浆粉被网民发现并网络曝光，肯德基估计也不会主动承认。国际知名洋快餐"高大全"的形象在消费者的心里轰然倒塌。

在这个过程中，要明确如何处理危机，以及如何同相关利益方进行沟通。品牌危机管理步骤，具体如下图所示。

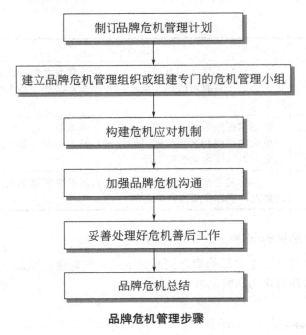

品牌危机管理步骤

（四）制订品牌危机管理计划

有无正式的品牌危机管理计划是衡量一个企业品牌管理水平的标准，缺少品牌危机管理计划的企业常常存在发展的不稳定性，风险比较大。品牌危机管理的关键是预防，因此，制订品牌危机管理计划非常重要。品牌危机管理计划的基本内容如下：

（1）危机管理的指导原则和目标；

（2）分析影响品牌的各类潜在危机情形；

（3）紧急情况下的工作程序；

（4）危机报告和汇报结构，以及危机处理团队、危机指挥中心、危机发言人等有关人员及其运作机制；

（5）危机计划的演练、修改、审计等有关规定。

（五）建立品牌危机管理组织或组建专门的危机管理小组

有条件的企业可以事先建立品牌危机管理组织以协调和控制品牌危机。品牌危机管理组织主要由三部分组成，具体如下表所示。

品牌危机管理组织

序号	组成部分	职责	备注
1	核心领导小组或核心委员会	（1）保证企业业务的正常运转、原料来源和产品供应 （2）紧急情况下的预算审核 （3）与政府和特别利益团体进行高层沟通 （4）对机构投资者、媒体、消费者、员工以及其他受到影响的群体传达信息 （5）明确保险政策，与法律顾问沟通，决定特别抚恤金的支付 （6）跟踪公众的动向，准备好到相关现场探视 （7）保证公司董事长或总裁了解事件的总体进展，并且尽快在公关人员的陪同下赶往事故现场，启动媒体沟通程序	由公司的董事会、总裁等组成
2	危机控制小组	（1）向联络沟通小组下达核心领导小组的决策信息 （2）向核心领导小组及时通报事态的进展 （3）从核心领导小组那里接收战略建议，并制定危机处理预算	负责危机处理工作实际运转的部门
3	联络沟通小组	没有条件的企业，可以在危机发生后，组建专门的危机管理小组，制定危机处理方案，启动危机管理计划，并协调各项工作	负责与公众、媒体、受害者、公司成员的沟通

危机管理小组成员应包括：企业最高负责人、业务负责人、公关专业人员、企业法律顾问、行政后勤人员、新闻发言人等。

（六）构建危机应对机制

在企业一旦遭遇品牌事件时，能在第一时间迅速地做出正确反应，以最快速度启动应急机制，及时、准确地判断事件的性质、影响程度及影响范围，并按照危机处置预案，果断采取相应的对策和措施，以求将事件的影响和损失降低最小，尽可能使事件在可控范围之内。企业处理品牌危机的方式，主要有以下四种。

1.否认问题的存在

否认很容易将事件激化为危机，很容易使简单的品牌形象危机变成品牌信誉危机。否认还有可能被看成对罪责的承认。即使企业确实认为否认是企业的最佳选择，也必须认识到否认所带来的负面效果。

🎧 **案例** ▶▶▶ --

味千拉面"骨汤门"并不是此次事件的根本原因，最大的问题就在于其态度。任何一个企业都可能会遇到危机，或大或小，面对危机时，企业首先应该摆正自己的态度，必须将所有问题一肩挑起，而味千拉面在这方面是失败的。

每次遇到质疑或者声讨，味千拉面总是不能勇于承认，总是推脱责任。面对骨汤兑制质疑，味千最初不承认；对于为何不披露被罚信息一事，味千沉默以对；报告认证被认证方否认，味千又是"不了解此事"。

对于最初的骨汤兑制质疑或许味千拉面觉得只是一件小事，味千拉面并不予理会，只做了简单的解释澄清，并没有意识去形成一个完整的危机公关战略，从而被接下来的事件"牵着鼻子走"。正是味千拉面的冷漠、傲慢、推诿的态度让公众的愤怒不断增加，事件本身的严重性也被放大，甚至转移到这家企业的道德层面。味千拉面的躲闪与逃避让事件一步步恶化。

味千拉面此次危机公关的失败归结于其没有抓住"快""准""稳"三个要领。当消费者和媒体发出第一声质疑时，企业就应该在第一时间给出回应。味千拉面并没有及时、积极地向社会做出回复，而是等到事件全面爆发后，味千拉面才出面承认。一步之差，步步跟不上，味千拉面一开始就丢掉了化解危机的良药。

味千拉面也没找准此次危机的症结所在。其实此次危机就是消费者对其拉面汤底是不是大骨熬制原汤产生质疑，味千拉面以营养丰富的骨汤为名，只要主动向消费者证明兑制骨汤的浓缩液并无食品质量问题，且营养丰富，消费者也不至于一再追问。但是味千拉面只是简单说明其成分，对于其他细节并未给出权威的解释。

当味千拉面的营养认证报告被认证方否认的时候，味千拉面又失去了"稳"。认证方已经否认，这时味千拉面就应该道歉或者进行补偿措施，并积极地与该方进行沟通。在中国农业大学的回复中可以看到，此次认证是中国烹饪协会委托该方进行的认证，那么说明这个认证的结果是事实，只是并不是味千拉面委托进行的，味千拉面如果做出相应措施，其实并不会造成很大影响。

一个个"如果"证明味千拉面丢掉了危机公关的一个个要领，最终将自己推入了深渊。

---

2. 大事化小

理智上讲，这样的反应可能是对的。这种回应方式表现出企业对顾客的关爱程度不够。将事件大事化小，或为自己的观点寻找证据，短期内可能会奏效，但长期下来会激化对品牌的负面宣传。

3. 改变事件在消费者心目中造成的印象

比如企业可以试图影响消费者对负面因素的评价，可以揭露负面宣传中的不真实性和不合理性，可以在营销传播中更加强调品牌带给消费者的利益，可以向消费者说明事件形成的背景等。

2006年2月,麦当劳在面对"薯条危机"时有三变:一变反式脂肪酸的含量,2月8日麦当劳公开承认每份麦当劳薯条中不利于身体健康的反式脂肪酸含量从过去的6克增加到8克;二变油的品种,麦当劳中国公司2月8日晚发出紧急声明称,目前麦当劳中国餐厅的炸薯条使用的是橄榄油,2月9日上午,前一份声明中的橄榄油则改为棕榈油;三变薯条的成分,2月麦当劳在公司官方网站上悄悄增加了炸薯条"含有小麦、牛奶和麸质成分"等字样,一周后麦当劳公开宣布其薯条中含有过敏成分,而此前麦当劳却一直宣称所售薯条中没有上述潜在过敏原,对乳制品过敏的消费者可以安心食用。麦当劳发出的信息,失去了一个国际品牌应该有的稳重,十分轻浮,前后不一致的信息只能会导致社会公众更多的质疑和猜测,加深危机的程度。

4. 召回

召回是将有问题的产品召回。

(七)加强品牌危机沟通

危机沟通是指以沟通为手段,以解决危机为目的而进行的一连串化解危机的活动。有效的危机沟通可以降低危机的冲击,而且通过危机沟通,有可能化危机为转机;反之,若没有适度的对外、对内沟通,小危机可能变成大危机,大危机可能导致企业破产。一旦发生品牌危机,就应该立即有计划、有步骤地展开公关行动,加强危机沟通。

(1)确定沟通对象,找到相关利益者。对股东,最重要的是维持股价的平稳;对顾客,要避免不必要的误会,使他们产生拒绝购买的行为;对经销商,要保证产品的质量和稳定其信心,维持其继续代理产品的决心;对媒体,迅速给他们提供准确及时的消息是最关键的;对于工商行政部门,要积极配合他们的工作。

(2)选好发言人。发言人应具有良好的应变能力和语言技巧,一般由公司高级主管直接担任。

(3)统一口径,用一个声音说话。

(4)运用多种沟通工具进行危机公关。

(八)妥善处理好危机善后工作

品牌危机一旦过去,进入休眠期,企业还必须做好善后处理工作,防止危机再度发生,并尽快恢复公司信誉与品牌形象,重新取得社会、客户、政府部门等方面的信任。善后处理工作主要包括遗留问题处理和滞后效应处理。

1. 遗留问题处理

（1）对外，企业除应勇于说明危机发生的原因与处理情形外，并应声明愿意负起道义上的责任。

（2）对内，管理层应以沟通的方式来治愈组织成员心理上的创伤，让大家了解危机对于公司品牌所造成的严重影响，来获取成员们的认同，进而恢复正常工作。

2. 滞后效应处理

（1）公司必须重新建立起公司的利益相关者对公司的信心。

（2）公司的管理者应该密切注意社会公众和利益相关者对公司形象的看法，采取积极的、实质性的措施来维护公司品牌的形象。

（九）品牌危机总结

品牌危机总结是整个品牌危机管理的最后环节。对危机的总结，就是重新审视品牌危机出现的原因，从制度上制定预防危机再次发生的可能，并且把本次处理品牌危机的方法和经验记录下来，以供日后参考。它对制定新一轮的危机预防措施有着重要的参考价值。

品牌危机总结主要包括三个方面：

（1）调查危机发生的过程；

（2）评价危机管理的效果；

（3）整改危机管理的不足。

第二章
餐饮营销推广

引言

餐饮营销，不单是指餐饮推销、广告、宣传、公关等，它同时还包含餐饮经营者为使宾客满意并为实现餐饮经营目标而展开的一系列有计划、有组织的广泛的餐饮产品以及服务活动。它不仅仅是一些零碎的餐饮推销活动，而更是一个完整的过程。餐饮营销是在一个不断发展着的营销环境中进行的，所以，为适应营销环境的变化，抓住时机，营销人员应该制订相应的营销计划。

第一节　餐厅的传统营销手段

一、广告营销

"酒香不怕巷子深"的时代已经过去，这是一个讲求品牌的市场，依靠口口传播已经赶不上节奏，大张旗鼓地做广告已经成为餐厅的促销策略。

广告是指通过购买某种宣传媒体的空间或时间，来向公众或特定市场中的潜在顾客进行推销或宣传的一种促销工具。

（一）电视广告促销

在了解电视广告促销之前，首先需要了解电视广告相关基础知识，以此才能确定餐厅是否适合利用这一媒体进行广告促销。电视广告的特点如下图所示。

传播速度快，覆盖面广，表现手段丰富多彩，可声像、文字、色彩、动感并用，可谓感染力很强的一种广告形式		成本昂贵，制作起来费工费时，同时还受时间、播放频道、储存等因素的限制和影响，信息只能被动地单向沟通。一般晚上 7:00～10:30，被认为是广告的最佳时间，但是费用也相当得高

电视广告的特点

相信大家看到最多的餐饮电视广告，可能还是肯德基、麦当劳、必胜客等国外品牌，真正国内餐厅采用电视广告的是相当少的，很大原因是基于其高昂的广告费。其次这些国外品牌是全国连锁，所以其广告收益也是相当可观。

（二）电台广告促销

电台广告是一种线形传播，听众无法回头思考、查询，只要善于运用口语或者生动具体的广告词语来进行表述，不要过于烦琐，尽量少用重句，能够使听众一听就明白，一听就懂，就能产生绝佳的广告效果。一般电台广告适合对本地或者周边地区的消费群体。

1. 电台广告优势

电台广告，广告量虽然在总体广告中所占比例不大，但由于电台媒体所具有其他媒体不可比拟的特点，如"边工作边收听""随时随地收听"等，使电台广告成为主流媒体广告的重要补充。

实际上包括可口可乐在内的很多世界500强公司都有专门的电台媒体策划部门。为什么电台广播的效果越来越好了,原因如下。

(1)有车一族人群越来越多,电台是针对开车出行中的唯一有效媒体。

俏江南与北京音乐台合作的《974爱车音乐时间》节目,俏江南为其冠名特约播出。作为该节目的听众都是爱车一族,很有一致的行为特点,也都具有相应的消费实力。在节目之外,俏江南还为听众提供很多与汽车相关的服务,例如赠送爱车内容的杂志,以及修车保养方面的信息,甚至为其提供观看F1汽车拉力赛的门票等。

(2)一般手机都自带收音机功能,而且收听全免费。电台宣传无疑是非常有效的媒体。

(3)谈话类节目的互动,还是电台媒体参与率比较高,通过专家或嘉宾感性的描述,理性的分析,很容易使收听人产生信任感。

(4)电台广告费相对于电视媒体、户外、车身、网络等媒体来说,一般价格都较低。

2.电台广告的目标人群

电台广告主要针对的目标人群,具体如下图所示。

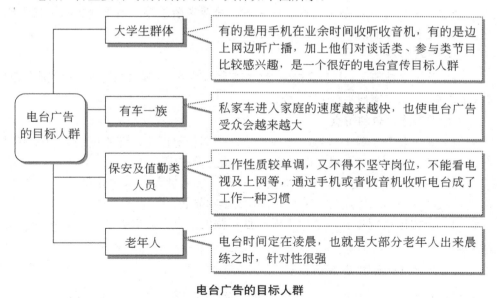

电台广告的目标人群

不同的节目拥有不同的听众,穿插其间的餐饮广告就能吸引不同类型的就餐者。

（1）如针对年轻人和现代企管人员、专业人员的广告可穿插在轻音乐等节目中。

（2）不同时间其广告吸引的对象也不同，一般来说，白天上班时间只能吸引老年人和家庭主妇。

（3）电台常常用主持人与来访者对答形式做广告，会比较亲切。

（三）报纸广告营销

报纸广告以文字和图画为主要视觉刺激，不像其他广告媒介，如电视广告等受到时间的限制。报纸可以反复阅读，便于保存。鉴于报纸纸质及印制工艺上的原因，报纸广告中的商品外观形象和款式、色彩不能理想地反映出来。

餐厅可以在报纸上购买一定大小的版面，大张旗鼓地宣传自己，并在广告上写有订餐电话及餐厅的地址。

一般选用报纸广告，主要适合做食品节、特别活动、小包价等餐饮广告，也可以登载一些优惠券，让读者剪下来凭券享受餐饮优惠服务。但是要注意登载的频率、版面、广告词和大小、色彩等。

现在许多城市晚报、商报等都市生活类报纸都设有美食版，餐厅可以选择合适的版面刊登广告。

（四）杂志广告营销

杂志可分为专业性杂志、行业性杂志、消费者杂志等。由于各类杂志读者比较明确，是各类专业商品广告的良好媒介。

1. 餐饮行业杂志

餐饮行业杂志有：《中国餐饮杂志》《美食与美酒》《餐饮经理人》《中国烹饪》《天下美食》《贝太厨房》《名厨》等。

2. 行业杂志广告的特点

（1）最大特点是针对性强，专业性强，范围相对固定，即不同的人阅读不同的杂志，便于根据就餐者对象选择其常读的杂志做广告。

（2）杂志资料性较强，便于检索和储存，信息量大，图文并茂，专栏较多，较全，且纸张、印刷质量高，对消费者心理影响显著。

（3）杂志出版周期长，适用于时间性不强的信息，一般要有目标地选择一些杂志登广告。

（五）户外媒体广告促销

一般把设置在户外的广告叫作户外广告。常见的户外广告有：路边广告牌、高立柱广告牌（俗称高炮）、灯箱、霓虹灯广告牌、LED广告牌等，现在甚至有升空气球、飞艇等先进的户外广告形式。

1.户外广告分类

户外广告可以分为两类，如下图所示。

自设性户外广告是指以标牌、灯箱、霓虹灯单体字等为媒体形式，在本企业登记注册地址，利用自有或租赁的建筑物、构筑物等阵地设置的名称（含标志等）

经营性户外广告是指在城市道路、公路、铁路两侧、城市轨道交通线路的地面部分、河湖管理范围和广场、建筑物、构筑物上，以灯箱、霓虹灯、电子显示装置、展示牌等为载体形式和在交通工具上设置的商业广告

户外广告的分类

2.公交车身广告促销

中国众多人口决定了公共交通的绝对重要性和未来发达程度。同时，也给公交车身广告发展提供了绝无仅有的巨大空间。

（1）公交车身广告优势　公交车身广告是可见机会最大的户外广告媒体，公交车身广告的优势如下图所示。

优势一　认知率和接受频率较高

投放在一座 540 万人口数量城市，以 100 显示点来计算，在 30 天中有 89% 的人接触到该项广告，且平均有 31 次的接受频率

优势二　具有提示（提醒）作用

公交广告往往是在人们外出及即将发生消费行为时，传送广告信息，对于将发生的消费有着非常有效的提示和提醒作用，或直接指导消费，或做品牌提醒

优势三　投入少，效果好

公交车身广告平均每天的费用很便宜，一辆整车广告所花费用在电视上买不到 1 秒钟的广告时间，在报纸上也只能买 10 多个字而已，在发布时间和价格上具有很大灵活性和优势

| 优势四 | 广告作用时间长 |

公交车身广告是置于相对固定公共空间内,不像电视、报纸等必须以主要时间或版面用于非常性质的内容,公交广告可以有一个相当长的时间专门发布某一个信息。人们由于出行需要,不断地往来于同一广告前,频频接收到广告信息,常年累月,会留下极深刻的印象

| 优势五 | 灵活性强 |

根据其所宣传内容功能性,有选择地发布相应公交环境,有助于有的放矢地进行宣传,以同等甚至更少的广告费用发挥更大的实际效应。其他大众传媒或限于时段,或限于版面,或限于空间等,难以做到有较强针对性市场选择

| 优势六 | 大众化的宣传媒介 |

公交的信息是投向整个市场的,受众不会受到社会阶层和经济状况等条件的限制

| 优势七 | 一定的环境美化作用 |

一幅公交广告,实际上就是一幅大型的图画,无论从构图、造型、色彩都具有美感,这是报纸等媒体不能比拟的。为了醒目,绝大部分广告都鲜艳夺目,形式感很强

公交车身广告的优势

(2)公交车身广告发布形式 公交车身广告发布形式,主要包括以下三种,如下图所示。

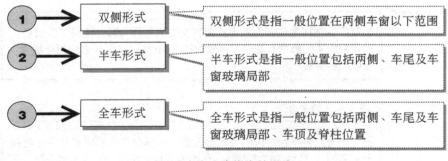

公交车身广告发布的形式

行走着的广告

3. 地铁广告促销

随着中国城市规模快速扩大，地铁网络迅速发展，地铁媒体在受众数量、受众质量以及媒体传播环境等衡量媒体价值的重要指标上得到有力提升，成为企业传达信息的有效媒介渠道。

（1）地铁广告的特点　地铁广告的特点，如下图所示。

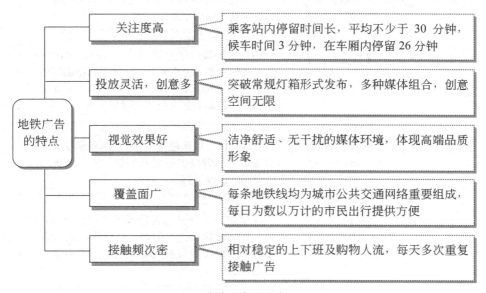

地铁广告的特点

(2) 地铁静态广告主要发布位置　地铁静态广告主要发布位置，如下图所示。

1	车厢内	车厢内是指在车厢内形成独特广告环境；乘客在行程内，完全置身其中，全程接受广告信息
2	月台灯箱	月台灯箱位于地铁候车站台内，乘客在候车时可以毫无遮挡地正面观赏，以高素质视觉效果展示信息，最适合发布新产品或树立品牌形象
3	通道	通道位于地铁站通道内，是乘客必经之路，与目标受众直接接触，最适合于产品短期促销，加强广告信息展示频次
4	通道灯箱	通道灯箱位于地铁各站通道内，除具备海报优势外，其超薄的灯箱外形、高品位的媒体形象帮助品牌提升美誉，有效提高过往乘客消费欲望
5	通道灯箱长廊	通道灯箱长廊分布在乘客最为集中的几条通道内，在密闭通道中，与目标顾客有长时间交流的机会，使乘客过目不忘
6	月台灯箱长廊	月台灯箱长廊是最具创意性的轰动型媒体，创造独家展示强势氛围
7	扶梯侧墙海报	扶梯侧墙海报位于电梯侧墙，直接面对出入口上下楼梯乘客，价格便宜，是理想的促销媒体，使用整条扶梯可以展示一系列产品，或者以一式多样广告画面创造强烈的视觉效果
8	大型墙贴	大型墙贴位于地铁最精华站点，展示面积巨大，适合知名品牌维护与提升品牌形象，是新品上市促销的最佳选择
9	特殊位	特殊位位于地铁站出入口或者售票点上方，位置独特，面积庞大、醒目，是地铁内最大的灯箱媒体，目标消费者视觉直击，非常适合品牌形象展示

地铁静态广告主要发布位置

地铁里的餐饮广告

（3）地铁视频广告　地铁广告不仅包括各种静态宣传画，也包括动态视频广告。其遍布站台与车厢，编织成一个庞大的播出网络。地铁内全都装有收视终端，乘客无论身处何处，都可以轻易收视。全线同步播出，同一时间内播出内容覆盖全部线路。拥有其他媒体无法比拟的广告平台。

4. 电梯广告促销

电梯广告是户外广告的一种类型，因其针对性强、费用低，所以最适合于餐厅产品的宣传推广。它是镶嵌在城市小区住宅楼、商务楼、商住楼等电梯内特制镜框里的印刷品广告载体。电梯广告目前在国内是一种全新的、富有创意的非传统媒介，能直接有效地针对目标受众传达广告信息。据测算，凡居住或工作在高层住宅楼的用户，每人每天平均乘坐电梯上下3～7次，电梯广告近4次闯入他们的视线，高接触频率使其具有更好的传播效果。

在开展电梯广告时应选择最合适的电梯。

（1）由于现代城市高楼林立，电梯楼也越来越多，如何在最有效又经济的情况下，从众多的楼房中选择出最有效的电梯作为推广场所也就显得尤为重要。

（2）选择的楼房应是入住率在80%以上的住宅楼或写字楼。

（3）根据当地电梯楼的数量、密度制定计划投放数量。一般情况，一次性覆盖2～3个区域，精选7～8部电梯实施投放。

（4）向该预选楼房电梯广告代理公司咨询广告投放的相关事宜。

（5）电梯广告因其针对性强，印象深刻，在操作时可考虑以美食为主，特别是美食外送服务，应附以礼品推广。

（六）直接邮寄广告（DM）营销

DM是英文Direct Mail Advertising的省略表述，直译为"直接邮寄广告"（后文均简称为DM）。DM是通过直投、赠送等形式，将宣传品送到消费者手中、家里或公司所在地。

DM是区别于传统的报纸、电视、广播、互联网等广告刊载媒体的新型广告发布载体。

二、店面广告营销

餐饮店为扩大影响，增加销售，也常常需要印制一些广告宣传品，利用这些店面广告进行促销。一般来讲，餐饮店面各种推销广告的内容和外观设计要突出餐厅的经营风格，增强餐厅的情调，创造和强调餐厅的形象。一家高级饭店总不能用一张普通的白纸，写上整齐的大字作广告，这样会破坏餐厅的情调与形象。为使餐厅树立鲜明的形象，餐厅的各种广告推销品要在形式上有某种一致性。例如采用同一种字体，使用某种特殊的颜色，出现某种统一的图案，使这些广告品突出和加深餐厅的形象，互相产生累积效应，使人远远一看便知道是该餐厅的宣传品。

现代科学表明，制作精美的食品广告画会刺激人的右脑，激发起人的食欲。因此在店内的墙上、橱窗里布置一些招贴广告品，明显地介绍餐厅提供的主要产品和特色菜，具有极大的促销作用。这种宣传让顾客一目了然，以吸引顾客到店内就餐并点菜。

有时餐厅推出新鲜的时令菜，或在酷热的夏季推出清凉可口的新产品，但是销售效果并不好。究其原因是餐厅只将新产品编入了菜单，而没有用漂亮的图案，在明显的位置张贴广告进行宣传。新产品根本凸显不出来。餐厅推出新产品可印制成帐篷式广告卡立在餐桌上；或设计成美观的图案张贴在墙上；或写成横幅标语挂在彩旗上，以招徕顾客。当餐厅提供价格折扣或各种赠品、优待券进行促销活动时，要同时配合店面广告，才能吸引更多的顾客。

店门口的广告牌

三、内部宣传品营销

在餐厅内,使用各种宣传品、印刷品和小礼品进行营销是必不可少的。常见的内部宣传品有各种节目单、餐巾纸火柴、小礼品等,具体如下图所示。

种类一 按期流动节目单

> 餐厅将本周、本月的各种餐饮流动、文娱流动印刷后放在餐厅门口或电梯口、总台发送、传递信息。制作这种节目单要注意下列事项。
> (1) 印刷质量,要与餐厅的等级相一致,不能太差
> (2) 一旦确定了的流动,不能更改和变动。在节目单上一定要写清时间、地点、餐厅的电话号码,印上餐厅的标记,以强化营销效果

种类二 餐巾纸

> 一般餐厅都会提供餐巾纸,有的是免费提供,有的则是付费的。餐巾纸上印有餐厅名称、地址、标记、电话等信息

种类三 火柴

> 餐厅每张桌上都可放上印有餐厅名称、地址、标记、电话等信息的火柴,送给客人带出去做宣传。火柴可定制成各种规格、外形、档次,以供不同餐厅使用

种类四 小礼品

> 餐厅经常在一些特别的节日和流动时间,甚至在日常经营中送一些小礼品给用餐的客人,小礼品要精心设计,根据不同的对象分别赠予,其效果会更为理想。常见的小礼品有:生肖卡、印有餐厅广告和菜单的折扇、小盒茶叶、卡通片、巧克力、鲜花、口布套环、精制的筷子等

店内常见的宣传品

四、菜单营销

菜单是现代餐厅营销乃至整个经营环节的关键要素。菜单是一个餐厅的产品总括。好的菜单编制是企业及顾客之间的信息桥梁,是企业无声的营业代表,它能够有效地将企业的产品策略、菜谱设计重点、产品特点传达给顾客,进而引动

优质营销行为系统，达到店家、顾客双赢的目的。

（一）菜单营销的要求

菜单营销是指通过客人在接触菜单的时间里，运用各种手段达到企业营销的目的，主要包括菜单设计印制、菜单呈现方式、菜单介绍方法等。

1.菜单设计印制

菜单设计印制应符合公司客户群体的审美习惯。每个餐饮店的客群对象都不同，菜单的设计要符合这些消费群的审美观念，并能吸引其目光。面向大众群体消费的，菜单设计应该简洁明了，颜色不能太为特别。面向商务群体的酒楼，菜单设计应该较为正统严肃，不能采用奇特的颜色或形状，否则会给人一种不严肃、不正式的感觉。个性化的餐厅，则可采用比较新奇的设计方式，在颜色、形状、表现方式上都可以更为大胆。

2.菜单呈现方式

菜品排列顺序应与公司盈利收入点和公司促销重点一致。每个餐厅的菜品都可以归为几个类别，如何在菜单上排列这些菜品，对企业的销售有着很重要的影响，餐厅的菜品类别与排列顺序如下图所示。

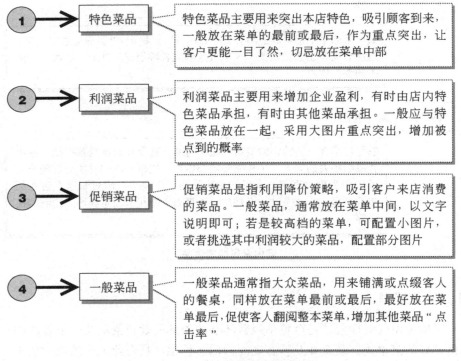

餐厅的菜品类别与排列顺序

所以，一本菜单菜品的排列顺序一般为：特色菜品＋利润菜品＋大众菜品＋促销菜品。当然，每个企业都有其独特的营销之道，因此也有其独到的菜品排列方式。但是原则只有一条：符合客户群体的翻阅习惯，大图突出重点菜品。例如，有的餐厅会利用当地客人习惯的上菜顺序排列菜品：冷菜→热菜→汤→主食→酒水。

各式菜单

（3）菜单介绍方法　服务人员向客人介绍店内菜品时也有一定的技巧，需要注意的有以下几点。

① 依照当地客人习惯的上菜顺序介绍菜品。

② 如果客人中有老人或者小孩，可重点介绍几道符合老人或小孩食用的菜品。

③ 关切询问客人有没有喜欢的或者禁忌的。

④ 在推荐菜品同时翻开菜单将图片指给客人看。

⑤ 点菜结束后，如果条件允许，可将菜单放置在离客人不远处，并告知客人如需增加菜品，可在此取阅。

⑥ 菜单营销，还有很多其他方式。如制作奇特的菜单，利用公共营销，制造本地区"之最"新闻，利用菜单的奇特性吸引顾客消费；在门店点菜区制作电子菜单，让客人在点鲜活菜品时可以直观享受菜品成品的图样等。

3. 针对特有人群的菜单

餐厅除了以上菜单营销的要点外，还可以针对特有人群制作菜单来进行营销，有如下图所示的几种。

种类一　儿童菜单营销

> 儿童餐厅行业是一个朝阳行业，充满激情、创意和梦想。现在，许多餐厅都增加了对儿童的营销，提供符合儿童口味的菜肴，从而进一步开拓市场。当然，也有以儿童为主题的主题餐厅，转为儿童提供各种服务

种类二　中年人菜单营销

> 中年人菜单营销应根据中年人体力消耗的特点，提供满足他们需求的热量的食物，吸引讲究美容的这部分客人。这种菜单往往被客人带走的较多，应印上餐厅的地址、订座电话号码等，以便营销。另外房内用餐菜单和宴会菜单等都具有同样的营销作用。餐厅应根据详细情况，交换菜单进行营销，但变换菜单必须依据以下几点
> （1）根据不同地区的菜系变换
> （2）根据特殊的装饰和装潢变换
> （3）根据餐厅中特殊娱乐流动变换
> （4）根据食物摆布及陈列的特殊方法变换

种类三　情侣菜单

> 情侣菜单要给客人一种温馨浪漫的感觉，从名称到寓意、从造型到口味都要符合年轻人的需求特点，要给情侣们留下深刻的印象和好感。菜单可设计成影集式的或贺卡式的，并配有优美的音乐，让情侣们一开始就能感受到餐厅刻意营造的温馨甜蜜气氛。菜肴的名字也要起得有韵味，给人以浪漫动听的感觉，还可配以浪漫的爱情故事、经典传说、幽默笑话等，以增添饮食乐趣，留下美好的回忆。例如广东人的喜宴上，最后一道甜品一定是冰糖红枣莲子百合，取其"百年好合、早生贵子"之意。用百合、枣、莲子蜜汁的甜菜，可以命名为" 甜蜜百合 "，在菜单上注明其用料的寓意，还可以再配上几句浪漫情诗、良好祝福，直奔爱情的主题

| 种类四 | 女士菜单 |

当代女性更加关注自己的美丽与健康，这不仅体现在穿着打扮上，同样也体现在对健康饮食的需求上。餐厅根据这些需求特点，可以设计出具有减肥功能、美容养颜功能等符合女士需求特点的菜单，定会赢得广大女士的喜爱。例如"美白去斑汤"，其主要原料有富含淀粉、脂肪、蛋白质、钙、磷、铁、维生素、磷脂等，有清热解毒、去面斑等功效的绿豆；含淀粉、脂肪、蛋白质、钙、磷、铁、维生素、植物皂素等，能利水消肿、解毒排脓、清热祛湿、通利血脉的赤小豆；含淀粉、脂肪、蛋白质和多种维生素，能清心安神、润养肺经、气血津液，可以养肤、润肤、美肤的百合。绿豆与百合所含的维生素能使黑色素还原，具有漂白作用。因此这个菜看不仅养颜美容，更可在炎热的气候中消暑解渴，促进血液循环，一举多得。而这些内容都可在专供女士的菜单中列出，投其所好，达到推销的目的

针对特有人群的菜单

五、餐厅服务促销

餐厅服务促销包括以下几个方面。

（一）知识性服务促销

在餐厅里备有报纸、杂志、书籍等以便顾客阅读，或者播放外语新闻、英文会话等节目。

如果在顾客等待上菜期间，可以提供一些供顾客阅览的报纸、杂志，一方面会让顾客感到服务周到细心；另一方面还会消除顾客等待时的无趣。

在一家不足300平方米的餐厅里，墙上竟然贴满了3000多张老报纸，串联起新中国成立史。顺着楼梯上到二层，人们仿佛走进了时光隧道，历史开始回放。墙上贴得满满的，都是各个时期的老报纸，有新中国成立之初的，也有20世纪80年代改革开放时期的。3000多张老报纸由宏观到微观，全方位、多角度地展示了新中国的沧桑巨变，每个读者都能清晰地感受到新中国的成长壮大。其中最珍贵的一张，是1959年10月2日《人民日报》新中国成立10周年的《国庆特刊》，当天的报纸上，有赫鲁晓夫、金日成等访华的报道。为了找到这些报纸，餐厅经理可以说是不知跑了多少图书馆、古玩市场，磨了多少嘴皮子。

（二）附加服务促销

在午茶服务时，赠予一份蛋糕、给女士送一枝鲜花等；客人感冒了要及时告

诉厨房，可以为客人熬上一碗姜汤，虽然是一碗姜汤，但是客人会很感激你，会觉得你为他着想，正所谓："礼"轻情意重。

在餐桌中的适当讲解运用，都是很有意思的。如给客人一边倒茶水，一遍说"先生/小姐您的茶水，祝您喝出一个好的心情"。在客人点菊花茶的时候，可以为客人解说"菊花清热降火，冰糖温胃止咳，还能养生等"，这都是一种无形的品牌服务附加值。虽然一般，无形却很有型。客人会很享受地去喝每一杯茶水，因为他知道他喝的是健康和享受。

过生日的长寿面，如果干巴巴端上一碗面条，会很普通，如果端上去后轻轻挑出来一根，搭在碗边上，并说上一句："长寿面，长出来。祝您福如东海，寿比南山"。客人会感觉到很有新意（心意），很开心，这碗面也就变得特别了。

海底捞的许多服务被称为"变态"服务。在海底捞等待就餐时，顾客可以免费吃水果、喝饮料，免费擦皮鞋，等待超过30分钟餐费还可以打9折，年轻女孩子甚至为了享受免费美甲服务专门去海底捞。

海底捞的这些服务贯穿于从顾客进门、等待、就餐、离开整个过程。待客人坐定点餐时，服务员会细心地为长发的女士递上皮筋和发夹；戴眼镜的客人则会得到擦镜布。隔15分钟，就会有服务员主动更换你面前的热毛巾；如果带了小孩子，服务员还会帮你喂孩子吃饭，陪他们在儿童天地做游戏。餐后，服务员马上送上口香糖，一路上所有服务员都会向你微笑道别。如果某位顾客特别喜欢店内的免费食物，服务员也会单独打包一份让其带走。

如美甲服务，在美甲店至少要花费50元以上，甚至上百元，而海底捞人均消费60元以上，免费美甲服务对于爱美的女孩子很有吸引力。

海底捞将时尚事物和传统饮食结合起来，结合得恰到好处。海底捞将美甲和餐饮服务联系在一起，将美丽赠予给这些女性消费者，而这些消费者体验之后，也将她们的感受带给了更多的人。

（三）娱乐表演服务促销

用乐队伴奏、钢琴吹奏、歌手驻唱、现场电视、卡拉OK、时装表演等形式起到促销的作用。一股表演之风流行起来：民族风情表演、民俗表演、变脸表演、舞蹈表演、样板戏、阿拉伯肚皮舞、"二人转"、传统曲艺等。

这些表演大多是在大厅里举行的，并不单独收费，是吸引消费者目光的一项免费服务。但是如果顾客要点名表演什么节目，就要单独收费了。在激烈的市场竞争中，不做出点儿特色来，要想立足也不是一件容易事儿。

娱乐表演服务促销使商家达到招揽顾客的目的，如某网友评价一家餐厅的演出说："这里的演员真的是很卖力，演出博得了一阵阵的掌声和顾客的共鸣。每人还发一面小红旗,不会唱也可以跟着摇,服务员穿插在餐厅之间跳舞,互动性极强。注重顾客的参与性,必然会赢得更多的'回头客'。"

(四)食品展示促销

食品的展示是一种有效的推销形式。它利用视觉效应,激起客人的购买欲望和消费欲望,吸引客人进餐厅就餐,并且刺激客人追加点菜。

1. 原料展示推销

展示原料强调的是"鲜""活",使顾客信服本餐厅使用的原料都是新鲜的。一些餐厅在门口以水缸养一些鲜鱼活虾,任凭顾客挑选,厨师按顾客的要求加工烹调。由于顾客目睹原料的鲜活,容易对质量产生满意感。

新加坡有一家独特的海鲜馆,该餐馆最独特的地方是没有菜单。他们将新鲜的水产品收拾干净,搭配好配料,装在一个个碟子里,由顾客任意挑选。顾客选好后,由厨师直接烹调。

这家餐馆虽位于远离市中心的地段,但由于其原料新鲜、推销方法独特,顾客纷纷慕名而来。

原料展示要注意视觉上的舒适性,否则会适得其反。如一家新开业的广东餐馆,其供应的菜品中有蛇肉一类,在餐馆门口养着两条大蛇,过路的人们见之即远远避开。蛇总给人一种阴冷的感觉,这样的原料展示就起不到推销的作用。

2. 成品陈列推销

一些餐厅将烹调得十分美观的菜肴展示在陈列柜里。实物的展示往往胜于很多文字的描述。顾客通过对产品的直观了解,很快便点完了菜。但并不是所有的菜肴都可以作成品陈列。许多菜品烹调后经过放置会失去新鲜的颜色,这样的陈列会起到相反的作用。甜点、沙拉陈列在玻璃冷柜中,推销效果较好。另外,餐厅中陈列一些名酒也会增加酒水的销售机会。

3. 推车服务推销

许多餐厅服务员带着菜肴、点心,推车巡回于座位之间向客人推销。推车推销的菜品多为价格不太昂贵且放置后质量不易下降的冷菜、小菜、点心、糕点。有时客人点菜不够充足,但又怕再点等待时间过久,这种情况下,推车服务既方便了客人,又增加了餐厅的盈收。有时客人虽已点够了菜,但看到车上诱人的菜品,于是会产生再来一盘追加选菜的购买行为。推车内的许多菜不一定是客人非买不可的菜品,它属于冲动性购买决策商品。客人若看不见这些菜品,不一定会有购买动机,但看见后便可能冲动地产生购买动机和行为。因而这种推销形式是增加餐厅额外销售的有效的措施。

4. 现场烹调展示推销

在客人面前表演烹调,会使客人产生兴趣,引起客人想品尝的心理。现场烹调可减少食品烹调后的放置时间,使客人当场品尝其鲜美味道。现场烹调还能利用食品烹调过程中散发出的香味和声音来刺激客人的食欲。一些餐厅还别出心裁地让客人选择配料,按客人的意愿进行现场烹调,这样能够满足客人口味不同的需要。

俏江南强调把菜品做成一种让顾客参与体验的表演。比如"摇滚色拉"和"江石滚肥牛"等招牌菜品,服务员表演菜品制作,并介绍菜品的寓意或来历等,使消费者在感官上有了深度的参与和体验。

现场演示促销要求餐厅有良好的排气装置,以免油烟污染餐厅,影响就餐环境。注意特色菜或甜品的制作必须精致美观。

进行现场烹调推销时,要注意选择食品外观新鲜、漂亮的菜品,烹调时无难闻气味,烹调速度快而简单的商品,例如煮、烧烤类的菜品容易现场烹调。另外烹调的器具一定要清洁光亮。

5. 餐具和食品摆设推销

餐具和食品的摆设可以增加食品的价格。例如,五星级饭店内咖啡厅的一碗馄饨价格可卖上几十元。之所以如此,除了餐厅的环境、气氛之外,这碗馄饨盛在精致的小汤碗里,下衬漂亮的餐垫和精致的衬碟,馄饨里有香菜、蘑菇等菜进行点缀,在餐具和装饰的衬托下,这碗馄饨的外观十分诱人,使它在顾客心目中的价值就会倍增。

(五)借力促销

餐饮服务员向客人介绍和促销菜品时,可借助所在餐厅的名气、节假日的促销活动、金牌获奖菜的美名以及名人效应来向客人推荐相应的菜式,会得到事半功倍的效果,如下图所示。

| 方式一 | 借助餐厅名气促销 |

沈阳鹿鸣春餐厅是历经百年沧桑的老字号,其名字"鹿鸣春"三个字来自于《诗经·小雅》篇,有浓厚的历史文化蕴味。20世纪80年代末期,餐厅的经营出现了前所未有的火爆,每次接待外宾,餐饮服务员都要介绍店名的来历,对推荐高档菜肴起到了强化作用。如鹿鸣春"富贵香鸡"就是在"常熟叫化鸡"的基础,在名厨的指导下,用环保、绿色的工艺手法对后者进行大胆的创新,受到海内外客人的一致好评

> 方式二　借助节假日促销

在促销菜品时，餐饮服务员不要忘记向客人传递企业促销活动信息。如节假日的促销举措、美食节期间创新菜的信息、店庆时的优惠信息，这些会激起客人再次光临就餐的欲望

> 方式三　借助金牌获奖菜促销

"游龙戏凤""凤眼鲜鲍""兰花熊掌""红梅鱼肚"曾获得××美食节大赛金奖，长销不衰，由于该系列菜品食材珍稀，加工精细，给客人留下了难以忘怀的美味和享受。直到现在，客人在餐厅就餐还要点这四道名菜。餐饮服务员介绍和推荐此类菜品的过程之所以十分顺畅，正是因为借助了金牌获奖菜的品牌效应

> 方式四　借助名人效应促销

"名人菜单"也可以成为卖点。连战、宋楚瑜在南京访问期间专门赴"状元楼"品尝秦淮小吃，"连宋菜单"不胫而走，夫子庙的风味菜品立刻异常火爆。所以，餐饮服务员若抓住"名人效应"的良机，则会更有利于点菜销售工作

四大借力促销方式

六、餐厅主题文化促销

主题文化促销是基于主题文化与促销活动的融合点，从顾客需求出发，通过有意识地发现、甄别、培养、创造和传递某种价值观念以满足消费者深层次需求并达成企业经营目标的一种促销方式。

（一）借鉴文化因素

餐厅应该努力寻找产品、服务、品牌与中国文化的衔接点，增加品牌的附加价值，在企业促销活动中借鉴各类文化因素，有效地丰富餐厅的内涵。

1. 深挖历史和民俗

深入挖掘各个历史朝代的饮食文化精神，汲取民族原生态的饮食文化习俗，从形式到内核进行总结和提炼，保留原汁原味或改良创新。通过就餐环境的装潢设计、服务人员的言谈举止、菜品的选料加工、相关文化节目的现场表演等一系列促销手段给顾客带来难忘的消费体验。

北京的"海碗居"老北京炸酱面馆就是将地方传统文化与餐饮经营有效融合的典型例子。带着浓重北京腔的吆喝声，身着对襟衣衫、脚蹬圆口黑布鞋、肩搭手巾把儿的小伙计，大理石的八仙桌，红漆实木的长条凳，京腔京韵的北京琴书，地道的北京风味小吃，每一个因素无不映衬出古朴的京味儿文化。在此就餐不仅仅是品尝北京的地方菜品，更重要的是体验北京的地方文化氛围。

2. 迎合时尚因素

追求时尚是许多现代人的重要心理需求，在餐饮服务中加入时尚的文化因素往往能够调动起人们的消费欲望。个性、新奇性和娱乐性成为很多现代餐厅着力打造的卖点。以各种文化娱乐元素为主题、装潢别致的小型餐厅层出不穷，为满足现代年轻人个性化需求的诸如生日包厢、情侣茶座等特色服务项目屡见不鲜。各式各样迎合都市时尚及生活方式的文化促销方式给传统的餐饮行业注入了新鲜的活力。

（二）塑造优秀企业文化

餐厅品牌文化促销，需要构建自己的企业文化。现在许多餐厅都有着自己的企业文化。餐饮企业比起其他生产型企业，更多的是通过员工的服务来完成菜品、酒水的销售。那么，企业文化的建设对于餐厅来讲，有着更为重要的作用。

1. 树立"真、善、美"文化价值取向

餐厅可以制作一本企业文化手册，从而明确定位企业文化。以下列举一些知名餐厅的企业文化。

（1）俏江南企业文化摘要如下。

俏江南以"时尚、经典、品位、尊崇"为经营理念，致力于打造一个世界级的中餐品牌，成为全世界餐饮业的管理标杆。

俏江南期望给予每一位顾客品种丰富、口味独特、营养健康的产品和难忘的用餐经验，期待顾客再一次光顾俏江南。俏江南关爱社会，感恩于支持俏江南发展的社会和合作伙伴，期望持续创造最佳的利润，不断超越自我，带给俏江南的投资者最好的回报。俏江南将"勤奋、正直、感恩、爱心"作为员工的德行标准。

要求员工：

① 必须具有高尚正直的品格，要人正、心正、行正；

② 必须具有勤奋、勤俭、勤勤恳恳的拼搏精神；

③ 必须具有感恩之心，要感恩社会、感恩客人、感恩一切美好事物；

④ 必须具有爱心，对工作没有"不"，对生活要有"情"，对生命要有"爱"。

俏江南视每一位员工为家庭成员，倡导关爱身边工作伙伴，期待每一位伙伴能够发挥其最大潜能，与俏江南共同成长。

生机勃勃，走向一个又一个新的辉煌！

（2）湘鄂情企业文化摘要如下。

① 湘鄂情赋

a.湘鄂两省，以洞庭分南北，是衣带之毗邻。自古为荆楚之地，有楚文化名震四海，惊艳天下。楚地文化，神奇谲秘，气象万千；老庄玄学，屈宋辞骚，开浪漫主义先河；帛画竹简，青铜砖瓦，展楚汉艺术雄风。

b.湘鄂情酒店雏形于荆楚大地，展翅于特区深圳，腾飞于首都北京。坚持以人为本，倡导以德治店，热忱以情待人，锐意发展创新。融湖湘、荆楚文化底蕴为内涵，集湘、鄂、川、粤菜系之大成，迎来五湖四海顾客，引领美食文化新风。

c.湘鄂情人既钟情于食，更注重于情，连锁建店，规模恢弘，兴企业文化，传楚汉遗风，鸾飞凤翥，日升月恒，绿色餐饮常绿，生命之树长青，广交天下挚友，笑纳各界佳朋，诚可谓同声同气同乐，乡情亲情友情，其乐融融，其意融融。

d.双峰人左汉中谨启：任午年仲夏于城东。

② 湘鄂情企业歌

a.湘鄂情集团之歌

词：瞿琮　　曲：杜鸣

我们来自五湖，我们来自四海，我们踏着青春的节拍走到湘鄂情来；我们把握今天，我们创造未来，我们真诚的笑脸坦荡着火热的情怀，乡情在，友情在，亲情在，永远不变的是湘鄂情的爱，乡情在，友情在，亲情在，永远不变的是湘鄂情的爱。

我们无比快乐，我们无比豪迈，我们拥抱幸福的时代走到湘鄂情来，我们把握今天，我们创造未来，我们衷心的祝福充满了火热的情怀，乡情在，友情在，亲情在，永远不变的是湘鄂情的爱，乡情在，友情在，亲情在，永远不变的是湘鄂情的爱。

b.湘鄂情

词：瞿琮　　曲：杜鸣

洞庭雨，五岭风，湘江鄂水汇流东；故园几度旭日红，爱与共心相同。东湖梅，南岳松，天涯咫尺梦芙蓉，今宵举杯会高朋，情更重，意更浓。

管弦动，舞影弄，盛世太平人称颂，何日与君再相逢？艳阳里，明月中。管弦动，舞影弄，盛世太平人称颂，何日与君再相逢？艳阳里，明月中。

③ 经营理念

乡情：同饮一方水，同担一山柴，同声同气楚天来。

亲情：同居屋檐下，同乐百家事，同贤同孝福寿来。

友情：同做天下事，同拥大业归，同仁同义醉一回。
④公司理念
尊重人才，依靠人才，为优秀的人才创造一个和谐的、富有激情的环境，是湘鄂情成功的首要因素；不断追求创新、追求卓越，是湘鄂情不竭的力量源泉；高素质的员工队伍，是湘鄂情赖以成长、发展的资本；强烈的事业心和无私的奉献精神，是湘鄂情永葆活力的关键所在，国际化、现代化是湘鄂情始终不渝的企业目标。
⑤服务宗旨
a.顾客至上：客人永远是对的，对客人的服务永远排在第一位。
b.主动热情：以真诚的爱心为顾客提供优质的服务。
c.礼貌微笑：是每一位工作人员对客人的服务应具备的基本要求。
d.团结合作：和谐的团队精神是达到最高效率和最佳服务的基础。
⑥湘鄂情使命：传播餐饮文化、齐聚人间真情。
⑦湘鄂情愿景：引领行业革命，成就卓越人生。
⑧湘鄂情价值观：重情义、勤创新。
⑨湘鄂情客户观：情聚四海，义满天下。

2.注重员工文化培训，实行全员文化促销

餐饮企业把企业文化建设得好，员工素质自然会提高。因此，餐饮企业管理者在企业培训活动中应加强对企业文化的培训，让优秀的企业文化深深植入员工的心中，体现在员工的行动上，使每一个员工都成为文化的主动实践者、文化的自觉变革者和文化的积极传播者。通过员工这个外界了解企业的"窗口"，传播良好的企业品牌形象，直接影响消费者对餐厅的评价和定位。

（三）出版物促销

餐厅的宣传小册子，其内容包括餐厅的位置，电话号码，预订方法，餐厅容量，服务时间及方式，菜肴品种特色、娱乐活动以及餐厅的菜单、酒水、饮料单等。

七、餐厅跨界促销

所谓"跨界促销"，就是餐厅与其他企业合作，利用合作企业客户资源，实现双赢，因此也可以说是广告促销的一种新形式。跨界打破了传统的营销思维模式，通过寻求非业内的合作伙伴，发挥不同类别品牌的协同效应，避免单独作战的同时达成"1+1>1"之势。

（一）与银行捆绑合作促销

现在，许多餐厅都会选择与银行合作，成为银行的优惠商户，持卡人到优惠餐饮商户消费即可享受相应折扣或优惠。不管是银行为低折扣企业贴现，还是众多餐厅纷纷加盟银行信用卡促销，归根结底，银行和餐厅赚的都是人气，可以说是共享双方客户资源。

银行和餐厅悄悄为折扣买单，对消费者来说是一次实惠。对商家和银行来说，则是长期实惠，可以实现长期和反复消费以及增加客户数量。因此，许多餐厅纷纷与不同银行建立"捆绑"关系，以此来吸引众多的持卡人。如外婆家餐饮，就同时与中国银行、广发银行、中信银行、招行等近10家银行合作。在此，以招商银行信用卡为例进行简要介绍，其在深圳地区餐饮优惠商户就已达到500多家，根据餐饮商家类别，按所属商圈进行分类，设置了优惠券下载专区和商户列表（商户基本信息）。

1. 如何选择合适银行合作

既然成为银行的优惠商户有利于餐厅的发展，那么如何选择合适的银行呢？目前中国市面上有中央银行、国有独资商业银行、政策性银行、股份制银行、城市商业银行、农村商业银行、外资银行等众多银行，餐厅可以对自己的消费群体进行划分，找出主要消费群体，然后查找银行主要客户，从而找到与自己企业客户群体大致相同的银行合作。一般在银行官网或特惠商户服务建议书中都会有其持卡人的相关资料介绍。

2. 银行对特惠商户的要求

当然，银行也会对特惠商户有一定要求，并不是所有企业都可以成为其特惠商户。如某家银行特惠商户营销指引中要求"以排名靠前及和特色商户为主，以点带面，全面发展"。

（二）与商场超市合作促销

餐厅如果与商场超市合作，可以借用商场超市促销。如将餐厅免费优惠券放在收银台处，由顾客自己随便拿取，在超市消费满一定金额即送代金券等。

（三）与电影院合作促销

吃饭、看电影往往是人们休闲娱乐的重要方式，吃完饭到电影院看电影，无疑是一个好的选择。因此，餐厅可以选择与附近电影院合作，消费满一定金额即送电影票一张。

（四）与饮料企业合作促销

餐厅与饮料有什么共通之处？其合作对于餐厅促销有何好处？显而易见，这两种类型的企业都属于"吃"的范畴。在超市购物买完饮料，刚好可以去餐厅吃个晚餐，何况还有优惠呢！这对于消费者是具有一定吸引力的。

某市，可口可乐联合餐饮商家做促销活动，在超市购买一瓶饮料，就能获赠一张消费券，凭此券到相应餐厅消费，可享受指定菜品4～5折的优惠价。

此次促销的是可口可乐旗下一款饮料，并不是新品。与其"联姻"的是两家连锁餐厅——竹林人家、涌上外婆桥。

对于可口可乐和餐厅，这次活动起到了互惠互利的作用。由于该餐厅是可口可乐公司的长期客户，双方常有合作。对于餐厅，借助可口可乐促销渠道，可以提高餐厅知名度，贴进去的食材成本，相当于付了广告费。

（五）打破地点限制促销

在传统概念中，餐厅一定要开在中心区、美食街、社区等众多人流量大的地方。将餐厅开在加油站附近，想必马上就会想到肯德基的汽车餐厅。不错，肯德基的这种打破地点限制的促销方式，无非让其又赢得了一大批司机成为其忠实的顾客。

2011年11月，肯德基的"东家"——百胜餐饮集团中国事业部（简称百胜）与中石化携手，百胜旗下的肯德基、必胜客、东方既白餐厅等餐饮品牌将全面入驻中石化全国加油站。目前仅中石化在全国拥有的加油站就多达3万余座，双方合作潜力巨大，而这对提升百胜各餐饮品牌在中国覆盖水平的意义不言而喻。

肯德基餐厅与中国石化加油站合作开设肯德基汽车餐厅。这样的便利服务，让司机不用下车就立刻体验到肯德基的快餐服务，不仅为加油站的销售打开了另一种渠道，也为肯德基在消费者心中建立了便捷服务快餐品牌的认知。

（六）与互动游戏企业合作促销

在介绍之前，先来看一个案例。

2010年，小尾羊餐饮连锁股份有限公司与国内领先的互动游戏企业——麒麟游戏在包头市达成战略合作协议，宣告中国实体餐饮与虚拟网游首次展开异业合作，双方将在麒麟游戏全新网游大作《成吉思汗2》中展开系列合作，预计于2010年下半年启动。

小尾羊携手麒麟公司，率先在双方终端开启异业合作，不仅可以增加小尾羊市场竞争力，更将提供广阔发展空间。麒麟游戏拥有庞大的年轻用户，合作将扩大小尾羊的受众群体与消费量，而双方品牌叠加效应会创造出更多的经济和社会效益。

与知名餐饮品牌小尾羊合作，将麒麟游戏产品直接植入到小尾羊旗下欢乐牧场、元至一品、吉骨小馆等子品牌广大饮食用户群体中，不仅为小尾羊消费者提供到吃与娱乐并行的双重实惠，也是麒麟游戏推广创新模式首次试水。

对于餐厅而言，从这个案例不难看出这是一种新的跨界促销方式，完全颠覆传统促销，无疑是一个很好的尝试。当然，餐厅同样需要寻找到与其消费群体大致相同的互动游戏企业。

（七）与电器卖场合作促销

逛完卖场，直接进餐厅，品尝肯德基、必胜客、小肥羊等品牌，体验购物、餐饮、休闲"一站式"服务，实现苏宁消费者与百胜的无缝对接，已不再是梦想。

2012年，美国餐饮巨头百胜与中国3C家电连锁零售业的巨头苏宁，宣布缔结全国性战略联盟，联手打造"购物-餐饮生活圈"的新型商业模式。

根据协议，百胜将在苏宁遍布全国的商业物业内开设肯德基、必胜客、必胜宅急送、东方既白和小肥羊等品牌餐厅，并制定了5年开设150家的战略目标。

百胜旗下品牌入驻苏宁商业物业，使消费者购物之余，足不出"卖场"，便能享受便利的餐饮服务，提升购物体验。对于百胜而言，苏宁对其最大的吸引力在于其数量庞大的卖场店面和消费者流量。

一个是3C家电连锁零售业的巨头，一个是餐饮巨头，两大看似关联性不大的巨头此番跨界合作有着一条互惠互利的利益纽带。

八、口碑营销

口碑营销是所有餐饮营销策略中成本最低、操作性最强、效果最明显（无论是好的口碑，还是坏的口碑）的营销方法。俗语有云："一传十，十传百""酒香不怕巷子深""金碑银碑不如好口碑""好事不出门，恶事行千里"，可见"口碑"在餐饮营销过程中有多么神奇的作用。当然，好的餐饮口碑需要长期的经营积累，那么，餐饮企业在日常的经营活动中应当如何开展口碑营销工作呢？下面我们就从餐饮顾客心理分析、抓住餐厅消费领袖、口碑营销机会的制造和把握等方面来探讨餐饮企业如何开展餐饮口碑营销。

（一）餐饮企业开展口碑营销前的工作流程

（1）寻找出充分的理由，为什么目标消费者要来你的餐厅消费，思考清楚这些消费者所拥有的特定价值观和爱好倾向。

（2）明确哪些特定的群体可以成为你需要重点追逐的品牌拥护者：创新型消费者，前卫型消费者，随波逐流的中间消费群体，后进型消费者。

（3）明确目标群体接受品牌所需要的几个决策阶段：首先发现促使消费者决定消费的几个阶段，什么样的内容可以促使他们的决定。

（4）在上述洞察的基础上，找到可以促进消费者采取行动的核心信息。

（5）设计、创造有说服力和刺激口碑传播的来源、发送渠道。

（6）据此设计和执行一套口碑传播的营销方案。

（二）"消费领袖"是口碑营销的关键

任何行业的发展和传播都离不开部分消费领秀的影响。有时，消费领袖的影响可以带动一个品牌的发展。

在企业传播的对象中间，存在一类"专家"，他们不一定消费，但是他们却喜欢评头论足，一旦某个企业进入他们的视线，就会变成他们点评的对象，稍不留神还可能成为他们拿出去到处传经布道的反面教材，这些人就是"消费领袖"。

消费领袖一般都是个人交际广泛、经常需要应酬或接受宴请、有一定的社会地位和影响力的人，比如媒体记者、广告人员、单位领导等，甚至是一个小区里面人缘好的老太太等。

餐厅只要抓住部分这样的"消费领袖"，给他们提供足够丰富的信息，让他们对餐厅有准确的认识而不要去曲解，必要时还可以和一些公关活动结合，将他们组织起来，去正面传播你的产品和服务，就很快能抓住一批忠诚的消费追随者，形成领袖示范的作用。

（三）餐饮口碑营销需要从每一位顾客做起

企业要赢得好的口碑，一定要让每一位顾客都微笑而去，虽然有些顾客不一定来消费和买你的东西，但是你的表现会让他们津津乐道，他们会主动帮你传播你的与众不同和你的热情好客，很多时候，有些顾客还会被你的真诚打动而改变主意。

好的服务是形成好口碑的重要因素，虽然很多企业认为这样将会花费很多的人力成本，但是和那些惹消费者烦的广告相比，哪种投入更划算呢？餐厅要多为消费者想一点儿，多考虑消费者感受一点儿，多重视他们的声音一点儿，餐厅就可以省一点儿，并还可以多赚一点儿。

（四）餐厅要抓住每一个机会做口碑营销

是什么让人们想起并记住你？凭什么人们就在某些场合自动推荐你？除了你给消费者留下愉快的消费经历之外，非常重要的是，企业要在消费者中埋下口碑的种子，要让人们主动去和别人交流，并推荐你，这些依赖于企业提供给消费者的增值服务，甚至是一些附加的东西，这就好像吃东西一样，只有回味无穷的东西人们才能长期记住。那么作为餐厅，如何给顾客创造口碑相传的机会呢？

1. 赠送超乎消费者意外的小礼品

人们购买你的产品如果获得意外收获，他们常常会非常愉悦，并会向别人展示自己的物有所值，因此，和你的产品相关的副产品或者是印有公司标志的小产品，甚至一些消费者喜欢的小礼品，比如钥匙扣、挂历、电话卡等都是非常好的口碑营销的工具。

2. 在顾客离开时记得给顾客一张精美的联系卡片、餐厅手册或者是公司刊物

不论消费者对你的东西有没有兴趣，他们都会愿意收藏一些看起来精美的物品，因此印有你的公司地址或者产品介绍的精美卡片、产品手册或者企业的内部刊物对于他们来说会是日后回忆的道具。

3. 定期有一些顾客酬宾的活动

每一年你都要有一些时期进行促销，或者销售的酬宾活动，比如在节假日或者在你的企业的年度庆典，这些活动能够让消费者感觉到你在关注他们，他们常常会因为这样的日子前来消费，甚至会成群结队地来支持你，但是注意不能天天都这样，也不能名不副实，一定要让酬宾成为消费者真的得到实惠的活动。

4. 让消费者成为你的尊贵客户

每个消费者都希望自己能够成为企业的贵宾，在餐厅，消费者都希望下次来的时候你能记住他并给他一些优惠，因此，对于企业来说，给顾客打折卡、贵宾卡，给消费者提供他们喜欢的特别服务，会让你的产品或者服务细水长流。

5. 在不打扰顾客的前提下多给他们提供一些消费指南

消费者都希望有专业的消费辅导，因此，企业推出新的产品或者服务的时候，一定要多给消费者提供一些消费指南，比如产品手册，或者是体验活动，要让他们能够直接感知到你的产品和服务的价值及特色，因此，给消费者邮寄客户手册，及时传递企业的信息对于他们形成对你的好的印象也非常重要。

6. 关注顾客的看法

当一些顾客对你提出建议的时候，不要告诉他们这些都办不到，你要将他们的意见收集起来，或者在适当的时候告诉顾客你们采取了什么措施，消费者都希望他们的意见能够给企业指导，如果你的员工找借口或者不正确对待这些意见，会大大打击消费者的积极性，必要时，甚至可以通过自媒体发布他们的意见，让他们感到自己被重视。他们一定会为你的这些做法而去宣讲他们给你提供意见的故事，从而吸引更多的人前来光顾。

营销不仅要关注消费者的行为，还要关注消费者的嘴，因此，在新的营销时代，我们不仅仅要请消费者注意，我们还要请消费者说，让他们利用一切尽可能的机会去窃窃私语、口口相传那些留给他们美好印象的东西，因为只有人们广为传颂的才会引起更多的人注意，这比广告的效果要来得长久和有效。

案例 ▶▶▶

海底捞的口碑营销

海底捞餐饮公司是川味火锅店，1994年从四川简阳起步，董事长张勇经过

17年的奋斗，目前已经将其打造成拥有60多家店面，从业人员1.2万，遍布北京、上海、广州等一二线城市的连锁餐饮企业。

从发展速度上讲，海底捞绝不是最快的，但是口碑却相当不错。在海外虽然没有一家店，却成为哈佛商学院经典案例。尤其是近年来，海底捞不但是业内"学管理""学营销""学服务"的标杆，声名鹊起，而且连名号都成为同行效仿的榜样。

海底捞现象：每当中午或傍晚的就餐高峰，海底捞门店的等候位区里就人声鼎沸。等待原本是痛苦的过程，海底捞却把它变成了一种愉悦。手持号码等待就餐的顾客可以享用免费的水果、饮料；服务员有时还会主动送上扑克和跳棋供大家打发时间，甚至还可以来个免费的美甲、擦皮鞋。待客人坐定点餐的时候，围裙、热毛巾已经一一奉送到眼前。服务员还会细心地为长发的女士递上皮筋和发夹，以免头发垂落到食物里；戴眼镜的客人则会得到擦镜布，以免热气模糊镜片；服务员看到你把手机放在台面上，会不声不响地拿来小塑料袋装好，以防油腻；如果顾客带了小孩，服务员还会帮助顾客喂小孩吃饭，陪他们做游戏；海底捞还在卫生间中准备牙膏、牙刷，甚至护肤品；过生日的客人往往能得到一些意外的小礼物。如果客人点菜过多，服务员也会发出善意的提醒。

所有这些都成为年轻人在互联网上的谈资。事实上，很多"粉丝"以能在海底捞就餐为荣。在员工的主观能动性发挥到极致的情况下，"海底捞特色"日益丰富。在海底捞，顾客能真正找到"上帝的感觉"，甚至会觉得"不好意思"。有食客点评，"现在都是平等社会了，让人很不习惯。"大家不得不承认，海底捞靠服务征服了广大消费者，顾客为了一顿火锅，不但心甘情愿地等候一两个小时，而且会乐此不疲地将在海底捞的就餐经历和心情发布到互联网上，将越来越多的人被吸引到海底捞，以至于形成"海底捞现象"。

海底捞的绝大部分员工都来自偏僻的农村。和城里人的经济差异无限缩小了员工之间的距离。人是群居动物，在海底捞，出身寒微成为自我认同并且刻意强调的因素。这一点在张勇本人的言论上体现得尤其明显，"我们除了侍候人，还会做什么呢？"海底捞奉行的"草根文化"极大地鼓舞员工的士气，也构成了海底捞员工团结一心，奋发图强的精神支柱。

口碑体验：在海底捞，主要的宣传渠道是口口相传以及网络宣传。因为海底捞对员工的管理及对客户的服务均可谓是"人性化"，就是"企业对员工好——员工有干劲——员工对客户好——客户体验良好——忠诚顾客再次消费和口碑推广——企业获利"。研究表明，一个企业80%的利润都来源于自己的忠诚顾客，而忠诚顾客一般都会为企业带来一大批新顾客，成本几乎可以忽略。调查发现，海底捞的顾客几乎都是熟人介绍的，而且这部分顾客的忠诚度很高，不会介意等待时间的长短，也不会介意菜价的上涨等而选择其他的替代店消费。海底捞之所以选择口碑宣传,而回避传统的广告宣传的方式是因为口碑宣传更加真实可信,效力比较大,既节省了费用,也增强了消费者的信心。所以,海底捞每周都会组织一大批消费者去免费参观自己的配送中心,了解海底捞的食品加工流程。让消费者吃得放心,消费安心,在培养忠诚顾客的同时为口碑宣传奠定良好的基础。

九、利用"Event"推销

"Event"在餐饮推销学上被称为"特殊活动"。出于销售上的需要,增加餐厅和食品的吸引力以招徕顾客,餐厅可根据目标顾客的特点和爱好,在不同的场合,举办多种类型的特殊推销活动。

(一)节日特殊推销活动

节日是人们愿意庆祝和娱乐的时光,是餐厅举办特殊推销活动的大好时机。在节日做餐饮推销,需要将餐厅装饰起来,烘托出节日的气氛。并且,餐厅管理人员要结合各地区民族风俗的节日传统组织推销活动,使活动多姿多彩,让顾客感到新鲜和欢愉。

在一年的各种中外节日里,如春节、圣诞节、国庆节、情人节、中秋节等都可以举办各种活动。

(二)清淡时段推销活动

餐厅为增加清淡时段的客源和提高座位周转率,可在这段时间举办各种推销活动。有些餐厅将清淡时段的推销活动称作叫"快活时光"(Happy Hour)活动,在这段时间中对饮料可进行"买一送一"的销售,进行各种演出等。有一个酒店在这段时间中让客人以转盘抽取幸运吧座,坐在这个吧座上的客人可免费喝一杯饮料。新加坡文华大酒店在下午3:00~6:00这段餐饮清淡时段推出下午菜点并以时装表演吸引客人光顾。

(三)季节性推销活动

餐厅可以在不同的季节中进行多种推销。这种推销可根据顾客在不同季节中的就餐习惯结合不同季节上市的新鲜原料来计划。最常见的季节性推销是时令菜的推销。同时,许多餐厅根据人们在不同季节的气候条件下产生的不同就餐偏好和习惯,在酷热的夏天推出清凉菜、清淡菜,在严寒的冬天推出砂锅系列菜、火锅系列菜以及味浓的辛辣菜等。抓住"特殊推销"活动的时机,同时也要注重特殊推销活动类别的多样化,以吸引客人。为顾客娱乐,餐厅可以聘请专业文艺团体和艺人来演出。也可以办些书法表演、国画展览、古董陈列等。为活跃餐饮气氛吸引客人，餐厅还可以举行一些娱乐活动，例如猜谜、抽奖、游戏等。中国台湾一家餐馆举办钓水球、捞鱼等游戏，吸引了很多顾客光顾。新加坡文汉酒店配备了多种有趣的游乐器械，举行魔术表演，放映卡通片并进行抽奖等节目，吸引了很多客人前来消费。餐厅也可以利用顾客追求实惠的心理进行折价推销、奉送免费礼品等活动。例如某餐厅在情人节的当周，对光顾餐厅的情侣免费赠送巧克力。又有一家餐馆提出，凡在本餐馆订一份乳猪的客人，下次来就餐可免费赠送一份乳猪。还有一家餐馆在元旦节午餐时，推出"每人17元无限制点菜"的推销活动时，使元旦午餐一向生意清淡的餐馆座无虚席。

（四）特殊活动推销的要点

利用特殊活动进行推销是一种很好的营销方式，为了更好地达到推销的预期目的，在举办推销活动时，要做到以下方面。

1. 新闻性

餐厅举办的活动要尽量具有新闻价值，产生话题，具有新闻的轰动效果，引起新闻界的注意和兴趣，以便间接地带动顾客。

2. 新潮性

餐厅组织的推销活动要有时代气息，陈词滥调的老一套很难吸引客人，不能满足现代顾客的心理需要，有时还令顾客生厌。

3. 好奇性

推销活动要以"奇"取胜，台北有家餐馆举办新奇的"说鬼故事比赛"的推销活动，居然吸引了很多客人，还得到了新闻界的报道。

4. 视觉性

据测试，通过人的感觉器官所获得的信息中有70%是通过视觉而来的，可见眼睛在传递信息中的重要作用是十分重要的，举办推销活动时，要将餐厅的活动主题突出起来，推销活动要做得多彩多姿。餐厅的菜单、餐具和食品的布置要美观诱人。

5. 参与性

歌星演唱、钢琴演奏往往不如具有参与性的卡拉OK更具有吸引力，有客人参与的活动更有利于活跃就餐气氛，也更有利于促销。

第二节 "互联网+"下的餐饮企业营销

随着餐饮业网络营销的发展，餐饮业将进入所谓的"数字化餐饮"时代。有关描绘数字化餐饮的报道层出不穷，如"一场新的革命在餐饮业中发生""人们明天用鼠标吃饭""数字化餐厅与数字化食品必将风靡全世界"等。

一、"互联网+"的定义

"互联网+"是创新2.0下的互联网发展新形态、新业态，是知识社会创新2.0推动下的互联网形态演进及其催生的经济社会发展新形态。"互联网+"是互联网思维的进一步实践成果，它代表一种先进的生产力，推动经济形态不断地发生演变，从而带动社会经济实体的生命力，为改革、创新、发展提供广阔的网络平台。

总结来说，"互联网+"共有六大特征，如下图所示。

中国全聚德集团的"互联+"战略发布会

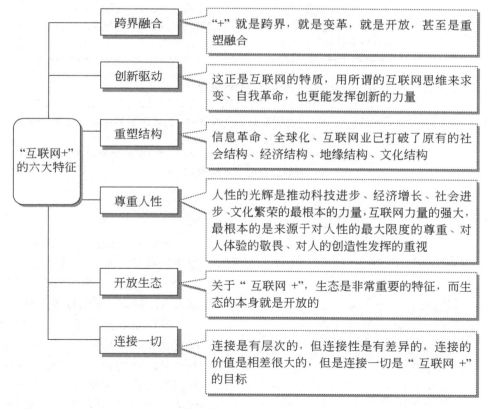

"互联网+"的六大特征

二、餐饮企业的"互联网+"

餐饮企业的"互联网+"就是利用信息通信技术以及互联网平台,让互联网与餐饮企业进行深度融合,创造新的发展生态。

由"互联网+"的特征可以看出,"互联网+"必然给餐饮企业带来新的机遇,主要表现在三个方面,如下图所示。

方面一 互联网是展现餐饮企业的优秀信息平台

在信息丰富、实时沟通、市场呈加速度变化的资讯时代,互联网加快了人与人之间的沟通和了解,信息变得空前重要,谁先一步掌握信息,谁就领先于市场

方面二 互联网为餐饮企业增加了富有竞争力的营销手段

餐厅的网站,是餐厅在互联网上的一个窗口,类似于传统名片的作用,但又是一个比传统的杂志广告、电视广告、报纸广告和其他广告形式更有成本效益的广告方式

方面三 互联网为餐饮企业带来很多新的机会

互联网的到来,给餐厅带来了很多便利。它效率更高,成本更低,信息更准确,沟通变得更互动

餐饮企业的"互联网+"

三、餐饮企业网站营销

真功夫官网上的网络订餐栏目

餐饮企业网站建设适用于大型连锁餐饮企业,网站可提供菜品介绍、会员招募、网络调研、客人网络体验、网络订餐等内容。

餐饮企业网站是综合性的网络营销工具,传统企业网站以企业及其产品为核心,重在介绍企业及其产品,新型网站以客人为核心,处处围绕客人进行设计。尤其是餐饮企业自身与客人联系

非常密切,网站更要体现其服务特性和客人导向性。

(一)网站主要栏目设置

大型餐饮企业网站建设,一般都是由营销部负责的。营销部会设有专门的网站编辑部来负责企业网站网页设计、网站内容更新等。

餐饮企业要重视定义和搭建网站,将其作为对外宣传、推广、服务及营销的载体,来配合企业的发展和需要,使网站具有鲜明、动感、庄重、大方而又不失功能的特色。

1.网站首页

网站首页设计秉承简约大方的设计理念,力求在有限的空间里面、在最短的时间内把餐饮企业专业的特色展现在浏览者面前。浏览者一进入首页就能够了解整个网站最新内容,从而吸引浏览者经常访问网站。网站首页应主要注重页面编排和页面设计。

湘鄂情官网网站首页

2.栏目设置

不同餐饮企业,其经营菜系、风格不一,因此可能在具体设置栏目有着自己企业的独特性。在这里,对餐饮企业网站需要设置的主要栏目进行分析讲解。

餐饮企业网站一般包括"餐厅介绍""菜品介绍""店面介绍""餐厅印象""新闻中心""人力资源""会员商城""在线订餐"这八个栏目,主要内容就是发布餐饮企业的具体情况,让浏览者和会员通过网站对餐厅的相关介绍,来了解整个餐厅的情况,从而提升对餐饮企业的认知。

餐厅栏目设置

序号	栏目	说明
1	餐厅介绍	一般包括企业介绍、企业文化、管理团队、企业责任、企业荣誉等
2	菜品介绍	一般包括经典菜品、饮品、推荐菜品、新品展示等
3	店面介绍	一般包括店面地图、新店开业、店面介绍、外卖等
4	餐厅印象	一般包括主题活动、宴会及婚宴、店面掠影等
5	新闻中心	一般包括公司新闻、公告、行业动态等
6	人力资源	主要发布招聘信息
7	会员商城	一般提供会员积分活动、代金券、O2O等
8	在线订餐	提供在线订餐、订座服务

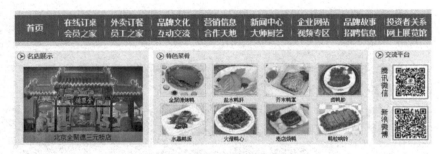

全聚德官网的栏目设置展示

（二）自建网站注意事项

餐饮企业如果是自己进行网站建设，需要注意下图所示事项。

事项一　清楚地显示餐饮企业网站有什么信息

事项二　提供方便和可理解的浏览方式，甚至要为那些不愿或不能下载图像的用户考虑

事项三　只在有必要的地方加上图形和其他东西，因为并不是每个浏览者都能利用图形的

事项四　不要误导客户，不要贬低你的竞争对手，以免给你带来麻烦

事项五	餐饮企业的企业形象吻合餐饮企业的市场定位，由于网页和网站主页及其他互联网信息经常被复制在全世界的图书、杂志、报纸和教科书中，所以营销人员应确定餐饮企业网站上的企业形象对餐饮企业是合适的
事项六	开放式的主页。不要假定网站只能用某个特定网页浏览工具观看，更不要把主页设计得只有采用 Netscape 才可以浏览，应该让尽可能多的网页浏览工具能浏览到你的主页

自建网站注意事项

（三）与专业网站制作公司合作

餐饮企业也可以与专业网站制作公司合作，请其负责网站建设。当然，一定要选择资质较好的公司。

当然，一定要与其签订网站建设合同，保证双方合法权益。

四、餐饮企业微信营销

微信是腾讯公司于2011年1月21日推出的一款通过网络快速发送语音短信、视频、图片和文字，支持多人群聊的手机聊天软件。用户可以通过微信与好友进行形式上更加丰富的类似于短信、彩信等方式的联系。微信已不单单是一个充满创新功能的手机应用。它已成为中国电子革命的代表。

（一）微信对餐饮业的影响

2015年用户数据报告显示，微信已覆盖90%以上的智能手机，并成为人们生活中不可或缺的日常使用工具。微信每月活跃用户已达到5.49亿。

微信对生活消费的影响，娱乐占53.6%、公众平台占20.0%、购物占13.2%、出行占11.3%、餐饮占2.0%，微信直接带动的生活消费规模已达到110亿元。

餐饮行业面临的问题主要是展示和预定的需求，可以通过微信在微信公众平台进行全面展示，达到吸引客户的目的。通过预约和预定，使客户产生直接的消费行为。

利用微信进行推广餐饮服务，有以下益处：

（1）通过点对面，一对多；

（2）挖掘高端潜在客户，加强与顾客之间的互动性，微信账号收到的消息后实时互动，更加人性化；

（3）做好微信推送内容，让顾客真诚地感受到内容的实用，受惠；

（4）提高品牌的知名度，增加品牌的营销力。

（二）微信营销模式

1. "草根"广告式——查看附近的人

（1）产品描述　微信中基于LBS的功能插件"查看附近的人"便可以使更多陌生人看到这种强制性广告。

（2）功能模式　用户点击"查看附近的人"后，可以根据自己的地理位置查找到周围的微信用户。在这些附近的微信用户中，除了显示用户姓名等基本信息外，还会显示用户签名档的内容。所以用户可以利用这个免费的广告位为自己的产品打广告。

（3）营销方式　营销人员在人流最旺盛的地方后台24小时运行微信，如果"查看附近的人"使用者足够多，这个广告效果也会随着微信用户数量的上升，这个简单的签名栏也许会变成移动的"黄金广告位"。

2. 社交分享式——朋友圈

（1）产品描述　用户可以通过朋友圈发表文字和图片，同时可通过其他软件将文章或者音乐分享到朋友圈。用户可以对好友新发的照片进行"评论"或"点赞"，用户只能看共同好友的评论或点赞。

（2）功能模式　朋友圈的基本功能便是向好友展示图片，且发朋友圈时，可以附上所在餐厅，使好友更直观地了解到餐饮企业。

（3）营销方式　"朋友圈"为分享式的口碑营销提供了最好的渠道。微信用户可以将手机应用、计算机客户端、网站中的精彩内容快速分享到朋友圈中，并支持网页链接方式打开。

3. O2O折扣式——扫一扫

（1）产品描述　二维码发展至今其商业用途越来越多，所以微信也就顺应潮流结合O2O展开商业活动。

（2）功能模式　将二维码图案置于取景框内，然后可以获得成员折扣、商家优惠或者是一些新闻资讯。

（3）营销方式　移动应用中加入二维码扫描这种O2O方式早已普及开来，坐拥上亿用户且活跃度足够高的微信，价值不言而喻。

4. 互动营销式——微信公众平台

（1）产品描述　微信公众平台主要有实时交流、消息发送和素材管理的功能。用户可以对公众账户的"粉丝"分组管理、实时交流，同时也可以使用高级功能——编辑模式和开发模式对用户信息进行自动回复。

（2）功能模式　微信公众平台使营销渠道更加细化和直接。通过一对一的关注和推送，公众平台方可以向"粉丝"推送包括新闻资讯、产品消息、最新活动等消息，甚至能够完成包括咨询、客服等功能，成为一个称职的CRM系统。

（3）营销方式　通过发布公众号二维码，让微信用户随手订阅公众平台账号，然后通过用户分组和地域控制，平台方可以实现精准的消息推送，直指目标用户。再借助个人关注页和朋友圈，实现品牌的"病毒式"传播。

5. 微信开店——微信商城

并非微信"精选商品"频道升级后的腾讯自营平台，而是由商户申请获得微信支付权限并开设微信店铺的平台截至2013年年底，公众号要申请微信支付权限需要具备两个条件：第一必须是服务号；第二还需要申请微信认证，以获得微信高级接口权限。商户申请了微信支付后，才能进一步利用微信的开放资源搭建微信店铺。

【实战范本】××餐饮企业微信营销活动

餐饮企业应该如何利用微信开展营销呢？在实际操作过程中又有哪些细节问题需要注意？

一、主打官方大号，小号助推"加粉"

餐饮企业可采用注册公众账号，在"粉丝"达到500人之后申请认证的方式进行营销，更有利于餐饮企业品牌的建设，也方便商家推送信息和解答消费者的疑问，更重要的是可以借此免费搭建一个订餐平台。

小号则可以通过主动寻找附近的消费者来推送大号的"引粉"信息，以此将"粉丝"导入到大号中统一管理。

二、打造品牌公众账号

申请了公众账号之后在设置页面对公众账号的头像进行更换，建议更换为餐饮企业店铺的招牌或者商标，大小以不变形可正常辨认为准。此外，微信用户信息填写餐饮企业的相关介绍，回复设置的添加分为被添加自动回复、用户消息回复、自定义回复三种，餐饮企业可以根据自身的需要进行添加。

餐饮企业可以用每天群发的信息做一个安排表，准备好文字素材和图片素材。一般推送的信息可以是最新的菜式推荐、饮食文化、优惠打折方面的内容。

三、实体店面同步营销

餐饮企业的店面也是充分发挥微信营销优势的重要场所。在菜单的设计中添加二维码并采用会员制或者优惠的方式，鼓励到店消费的客人使用手机扫描。采用这种方法不但可以为公众账号增加精准的"粉丝"，而且也可积累一大批实际消费群体，对后期微信营销的顺利开展至关重要。店面能够使用到的宣传推广材料都可以附上二维码，当然也可以独立制作X架、海报、DM传单等材料进行宣传。

四、用活动吸引消费者参与

微信营销比较常用的是以活动的方式吸引目标消费者参与,从而达到预期的推广目的。以签到打折活动为例,餐饮企业只需制作附有二维码和微信号的宣传海报及展架,配置专门的营销人员现场指导到店消费者使用手机扫描二维码。消费者扫描二维码并关注商家公众账号即可收到一条确认信息,在此之前商家需要提前设置好被添加自动回复。凭借信息,在埋单的时候享受优惠。

微信订餐示例

(三)微信营销的推广

1. 公众账号线上推广准备

(1)建立微网站——餐饮行业门户 针对餐饮行业的移动互联网门户建设,重点突出特价优惠菜品、推荐菜品、招牌主打菜品等全方位展示功能,将商家信息第一时间全面展示在微信端,方便消费者查看并使消费者第一时间被诱人的菜品吸引,直接促成消费。

(2)微活动 餐饮行业巨大的客流量会为商家带来巨大的发展机会,然而餐饮行业消费者忠诚度很低的问题成为每个商家的困扰。而微活动在迅速吸引消费者关注的同时,定期的营销活动还能促进消费者对品牌的忠诚度,最终将客流量转化为客留量。

(3)预约订座功能 针对线下餐厅用餐高峰期客流量较大而餐厅接待能力有限的情况,餐饮企业可推出微信端预约订座功能,消费者在微信端提前预约,操作便捷,同时能省去大量等待排队的时间,也给商家提前准备菜品、安排座位的时间,提供更周到的服务,提升消费者对商家的好感度和忠诚度。

在线订座/订餐

（4）一键导航　基于消费者对于餐饮行业具体地理位置的需求，餐饮企业研发一键导航功能，方便消费者快速定位自己地理位置并进行导航，全程引导消费者到店就餐，大大减少因无法快速找到商家位置而导致的用户流失。

（5）微会员　由于餐饮行业的普遍性，几乎每个人都是餐饮行业的用户，但是每个商家却对自己的消费者却并不了解，也对消费者忠诚度的提升形成一定障碍。若是能推出微会员功能，则可收集会员信息，建立商家的消费者数据库，从而为会员提供专属服务，提升服务质量的同时，微会员也可将促销优惠、会员专享等服务信息直接显示在微会员页面，将商家已有的线上用户吸引至线下进行消费，直接促进商家的营业额提升。

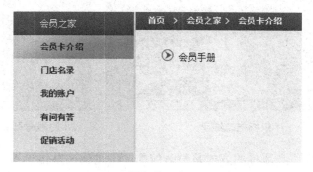

微会员页面

（6）微客服　基于较大的用户数量，餐饮行业微信公众平台为消费者提供有效的客户咨询和引导服务，方便用户及时快速地了解商家信息。相关服务商研发图文、语音、文字链接、电话直拨、地理位置等多种形式智能客服，配合人工客服进行人机值守，为用户提升全面的引导服务。

2. 公众账号线下推广准备

餐饮企业早期可以通过社交平台的推广来获得大量的订阅量，在微博、人人网等平台的皮肤模版右侧都加上了微信公众号的宣传，在其发布的内容中也多次通过文字图片植入关注微信公众号的信息。另外，还可以建立了餐馆的"粉丝"qq群，同时qq账号与微信的打通，大大增加了用户转化便捷度。通过qq邮件、好友邀请等方式，都能批量实现qq用户的导入。应该在自己的官网等所有可以网上宣传的地方都放上微信公众号，线上全渠道全面推广。餐饮企业可以通过在自身的营销会议中植入宣传，获得更多的关注。

3. 线下推广活动

（1）店内推广

① 店铺的显眼位置放上二维码　包括墙壁、餐桌上、收银台、吧台、易拉宝等，但需要引导用户扫描，只有让用户得到好处，用户才会拿出他的手机进行扫描。

② 和智能硬件结合　如WI-FI服务，每个客户在就餐时都希望能利用WIFI上网，可以设置条件，关注本店微信公众号后能才上网。有的人喜欢拍照分享，如果你的餐具很有特色，也能引起他们的拍照并分享到他们的朋友圈。

手机扫描二维码

WI-FI账号列在醒目位置

（2）店外推广　地推的方式是最传统的，不过现在发传单基本没人看了，所以要用相关的微信活动，吸引用户关注公众号，并且参与里面的活动，而不是简单地介绍几个菜谱和优惠活动，你的目的是为了吸引用户，并且通过微信深入地了解店铺。

菜单推广

传单推广

4. 线上推广

（1）社交网络推广　社交网络营销的核心是关系营销。社交的重点在于建立新关系，巩固老关系。任何创业者都需要建立新的、强大的关系网络，以支持其业务的发展。

（2）朋友圈推广　朋友圈推广需要特别注意发送的内容及发送内容的频率，如果发的内容与别人无关，则无法引起注意；如果发送的频率太快，会引起别人的反感。

使用付费推广服务在朋友圈推广时，一定要注意精准。利用LBS位置，定位在自己餐厅附近的用户，并要进一步分析，你的目标人群的年龄、性别等属性，有针对性地进行推广。

微信圈内的推广

（3）互动活动策划　结合第三方平台，比如发红包、各种抽奖游戏，不但可以激活老用户，还可以让他们分享到朋友圈带来部分新用户。

（4）团购、平台合作　在其他平台做团购的目的，是为了用低价从其中心化平台吸引目标客户，并且留住他们，而不是为了卖东西，要做的是品牌，更多是为未来的回头客做准备，这种方式特别适合新店。

与外卖平台合作，提供更多便利服务。

5. 其他推广

（1）建立会员体系

① 会员卡　所有这些优惠，都要求用户必须开通会员卡才可以获得，而且提醒用户，开通会员后再消费，不但可以优惠，还可以获得积分。

② 积分制　除了可以兑换菜品、优惠券外，还可以玩一些在线游戏，增强与用户的互动。

(2)打造店内特色活动　店内特色活动包括摇一摇、微信上墙等互动游戏,让店内的客人都参与进来,可以限定一周的某个时间玩这个游戏,成为店内特色。另外,充分利用微信的社交属性,让店内顾客也充分互动起来,均是通过微信平台可进一步拓展的特色。

6.公众平台消息管理

(1)公众平台内容素材的收集　餐饮企业专业人员负责每天向用户推送的消息素材的收集整理,订阅餐饮的用户对吃的肯定感兴趣,所以餐饮企业专业人员可以每天收集一些城市的特色美食,或者分享一些做美食的心得和窍门,同时附加一下具有趣味性的内容,以便吸引用户目光。

(2)公众平台内容群发　餐饮企业专业人员将每天推送的内容整理完毕以后,应该交由专门管理群发的人员,管理群发人员应该负责将这些内容每天同一时间及时推送给客户。

(3)公众平台用户互动管理　当有大量的客户订阅餐饮企业的公众账号以后,每天肯定会有大量的客户向公众账号提出自己的问题,这时候应该让一些专门人员对客户进行一对一的沟通,来帮助这些客户解决疑问。

(4)公众平台应急时间处理　餐饮企业应该建立一种应急机制,当公众账号发生异常,不能使用,或是瘫痪的时候,应该立即启动这些应急机制,并且第一时间通知用户。

五、餐饮企业微博营销

微博营销是指通过微博平台为商家、个人等创造价值而执行的一种营销方式,也是指商家或个人通过微博平台发现并满足用户的各类需求的商业行为方式。微博营销以微博作为营销平台,每一个听众(粉丝)都是潜在营销对象,企业利用更新自己的微博向网友传播企业信息及产品信息,树立良好的企业形象和产品形象。

(一)微博的特点

微博的特点如下表所示。

微博的特点

序号	特点	说明
1	立体化	借助先进的多媒体技术手段,利用视频、文字、图片等形式对产品进行描述,将信息更加形象、直接地传递给潜在消费者
2	高速度	通过互联网及与之关联的手机平台发出微博后,可以快速抵达微博世界的每一个角落,被最多的人所看到

续表

序号	特点	说明
3	便捷性	通过微博发布信息无须经过复杂的流程和手续,可以节约大量的时间和成本
4	广泛性	微博可以通过"粉丝"关注的形式进行互动式的传播,影响面非常广泛。同时,名人效应能够使其传播量呈几何级增加

(二)微博营销的内容

餐饮企业微博营销的内容,主要包括以下五个方面。

1. 发布预告信息

餐饮企业可以通过微博进行各种预告,如是否有空位、门前的交通状况、本日主打菜品、促销活动预告等。

俏江南的微博首页

2. 接受客人预订

餐饮企业可以通过微博来接受客人的餐位预订、包房预订、送餐服务预订等。

3. 产品宣传推广

餐饮企业可以通过微博进行各种宣传活动,如品牌宣传、特色服务宣传、菜品宣传(附有图片)、厨师拿手菜介绍、发布最受欢迎菜品统计数据等。

小肥羊火锅微博宣传

4. 发布相关资讯

餐饮企业还可利用微博发布一些餐厅（公司）的"官方"信息，如人员招聘、原料采购、新店开张、服务时段、节假日休息公告等。

海底捞火锅的微博声明

5.在线客人问答

餐饮企业还可与客人进行在线交流，针对客人提出的问题进行相关答疑。当餐饮企业拥有众多"粉丝"以后，只要对方没有取消对餐饮企业的关注，那么餐饮企业在任何时候都可以找到客人。客人通过微博也能随时找到餐饮企业，对客人是个好消息。那么，适当给客人推送一些促销信息，就成为可能。

如果餐饮企业有能力，甚至可以通过微博去了解客人的相关信息，如年龄、生日、性别、职业等，还可了解心理偏好信息，如兴趣、爱好等。如此就可给客人提供个性化的信息，包括客户关怀（生日、节日祝福等）、促销预告、友情提醒（路况、点评提醒等）。

相关链接

微博营销的推广技巧

不要以为餐饮企业的微博拥有了千万的"粉丝"，就可以吸引"粉丝"过来消费，如何将微博的浏览变成销量，也是大有学问的，以下是一份微博营销的推广技巧，可供参考。

1.话题

根据目标听众设定话题，就是要在微博设立初期制定内容策略，这与一本杂志的主编设定杂志内容策略是类似的。微博的最终目的其实是分享内容。对于餐饮企业来说，运用好社会化媒体的关键在于内容策略，内容策略＝我听见你的声音＋我在听你说＋我明白你说的＋达成营销目标的内容措施。

2.标签

标签设好了，可以帮餐饮企业找来想找的人，如果标签设不好，即使有10万"粉丝"也无济于事。当然不同时间需要用不同的标签，让搜索结果一直能处在第一页，这样才有机会被想要的用户关注。

3.善用大众热门话题

每小时热门话题排行以及每日热门话题排行都是很有用的，因为这些话题适合微博的每个人，并且善加利用，进行策划营销，可以增加被用户搜索到的概率。一般在热门关键词加双"#"，如：#餐饮企业订房#。

4.主动搜索相关话题

把用户在百度知道中问的关于我们所在的行业问题总结整理出来，把重要关键词提取，如：著名餐饮企业、餐饮企业位置、餐饮企业服务……随时关注微博用户的讨论内容，主动搜索，主动去与用户互动。

5. 制定有规律的更新频率

每日发6~20条，一个小时只能发1~2条，若频率和节奏把握不好，会让"粉丝"流失。

6. 让内容有"连载"

比如每天推荐一个景点、美食或热门资讯，每周发布一次活动结果，连载会让"粉丝"的活跃度增高。

7. 规划好发帖时间

微博有几个高峰，上班、午休、下午4点后晚上8点，要抓住这些高峰人群时间发帖，才可能产生高阅读率和高转发率。

8. 善用关注

在微博推广的前期，关注能够迅速聚集"粉丝"。对新浪微博来说每天最多只能关注500个人，关注的上限人数为2000人。

9. 活动

一定要定期举办活动，活动能带来快速的"粉丝"增长，并且增加忠诚度，以及建立与竞争对手的区隔。

10. 互动

创造有意义的体验和互动，只有做到这两点，客户和潜在客户才会与你交流，才会分享你的内容。

（三）微博如何增加"粉丝"

餐饮企业发展"粉丝"相对其他行业要容易一些，因为餐饮服务是高接触度的现场服务。在网络上硬拉"粉丝"也许很难，但当和客人面对面时，当客人置身于餐饮企业里时，直接的交谈将使拉"粉丝"变得更容易，微博支持手机登录，也降低了现场"互粉"的难度。

因此餐饮企业拉"粉丝"的主要途径就是店面推广。餐饮企业可以在店里的醒目位置，树立企业微博ID的宣传广告牌，也可以通过专门的人员，向客人直接推荐餐饮企业的微博ID，还可以向客人发放印有微博ID的订餐卡片等。如果想在网上拉一些"粉丝"，那么最好是寻找同城ID。

餐饮企业在开展微博营销时，最需要关注的就是负评。无论餐饮企业服务多么到位，都会遇到负评。当然，餐饮企业可以把负评当作改善服务的一个新的手段。因为通过负评，餐饮企业可以知道许多信息，如哪个服务员可能服务出问题了、厨师今天表现如何、上菜速度需要提高、传菜员缺人手了、发票没了等信息。如果餐饮企业乐于去不断完善服务，就不用怕负评。当然，如果餐饮企业的服务很差，最好还是不要去申请微博ID。

六、餐饮企业网络团购营销

　　团购就是团体购物，指的是认识的或者不认识的消费者联合起来，来加大与商家的谈判能力，以求得最优价格的一种购物方式。根据薄利多销、量大价优的原理，商家可以给出低于零售价格的团购折扣和单独购买得不到的优质服务。现在团购的主要方式是网络团购。

美团网上餐饮的团购页面

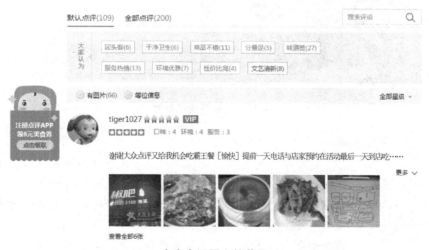

大众点评网上的截图

　　常见的团购网站有百度糯米、美团网、大众点评网、聚划算等。据了解，目前网络团购的主力军是年龄25～35岁的年轻群体，并已十分普遍。

餐饮运营与管理

相关链接

国内主要团购网站

目前，国内主要团购网站包括聚划算、百度糯米网、美团网、大众点评团等。以下对其中几个团购网站进行简单介绍。

一、聚划算

聚划算是由淘宝网官方开发平台组织并实施的一种线上团购活动形式。淘宝聚划算网是阿里巴巴集团旗下的团购网站。2011年10月20日，阿里巴巴集团将聚划算拆分出来，使其以公司的形式独立运营。

聚划算上的美食代金券

二、百度糯米

百度糯米是百度公司旗下连接本地生活服务的平台，是百度三大O2O产品之一。其前身是人人网旗下的糯米网。原糯米网在2010年6月23日上线，2014年3月6日正式更名为百度糯米。百度糯米汇集美食、电影、酒店、休闲娱乐、旅游、到家服务等众多生活服务的相关产品，并先后接入百度外卖、去哪儿网资源，"一站式"解决与吃喝玩乐相关的所有问题，逐渐完善了百度糯米O2O的生态布局。

百度糯米上的餐饮代金券

三、美团网

美团网是创建于2010年3月4日的团购网站。它的服务宗旨是：每天团购一次，为消费者寻找最值得信赖的商家，让消费者享受超低折扣的优质服务；每天一单团购，为商家找到最合适的消费者，给商家提供最大收益的互联网推广服务。

四、大众点评团

大众点评网于2003年4月成立于上海。大众点评是中国领先的本地生活信息及交易平台，也是全世界最早建立的独立第三方消费点评网站。大众点评不仅为用户提供商户信息、消费点评及消费优惠等信息服务，同时也提供团购、餐厅预订、外卖及电子会员卡等O2O交易服务。大众点评是国内最早开发本地生活移动应用的企业，目前已成长为一家移动互联网公司，大众点评移动客户端已成为本地生活必备工具。

2015年10月8日，大众点评与美团网宣布合并。

大众点评网截图

(一)餐饮企业团购的特征

餐饮企业的团购活动一般有以下六个特征,如下图所示。

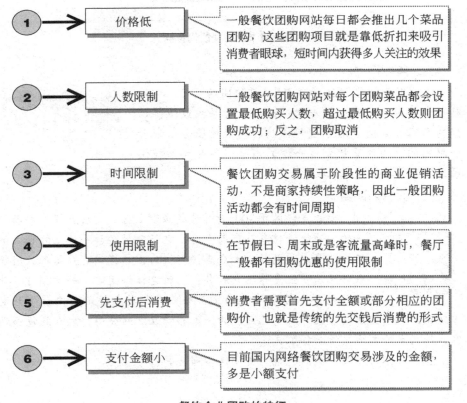

餐饮企业团购的特征

餐饮企业团购页面

消费提示

有效期	2015年10月20日至2016年12月31日
可用时间	周末法定节假日通用 11:00 ～ 次日03:00
预约提示	无需预约，直接消费（高峰期间消费需排号等位）
使用规则	• 团购用户暂不享受店内其他优惠 • 每张糯米券限8人使用，超出收费标准，按当时店内实际价格收取费用 • 每次消费至多可使用1张糯米券 • 仅限大厅使用，无包间
温馨提示	• 提供免费WiFi • 本单堂食外带均可 • 商家提供餐后打包服务，需另付 1元/个打包盒

各项限制在消费提示中告知消费者

（二）餐饮企业团购营销时机

餐饮企业面对的投诉种类繁多，是不是餐饮企业不适合做团购呢？答案当然是否定的，那么餐饮企业如何合理利用团购这种营销模式呢？

（1）餐饮企业的实际成本非常低或者相对比较低的时候，或者生意相对清淡时可以开展团购活动。各类餐饮企业所处地理位置不同，人流高峰也可能不同。比如，处于商务区的餐饮企业在节假日、休息日的时候客人相对要少一些，而处于旅游景点的餐饮企业在旅游淡季的时候客人就会相对少一些，这时候比较适合做一些团购活动。

（2）新开张的餐饮企业也适合做团购活动。俗话说"酒香不怕巷子深"，但现在是信息时代，时间就是金钱，刚开业，没有知名度，也不为消费者熟知，消费者不会那么快就上门的。因此要主动出击，可以通过团购打开知名度，前期一定不能以赚钱为目的，重点是做好宣传推广。

七、餐饮企业的O2O营销

未来的餐饮企业的商业模式，将会是全新的O2O模式，核心是线上和线下的整合，通过这种整合，获得更好的经营效益和更高效的运营效率。

O2O即Online To Offline（在线离线/线上到线下），其概念源于美国，是指将线下的商务机会与互联网结合，让互联网成为线下交易的平台。2013年O2O开始进入高速发展阶段，开始了本地化及移动设备的整合和完善，于是O2O商业模式应运而生，成为O2O模式的本地化分支，餐饮企业的O2O也随之发展起来。

（一）餐饮企业的O2O营销方式

对于餐饮企业来说，开展O2O模式的电子商务，主要有三种方式，如下图所示。

方式一	自建官网 + 连锁餐厅，消费者直接向餐饮企业的网站下单购买，然后线下体验服务，而在这过程中，餐饮企业需提供在线客服服务
方式二	借助第三方平台，实现加盟企业和分站系统完美结合，并且借助第三方平台的巨大流量，能迅速推广带来客户
方式三	建设微信公众平台，通过平台开展各种促销和预付款的形式，进行线上销售、线下服务

图头

（二）餐饮企业O2O模式

餐饮企业发展O2O营销主要有四种模式，如下图所示。

模式一 先线上后线下模式

> 先线上后线下模式就是餐饮企业先搭建或者选择已有的线上平台，以该平台为依托和入口，将线下客人导入线上进行营销和交易，用户到线下享受相应的服务

模式二 先线下后线上模式

> 先线下后线上模式就是餐饮企业先搭建线下平台，以该平台为依托进行线下营销，让用户享受相应的服务体验，再将线下客人导入线上平台进行交易，由此促使线上和线下互动并形成闭环

模式三 先线上后线下再线上模式

> 先线上后线下再线上模式就是先搭建起线上平台进行营销，再将线上客人导入线下让用户享受服务体验，然后再让用户到线上进行交易或消费体验

模式四 先线下后线上再线下模式

> 先线下后线上再线下模式就是先搭建起线下平台进行营销，再将线下客人导入或借力全国布局的第三方网上平台进行线上交易，然后再让用户到线下享受消费体验

餐饮企业发展O2O营销的四种模式

【实战范本】金百万旗下准成品O2O平台"U味儿"正式上线

2015年11月22日，金百万旗下准成品O2O平台"U味儿"正式上线。"U味儿"由2015年10月才拿到首轮融资的筷好味升级而来。金百万同时宣布500家企业入驻该平台，并由金百万等餐饮企业牵头成立中国餐饮O2O产业联盟。

"U味儿"的前身筷好味是金百万于2011年前开始酝酿的社区餐饮O2O平台，通过金百万的中央厨房把菜品做成半成品甚至准成品，依托30多家门店销售给消费者的O2O餐饮模式，并于2015年10月完成首轮融资，以13亿元的

估值成功超越母公司。

有数据显示，2016年7~10月，在"U味儿"平台上，金百万准成品菜的复购率达到每人每月3.5次，平均客单每人68元。金百万相关工作人员曾透露，目前准成品菜的销售以及网络订餐每月可为公司贡献15%的营业额。

在金百万方面看来，准成品菜不仅能够释放中央厨房冗余产能，以增加餐厅盈利点，还能摆脱外卖平台对于餐饮企业的压制。

然而准成品领域竞争非常激烈。"味库""青年菜君""洋葱达人""爱餐桌"等通过净菜、半成品等产品抢占食材供应的C端市场，并先后完成融资。

未来"U味儿"除了面临着激烈的竞争以外，还将面临客户引流、物流、服务、产品标准化等诸多挑战，而传统餐饮企业并不占优势。

（三）餐饮企业O2O平台

因餐饮企业的市场容量巨大，随着互联网的发展，O2O平台数不胜数，就其商业模式和运作类型的不同，可以分为十种类型，如下图所示。

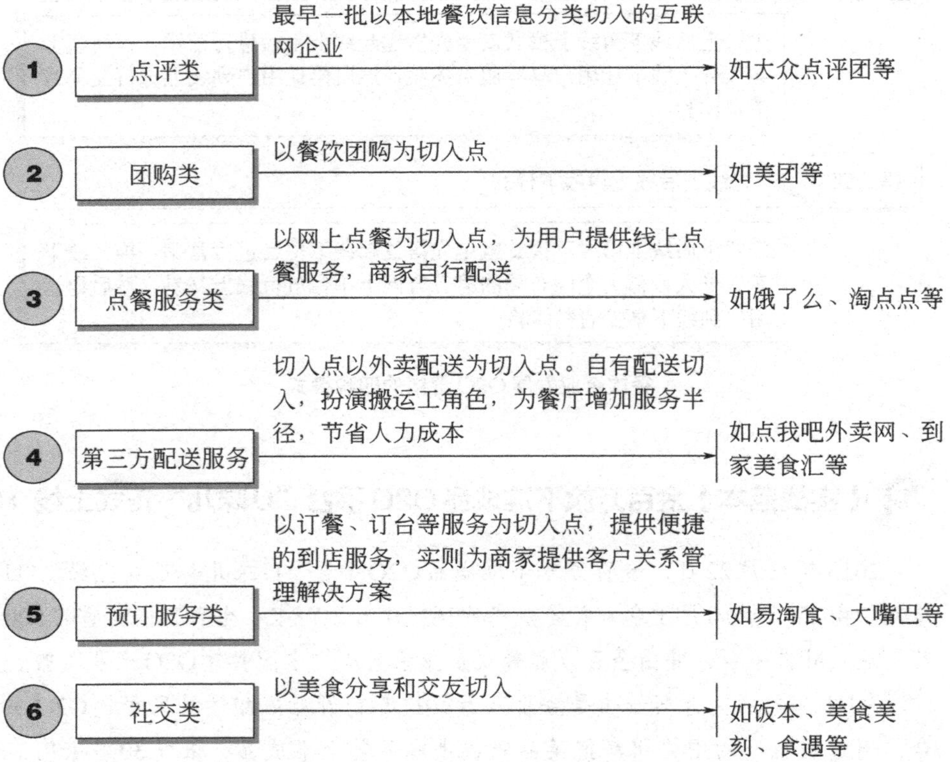

序号	类型	特点	代表
1	点评类	最早一批以本地餐饮信息分类切入的互联网企业	如大众点评团等
2	团购类	以餐饮团购为切入点	如美团等
3	点餐服务类	以网上点餐为切入点，为用户提供线上点餐服务，商家自行配送	如饿了么、淘点点等
4	第三方配送服务	切入点以外卖配送为切入点。自有配送切入，扮演搬运工角色，为餐厅增加服务半径，节省人力成本	如点我吧外卖网、到家美食汇等
5	预订服务类	以订餐、订台等服务为切入点，提供便捷的到店服务，实则为商家提供客户关系管理解决方案	如易淘食、大嘴巴等
6	社交类	以美食分享和交友切入	如饭本、美食美刻、食遇等

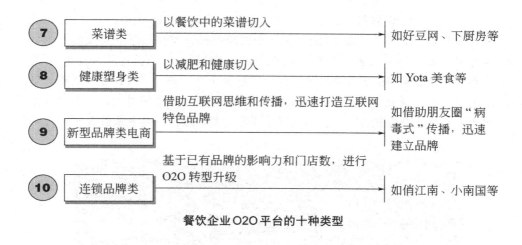

餐饮企业O2O平台的十种类型

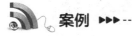

中国餐饮O2O十大创新性案例

从互联网到移动互联网,一般情况下,往往是互联网公司以"导流平台、软件开发或电商服务"等角色,首先吹响餐饮O2O进化的开战号角,进而,一批"先知先觉"的实体企业开始着手信息化和电商化的转型与升级。

纵观中国电商发展进程,淘宝、天猫、京东等传统电商大行其道,让广大年轻用户养成了足不出户网购的习惯。伴随综合性、专业性电商竞争白热化,互联网精英的注意力逐渐从商品领域延伸到本地生活服务类,无论传统的大众点评、丁丁网等网络平台,还是美团、百度糯米等团购网,又或易淘食、生活半径等垂直平台,通过长期的用户培养和商家意识的培育,O2O模式在餐饮行业应用正在得以广泛的普及。据中国电子商务研究中心监测数据显示,2014上半年中国网民在线订餐渗透率达20.1%;2014上半年餐饮类团购成交额达166.6亿元。

从互联网到移动互联网,一般情况下,往往是互联网公司以"导流平台、软件开发或电商服务"等角色,首先吹响餐饮O2O进化的开战号角,进而,一批先知先觉的实体企业开始着手信息化和电商化的转型与升级。

2014年,各类餐饮O2O已开始全面试水,电商平台落地化、实体企业电商化,多方创新,逐步落地,摸索前行,线上和线上双向呈现融合趋势。在此介绍十个餐饮O2O案例的创新节奏。

【案例一】室内导流:淘点点(布局iBeacon+餐饮导购)。

创新关键词:微定位、室内导航。

餐饮运营与管理

案件简介：背靠阿里巴巴，虽说起步相对较晚，起色迟缓，但"淘点点"通过联手银泰和高德，基于iBeacon技术的Shopping Mall餐饮导购项目，也体现出来阿里巴巴不甘落后的决心，中国餐饮O2O网曾对此做过深入报道。"淘点点"的"微定位+室内导航"双重技术结合应用，进一步向商业体渗透，银泰商户成为"手机餐厅"，便于提升用户体验和导流客源的同时，有力地维系老用户关系，提高黏性，并快速获得了大量的新增用户，是多赢的合作模式。

"淘点点"外卖网上订餐页面

点评：在移动互联网领域，平台导流不应仅仅停留在户外或商场餐厅环境、地址、菜品、优惠等信息提供和远距离导航层面。试问，当用户进入商场中，面对诸多的餐厅，如何让用户更快、更精准地找到目标餐厅呢？平常逛商场时，想吃饭，不进店也可以了解商场内不同餐厅最新的菜品或优惠活动？"淘点点"所推出的室内微定位更精确地解决诸如商场、机场等大型消费场所内客户就餐的选择问题。

【案例二】平台深耕：饿了么（餐饮O2O平台市值5亿美元）。

创新关键词：餐厅管理系统、业务后台系统、实体延伸。

案例简介："饿了么"是中国最大的餐饮O2O平台之一，是中国专业的网络订餐平台，致力于推进整个餐饮行业的数字化发展进程。

"饿了么"整合了线下餐饮品牌和线上网络资源，用户可以方便地通过手机、计算机搜索周边餐厅，在线订餐、享受美食。与此同时，"饿了么"向用户传达一种健康、年轻化的饮食习惯和生活方式。除了为用户创造价值外，"饿了么"率先提出C2C网上订餐的概念，为线下餐厅提供一体化运营的解决方案。

"饿了么"网页界面

作为餐饮 O2O 专业化平台，"饿了么"可分成网站系统、移动端应用、在线支付系统、业务后台系统、餐厅管理系统、统一的系统数据库平台、统一的系统服务集成接口。"饿了么"并不是简单的线下和线上相互转移模式，而是完整的服务链条。"饿了么"在被大众点评投资 8000 万美元的同时，市值估价过 5 亿美元。据中国电子商务研究中心监测数据显示：2014 年 5～10 月，"饿了么"实现日订单 10 万到 100 万，覆盖城市从 12 个至接近 200 个，移动端交易占比从 30% 上升至 70%。

点评："饿了么"平台并非单纯地在于餐饮平台的导流模式，在前端聚合信息的基础上，重在通过"业务后台系统"和"餐厅管理系统"线下扩展到实体餐饮企业日常运营管理中，在诸多餐饮商家意识、人财物等方面不健全或不具备 O2O 的条件下，"饿了么"深耕实体，在传统企业电商化改造方面颇具实际意义。

【案例三】智能终端：我有外卖（牵手小米生活）。

创新关键词：外卖机、小米生活、智能生态体系。

案例简介："我有外卖"是一款方便快捷的手机订餐叫外卖的软件，用户使用"我有外卖"的手机客户端，通过 GPS 定位功能，搜索周边的外卖商户，即可方便快捷地下单。

2014 年 2 月"我有外卖"正式登录上海，目前平台商家既有美食快餐，也有便利超市，周边生活服务。产品口号："手机订餐，食在方便。""我有外卖"

提供最全中西式、日韩式等美食，便利超市及周边生活服务，专注于满足各类消费者的即时外卖外送需求服务。

在小米科技、深创投以及91助手前CEO胡泽民注资之后，"我有外卖"与小米随即自然地开展深度合作，部分地区已经进驻小米生活，小米用户可以直接在小米生活上对"我有外卖"平台下单。

"我有外卖"界面

点评：只就智能终端设备帮助传统餐饮商家做好前端信息化当作创新并不足以"服众"，但若是与小米生活"智能体系"对接，从单纯地服务于餐饮企业发展到接入小米生活，这意味着将连接小米个人或家庭用户，以小米过千万的"粉丝"和小米生态布局为背景，"我有外卖"将将拥有非常大的想象空间和发展潜力。

【案例四】去中介化：觅厨（即食料理包+菜品配送）。

创新关键词：去中介化、厨师前端化、多元互动。

案例简介："觅厨"于2014年8月在北京成立，是一家以提供大厨烹饪菜品与即食调料包为特色的O2O企业，用户只需在家完成最后一道加热程序。厨师是餐饮幕后的英雄，貌似与各位食客经常性绝缘，两者之间无法形成直接的关联。"觅厨"则突破传统，不拘一格，将厨师从幕后推到台前，为厨师提供了展示的平台，将他们烹饪的菜品真空分装，最后以包裹的形式冷链送达用户，并让厨师与食客的互动更多元化。

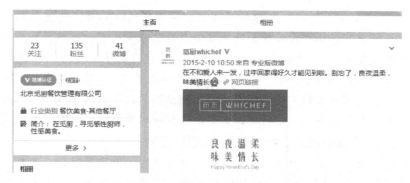

"觅厨"的微博

点评:"觅厨"敢于打破传统产业链规则,搭建平台,暂且放下评价体系不谈,让深藏不露的厨师们以真实的身份世人,与食客们互动,切实分析其尊重人性的思维模式,不失是一种餐饮界的创新,厨师们不再只是为餐厅"卖艺",更能将一身的"好厨艺"市场化,开垦了厨师的劳动力,这本身就是一种非常好的创新。

【案例五】物流整合:到家美食会(重模外卖O2O)。

创新关键词:自建物流、品质递送、对接京东。

案件简介:"到家美食会"成立于2010年,是国内领先的网络订餐、送餐"一站式"服务平台,专注于与知名餐厅合作提供外卖订餐服务。

"到家美食会"自建重度垂直的物流服务系统,消费者可通过"到家美食会"网站、手机客户端或呼叫中心,从周边知名特色餐厅订餐,并由"到家美食会"的专业送餐团队配送。期间,"到家美食会"注重服务效率和品质,在满足食客们对于菜品温度、口味、时间等方面的"苛刻"要求的同时,借此打造"到家美食会"的核心服务优势。2014年9月初,"到家美食会"在获取京东及晨兴创投领投C轮融资的同时,除了再次得到资本认同和支持外,还与京东快点有机整合,结合其餐饮O2O领域更为严格配送标准业务体系,以解决"最后一千米"问题,将来具有更大的延展空间。

"到家美食会"的网站首页

"到家美食会"的微博

点评:"到家美食会"自建物流体系以保障餐饮O2O线上到线下的平稳落地,无形中与京东模式具备异曲同工之妙。从京东大电商的战略层面理解,投资"到家美食会",这种非常巧妙的物流整合,也将能够体现出"到家美食会"与其他类似物流型平台的差异化发展。从客观上来讲,"到家美食会"借助京东的庞大客流和资源的支撑,在更快捷、健全的线上平台的条件下,还可以借助京东平台庞大的客流,挖掘物流价值,从而再次强化餐饮O2O方面的创新。

【案例六】营销创新:叫个鸭子(话题式营销)。

创新关键词:话题营销、好吃好玩、口碑传播、用户思维。

案例简介:"叫个鸭子"是2014年火爆北京城的互联网餐饮外卖品牌,成立于2014年1月,它是由一群从事互联网及媒体行业、热爱传统美食的"85后"发起创建的,主要以自制秘方烹制的鸭子为主打产品,及与鸭有关的美食,目前仅覆盖北京。该品牌最具特色的产品秘制鸭子,并非传统烤鸭的做法及吃法,而是另辟蹊径,用新配方、新做法做出的鸭子,鸭子主材来自河北白洋淀,是无催化的生态鸭。这种鸭子用精心研究的秘制配方腌制而成,造就独一无二的味道。香而不腻且纯天然,不含任何添加剂,让传统美食焕生新容。

"叫个鸭子"的微博

"叫个鸭子"团队成员对吃很讲究,他们的理念就是用最好、最安全的食材,规避掉传统烤鸭油腻且吃法复杂的短板,保证了菜品本身食材的一级品质,不要油腻脆皮、不要多盐蘸酱、突破传统。用互联网思维做新鸭子!

经了解,"叫个鸭子"并不是一个"花架子",靠"卖弄风姿"取悦市场,而是始终重视用户体验,从菜品口味优化、高效递送到客情维护,一门功课都没有落下。

点评:餐饮O2O创新并不一定要应用什么高精尖的技术,又或"高大上"的商业模式,O2O在餐饮行业应用阶段,只需在做好产品和服务的基础上,做好营销创新,就可以争得一席之地。"叫个鸭子"借助"用户思维",抓住话题热点,不断创新,激活兴奋点,通过用户或自媒体人等媒介口碑,快速扩散的同时,并没忘记菜品和服务才是餐饮的根本,浮夸却不浮躁,才铸就了今天的成果。

【案例七】渠道创新:青年菜君(渠道创新+生鲜)。

创新关键词:渠道创新、地铁站、社区便利店、物业、主题餐。

案件简介:"青年菜君"隶属于才俊青年(北京)科技有限公司,由陈文、任牧、黄炽威于2013年年底创立,地点位于北京地铁13号线回龙观站出口,是一家经营半成品净菜为主的O2O公司,其经营模式有以下两个。

1.线上下单

在"青年菜君"购买菜品的方式之一是顾客登录网站或在微信的公共账号上下订单,第二天到门店提货。在网站上,"青年菜君"将70多种菜品分为凉菜、素菜、荤素菜、肉菜、汤羹类,并配上菜品的分量、产地、图片、价格和特征。不过这些菜品并不是随时随地都能上架,公司会根据时令调整菜品,每周顾客可选择的菜品约30道,包括大盘鸡、水煮肉片等传统菜品,也有杏鲍菇木耳炒五花肉等创新菜品。

2.门店购买

另一种方式是直接到门店购买,这也是3位创始人格外看重的方式。对于门店位置的选择,他们经过了仔细的研究。如果把半成品菜放在超市售卖,顾客购买需要耗费同样的时间,如果在写字楼集中的区域售卖半成品菜,则顾客需要拿着菜挤地铁回家,不仅购物体验感差,而且增加菜品变质可能性。最终,他们选择在住宅区集中的地铁口设立门店,这可以让顾客把菜拿回家的时间最短,也可以精确地向目标人群做广告。

"青年菜君"的微博

点评：创新不一定要大开大合，前无古人后无来者，绝无仅有。渠道之所以有价值，是因为覆盖客户群，把握O2O机遇，思维方式的调整也会造就创新思路，对于餐饮O2O也不例外。"青年菜君"明确且精细地把握"上班族"工作和生活节奏，通过菜品新鲜度和渠道便利性方面的创新，可以很快地赢得一批客户的芳心，并进一步深化，从地铁延展到社区，更加快捷地贴近终端用户的需求，有针对性供餐，以快速促成交易。

【案例八】大数据化：金百万（O2O转型思考逻辑）。

创新关键词：会员系统、客户数据、线上营销。

案件简介：金百万以会员为基础，以大数据为支撑，通过"门店辐射+会员服务+线上营销"的方式去扩大市场，以更亲民的价格去接近用户，以烤鸭立足品牌传播点，并在传统烤鸭以外的方式去拓展新的盈利途径。在日均客流高达3万～10万的宝贵资源情况下，金百万做O2O的突破点在于做好会员系统和数据挖掘。据称，坐拥百万会员，会员的重复消费率达到80%以上。

"金百万"网站首页

点评：任何餐饮企业从来不会出现为客群爆满而发愁的境况，"金百万"坐拥百万的客流优势，首先考虑的不是从外界"捞取"多少新客户，而是先把客户数据留存下来，及时掌握动态数据，通过汇总、归类、统计和分析，满足客户需要和挖掘需求潜力，从而持续性优化运营。"金百万"以开放的心态"拥抱"互联网，前瞻性的商业视野，深刻认知大数据的无穷价值，借助线上营销实时对接，能够迅速地完成信息分发和消费回流，对于许多优质的餐饮企业都具有非常大的借鉴意义。

【案例九】APP点餐：那些年（点餐无服务员）。

创新关键词：消减成本、服务信息化。

案例简介："那些年"引导客人下载"二维火"点菜或叫外卖，鼓励领取会员卡进行充值，日后，一旦到店，客人可自行翻阅手机菜单，一键下单，吃完一键买单。在客人通过APP点完菜后，餐厅前台会有"叮"的一声响，便有前台服务员前去查看，经过前台的审核后就可以正式提交。

点评："那些年"借助APP培养用户使用手机点餐或叫外卖习惯，一方面，有利于优化服务和结算的人工成本；另一方面，有利于扩展菜品呈现度，通过APP更为灵活丰富、即时多变的展示，更容易吸引客人多多尝试新菜品。一言概之，"那些年"除了节约餐厅消费前端成本的同时，还给予客人更多自由空间。

那些年点菜单

【案例十】数据运营：五味（用互联网管理厨房）。

创新关键词：数据思维、移动支付、用户反馈、菜品优化。

案例简介："五味"餐厅，每天只供应八个菜品，每个菜品对应一位厨师，从客人的下单、（微信）支付、评价，到餐厅的采购、现金流入和流出等所有经营活动均在系统上进行，所有相关数据都自动保存在云端且不能更改，如此一来，协助投资者能够及时监控店面的整体运营状况。积极触网，本业不忘，据中国电子商务研究中心了解，"五味"为了强化食客的黏性，成立了名为"吃货研发中心"的研究机构，专注于菜品的研发和优化，旨在做足基本功。

"五味"官网

点评："五味"在专项"研究机构"不断优化菜品的同时，通过系统化铺设，掌握关键性运营数据，对于投资人与管理者相分离的情况下，"五味"的系统性创新做法，并非旨在监察和监督，而是将原本隔断的信息透明化，规范化餐厅经营管理者和店面员工的行为的同时，以便切实找到不足，给以持续优化。

当然，餐饮行业O2O创新案例远不止于这几家。从餐饮行业O2O的发展和进化历程上看，各种创新才刚刚开始。在未来两三年中，中国餐饮O2O将逐步走入电商化的深水区，一方面，电商平台将百花齐放，更为疯狂地"跑马圈地"；另一方面，在经历过互联网洗礼之后，更多餐饮企业将更加主动触网，联合互联网公司构建O2O体系以做转型升级。

第三章
餐饮采购管理

引言

餐饮企业中的采购工作是一项复杂的业务活动，它不能简单地按照"便宜无好货，好货不便宜"的俗套思维进行。管理学家认为，一个好的采购员可为企业节约5%的餐饮成本，甚至远大于5%。

第一节　餐饮采购的方式

餐饮采购是餐饮成本控制的关键环节，餐饮采购约占餐饮成本的1/3，是餐饮进行食品加工前的第一道关卡。所以说，餐饮成败的1/3来自采购，合理的采购方式可以为餐厅节约成本，缩短劳动时间，减少浪费和降低从业人员的劳动强度。餐饮采购一般有以下几种形式。

一、统一采购

在不超出价格弹性范围的情况下，所采购商品数量越多，压低价格的筹码也就越重，即所谓"多买贱卖，薄利多销"。目前，许多知名餐饮企业都采取统一采购的方式。这种采购方式可以极大地提高规模效益，减少中间环节，有力地降低采购成本。

比如，全聚德、便宜坊、真功夫、华天等餐饮企业，采取扩大分店及连锁门店集中采购范围的采购方式，并加强定向订单采购。

二、集团统一采购与各区域分散采购相结合

国内很多大型餐饮集团，如内蒙古小肥羊餐饮连锁有限公司、山东净雅餐饮集团等，采取了统一采购与分散采购相结合的采购模式。

餐饮企业可以借鉴其他行业企业的成功经验，对价值高、关键性的物资实行统一计划、统一采购，以获得规模经济，降低采购成本；对批量小的低值易耗品以及需要每日采购的果蔬、肉蛋、调料等物资，实行区域分散采购。

三、本地采购与外地采购相结合

在餐饮企业的日常经营中，大量的原材料一般都在本地就近购买，以便能够及时满足使用需求。但由于市场经济的作用，各地产品的价格都有所不同，尤其是干货、调料等，由于进货途径不同，各地的价格差异较大。这就需要餐饮企业采购部门深入地开展市场调查研究，掌握本地和外地各类产品的价格行情，从而有计划地去外地采购同等质量、低廉价格的食品原料。

四、餐饮企业联合招标采购

餐饮企业可以在地区内联合几家企业进行联合招标采购，扩大采购规模，形成规模优势，以降低采购成本和产品原料价格。

招标采购是指企业提出品种规格等要求，再由卖方报价和投标，并择期公开

开标，通过公开比价以确保最低价者得标的一种买卖契约行为。招标采购提倡公平竞争，可以使购买者以合理价格购得理想货品，杜绝徇私、防止弊端，但是手续较烦琐、费时，不适用于紧急采购与特殊规格货品的采购。

（一）餐饮企业采购招标流程

餐饮企业采购招标流程如下图所示。

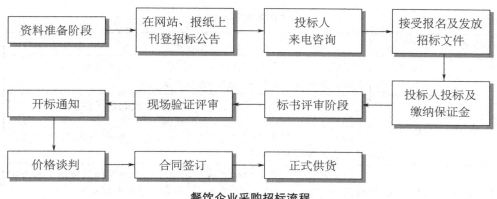

餐饮企业采购招标流程

现对招标流程中的各个步骤进行具体说明。

（1）资料准备阶段　餐饮企业准备招标文件及登报公告。

（2）在网站、报纸上刊登招标公告　联系当地报纸或网站刊登招标公告。

（3）投标人来电咨询　餐饮企业热情接听投标人的咨询电话，详细解答报名手续问题，主动邀请投标人前来报名洽谈。

（4）接受报名及发放招标文件　餐饮企业热情招待投标人，做好相关接待工作；由两名以上评标成员为投标人办理投标登记手续，审查报名资料，并与投标人洽谈；对投标人进行初步评定，形成书面记录，并发放招标文件给投标人。下面提供一份招标文件示例，供读者参考。

（5）投标人投标及缴纳保证金　投标人在规定时间内报送标书，报送时一并缴交保证金或提供缴款凭证，否则视为废标。

（6）标书评审阶段　评审组集体评审标书，并按品种选出得分较高的三个投标人入围。

（7）现场验证评审　评审组根据入围名单，分别到入围中标者的生产或储存现场进行实地考察和了解。

（8）开标通知　综合评审得分，每个品种选出两家中标及一家备用单位，通知投标人开标结果，并向未中标人退回保证金。

（9）价格谈判　通知中标人进行价格谈判。

（10）合同签订　与中标人签订供货合同，并将投标保证金转为合同保证金（或其一部分）。

（11）正式供货　供货期长短以招标公告为准。

（二）需初步评定的项目标准

餐饮企业与投标人洽谈时，需初步评定的项目标准，如下表所示。

初步评定的项目标准

序号	项目类别	洽谈事项
1	企业规模及知名度	了解投标人单位的经营性质、注册资本、经营场地、设备、员工人数、经营效益以及在行业内的知名度
2	资质情况	（1）投标人提供的营业执照、组织机构代码证、税务登记证、卫生许可证等是否齐全、是否在有效期内 （2）投标人是否具有食品卫生等级认定、QS食品认证、ISO质量体系认证等相关资格证书
3	信誉情况	（1）投标人的第三方信誉评定等级，如工商部门颁发的"重合同守信用"单位、银行资信等级、税务部门的缴税情况等 （2）投标人在行业内的口碑以及客户的反馈情况等
4	质量情况	（1）投标人生产工艺情况、有无专职品管人员进行品控、有无建立完善的质量管理制度和体系 （2）投标人能否提供所供应货品的检验报告和质量证明等 （3）投标人所提供货品的样品质量 （4）投标人是否接受本公司派员到其生产或储存现场实地考察
5	报价情况	在投标品种中随机抽取几种物品询问价格，并与同期市场批发价格对比，判断价格是否属实和适价
6	承诺情况	投标人对本公司提出的供货质量、地点、送货时间等方面的要求是否能予以满足
7	其他条件	投标人获得的荣誉称号或能证明其实力、服务水平等各方面优势的条件等

（三）确定采购具体内容

餐饮企业需要与供应商确定的相关内容主要包括以下几类。

（1）送货要求，如要求市区内送货。

（2）送货时间，如要求每天7:50前（具体以餐饮企业采购部电话通知为准）。

（3）验货要求，如要求在送货地点交收，验收质量和数量。

（4）投标保证金转为合同履约保证金的问题。一般合同履约保证金金额根据投标品种规模数量而定，具体细节待洽谈合同时决定。

（5）结款方式，如每月××日以现金支票或转账支票方式结清上月货款。

（6）价格比较，如参照同期××市批发市场价格。

五、供应商长期合作采购

餐饮企业可以与供应商签订长期采购合作协议，实行成本定价，以此来达到降低成本的目的。

2009年7月15日，百胜餐饮集团中国事业部与大成食品亚洲有限公司、福建圣农发展股份有限公司及山东新昌集团有限公司三家国内鸡肉生产龙头企业在北京分别签署重要策略联盟合作协议。根据此项协议，在三年时间内，百胜将以"成本定价"的全新合作模式向三大供应商提供总共28万吨鸡肉的采购订单，总金额超过50亿元人民币。

"三年承诺+成本定价"是百胜餐饮的采购新模式。"成本定价"是指以决定鸡肉产品成本的主要原材料的价格来确定鸡肉的价格。这种全新的合作模式是百胜餐饮集团中国事业部首次实行。

通过这种新的合作方式，肯德基将不断获得安全、高质的鸡肉供应；供应商有了长期采购承诺，将可以放心地扩大生产规模、更新技术设备。

六、同一菜系餐饮企业集中采购

同一菜系所用食材原料大多相同，如川菜中用到的花椒和麻椒，湘菜中用到的辣椒，粤菜中用到的蚝油等。因此，同一菜系餐饮企业可以联合起来进行集中采购，建立统一采购平台。

餐饮企业经营中最主要的问题是"两材"：一个是食材，也就是原辅材料供应，如湘菜的原料大多需要从湖南购进，因此原辅材料的采购工作非常重要；另一个就是人才，餐饮企业靠味道来吸引顾客，更要靠人才来留住顾客。

七、向农户直接采购

餐饮企业直接与生产源头进行对接，可缩减两个终端间的中间环节，确保农产品源头可追溯，质量也更加有保障，价格也相对稳定。

目前"农餐对接"中面临着很多问题，如生产规模不能满足市场需求、不能长期稳定地满足企业创新菜品所需原料需求等。餐饮企业可以建立"农餐对接"长效机制，进行基地考察，研究合作模式，确保主要农产品的安全、有效供给。

八、自建原料基地

最近几年，餐饮企业原材料价格十分不稳定，部分出现大幅上涨。餐饮企业可以自己建立主要原料生产基地，以确保在原料供应和采购价格上的自主权。

餐饮企业可以在农村直接建立自己的原料生产基地，减少中间转手销售环节，确保原料价格波动不超出企业承受范围。当然，餐饮企业要与农户签订收购协议，这样不但可以保证原料的数量和质量，也可保证价格的稳定，避免受到市场经销商、运输等其他因素的干扰。

九、网络采购

网络采购将成为采购业发展的一大趋势，因此餐饮企业应顺应潮流、及时行动，加大对网络采购的投入，逐步实现网络营销和网络采购一体化的在线供应链管理。一方面推行并不断改进"为订单而采购"的经营模式，最大限度地缩减销售物流与采购物流之间的中转环节——库存物流，按需求定供应，以信息换库存；另一方面再造销售模式和采购模式，逐步实现在线、实时的电子采购并不断提高其份额。

相关链接

餐饮企业如何选择采购方式

不管在哪个行业，采购是必不可少一个过程。采购对于商家来说非常重要，餐饮业也一样。一般中小餐馆的采购员在为企业购买食品原料和其他物品时，根据原料的性质不同，使用上急缓程度不同，采用的购进方法也多种多样。有时在采购过程中，也常常会遇到购货地点较远、交通工具不便以及临时突发事情等，都会给采购员造成困难。这就需要采购员因势利导，灵活掌握，采取不同的方式，尽心尽力地完成自己的工作任务。

采购员要根据本企业每天的营业情况和效益的好坏程度，对于原料消耗的具体情况和必备的食品，做到心中有数，从而选择不同的采购方式。这就要求采购员一要善于观察；二要熟悉请购单的具体内容，能做到到货及时，准确无误，质量合格，价钱合理。采购员在平时工作中要拓宽进货渠道，货比三家。为了使本职工作顺利完成，减少压力，一般采取定时进货、临时进货及电话进货等相结合的方式，不断提高工作效率，保证企业各部门用货的需要。

1. 定时进货

一般有经验的采购员，在定时进货问题上分两步进行：一是对可能提前进货的原料如干货（鱼肚、粉丝、淀粉等）、调味品（番茄酱、干辣椒、白糖等）、烟、酒及备用物品，应在防止过分积压或脱销的情况下，适当提前进货以保证库存量；二是保证当日企业各部门所需物品。为保证厨房使用的鲜鱼、蔬菜、豆制品、鲜活海产品，必须当天早上采购，由于有时间性，为保证原料的新鲜程度，必须定时进货。

2.临时进货

临时进货的采购方法，一般在正常采购之外，是为应对临时出现的特殊情况，必须采取的一种紧急采购方式，这是在一般中小餐馆中难以避免的。这里也分两种情况：一是在前一天厨房请购时忘漏的原料，或是由于业务突变，上座率提高，导致原料短缺，需要临时采购保证业务正常运转；二是紧急特殊情况发生，急需的原料或物品，比如由于电闸熔丝断裂导致停电，没有备用的材料，急需采购。当企业出现此种需临时进货的时候，采购员应放下正常的工作，想尽一切办法做好"补救"工作。

3.电话进货

为了减少采购员平日亲自去市场或商店采购的压力，除有些货物必须自己经手办之外，还可以用打电话的方式进行定货、送货。平时采购员多选择一些供货商，多记一些供货商的电话、手机号码，并与他们搞好人际关系，在特殊情况下可协助送货上门，以减轻采购员不必要的劳动强度，达到进货及时、保证需求的目的。

4.外出进货

一般较为上档次的餐馆，由于经营的需要，经常要到原料的原产地进行采购，如较为高档的山珍海味、干货、菌类和野味。为了减少中间环节，降低成本，一般到外埠采购的机会较多。尤其大宗的进货，在选择上既直观，又可防止假冒，价格上也可便宜。这种定期地外出进货，也是采购员的一种采购方式。这就必须要求采购员有分辨和识别原材料的能力及知识，不但要保证原材料的质地，还要了解其出成率的多少。

当然餐饮业进货的方式，由于具体情况不同还有很多种，如集中采购、联合采购、定向采购。究竟企业适合哪种方式，还要根据企业的档次、规模和实力，酌情决定和实施。不管是哪种渠道或者方式，只要最有利于自己的就是最好的。

第二节　电商时代的餐饮采购

一、餐饮采购转型食材集采

集采就是集体购买相同品牌或者是去同一个地方消费选购，别名也叫作团购。

(一)集采的方式

集采的方式主要有下图所示的两种。

集采的方式

1. 网络集采

通过互联网平台,由专业团购集采机构将具有相同购买意向的零散消费者集合起来,向厂商进行大批量购买的行为。也可由消费者在团购网站上发布产品团购信息,自行发起并组织团购或者是网站统一组织活动。

2. 现场集采

首先通过网络平台了解各个活动详情,集合对这个品牌有意向的散客消费者,一起报名参加活动,到达指定的集合现场,现场再推举出一名有能力的"砍价师",带着大家一起向商家砍价,争取优惠和服务。"砍价师"与消费者同进同退。

(二)食材集采的优势

消费者选择食材集采模式具有下图所示的优势。

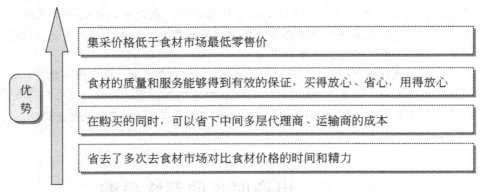

食材集采的优势

(三)食材集采的网络平台

怎样才能选择最优的食材集采平台?虽说网络省去了跑食材市场的时间,但是在网络中筛选靠谱的食材供应商也是让众多餐饮业者感到头疼。餐饮企业可以从下图所示的渠道进行食材集采。

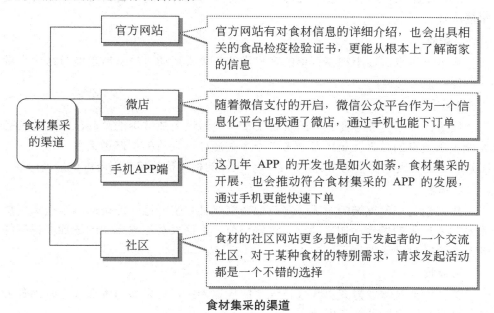

食材集采的渠道

（四）食材集采的要素

食材的集采总是有不同的活动发起人，活动发起人也相当于这样一个活动的组织者。发起人不仅仅是负责发起活动，确定参与集采的人数、集采的种类数量、收货时间，有些还要提供场地集中收货，称量与分货。发起人额外付出的时间与精力，也会带来一定的服务费的收益。

那么不管是活动发起人，还是参与者，对于食材集采看中的要素有哪些？具体如下图所示。

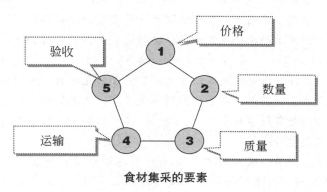

食材集采的要素

1. 价格

这也是集采参与者所看中的部分。具有价格优势的进口食材可以作为食材集采的选择。

2. 数量

集采平台也欢迎小规模订单的客户进驻，集采活动成功进展也能带给中小餐饮同样的价格优势。

3. 质量

质量比价格更加重要，好的食材质量才能保证更加鲜美的菜品，好吃的菜品才能吸引更多的顾客。集采参与者应当多关注订购食材的生产地情况，是否在加工过程中有一定的微生物检测，是否符合国际的检疫检验或者国内进口检疫标准。

4. 运输

集采也是一种直销的方式，订单配送模式是：生产地→冷链运输至仓库→集采发起者提供的场地，如果超出了这些环节，不仅仅是运输成本的增加，也可能会影响食材的口感。

5. 验收

具体的计量派发方式以集采协议中的规定为主，集采参与者在协定时间分装订单食材，发现问题也应及时联系集采平台。

相关链接

生鲜电商用食材节做对接，集采会上见成效

无活动，不电商。对于消费者来说，在虚拟的网络空间，电商平台需要用营销活动一次次来刺激消费者的购买欲。因此，天猫有"双十一"，京东有"6·18"，就连生鲜食品电商本来生活网也有"7·17"。

和天猫、京东不同的是，生鲜食材电商并没有将营销的重点放在线上活动上，而是通过线下活动来拓展影响力，进而达成交易量。诸如，良中行的食材节、众美联的集采活动、鲜易网的招商活动等。

据分析，生鲜食材电商之所以喜欢线下活动，主要有两方面原因：一是生鲜食材电商大多上线不久，很多采购商不太了解，线下活动可以起到很好的宣传推广作用；二是食材不同于其他标准化商品，需要进行体验式消费，线下活动可以做到"先尝后买"。

2013年4月17日，良中行在武汉举行了首届中国食材节。全新的网上订货模式，2天的时间给食材节带来6000万元的交易额。自此，食材节便以每年

一届的频次举行。对于网上订货这种新渠道，很多酒店都表示，这是一种绿色流通机制，可以大幅压缩产品中间营销和流通环节，降低采购成本，提升毛利率，是一种很有价值的阳光采购模式。

和良中行的食材节一样，众美联也有独具特色的线下活动——全球集采会。众美联全球集采会采取现场集采+互动交流的形式，2015年在国内各大城市共设500场主题会场，集采内容涉及餐饮酒店业的各种物品，如米面粮油、调料、肉类、海鲜、酒水饮料、酒店用品等。

此外，集采会成交所涉及产品均由源头供应商商家直供，承诺渠道最低价，市场采购差价在10%~30%。据了解，众美联已经在上海、北京、南京、西安等地举行集采会，成交总金额已经突破3亿元。

二、餐饮B2B采购

（一）B2B采购的概念

B2B采购是指基于或少部分基于互联网技术的采购方式。它是一种在互联网上创建专业供应商网络的基于Web的采购方式。

B2B采购能够使企业通过信息网络寻找合格的供货商和物品，随时了解市场行情和库存情况，编制销售计划，在线采购所需的物品，并对采购订单和采购的物品进行在途管理、台账管理和库存管理，实现采购的自动统计分析。

（二）B2B采购的模式

随着"互联网+"的不断推进，鼓励企业使用电商平台开展采购、推动电商由消费品领域向工业品领域拓展，已经上升至国家战略高度。通过B2B平台进行采购已成为企业采购发展的必然要求，我国B2B行业也有望掀起新一轮的发展热潮。

目前B2B采购的模式主要有以下三种。

1.买方模式

买方模式是指采购方在互联网上发布所需采购的产品信息，由供应商在采购方的网站上投标登录，供采购方进行评估，通过进一步的信息沟通和确认，从而完成采购业务的全过程。买方模式也称为买方一对多模式，其模型如右图

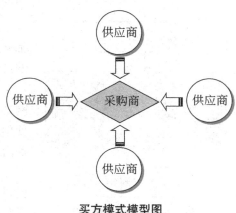

买方模式模型图

所示。

在买方模式中，网站的开发与维护，产品资料的上传和更新维护的工作由采购方单方面承担，供应商只需登录该平台投标即可，这样虽然加大了采购方的资金投入，但采购方可以更加及时和紧密地控制整个信息流与采购流程，有选择性地进行采购，补充货源。

2. 卖方模式

卖方模式是指供应商在互联网上发布其产品的在线目录，采购方则通过浏览来取得所需的商品信息，然后做出采购决策。卖方模式也称卖方一对多模式，其模型如左图所示。

在这种模式里，买方登录卖方系统通常是免费的，采购方通过浏览供应商建立的网站能够比较容易地获得自己所需采购的产品信息，但由于产品的多样性以及供应商的众多，采购商必须寻找更多的供应商系统进行比较，以便于选择性价比最高的合作伙伴完成采购。这样一来又无形中加大了资金和人员的投入。

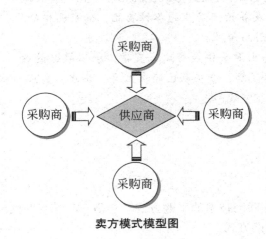

卖方模式模型图

3. 第三方平台模式

第三方交易平台，多以门户网站的形式出现，是指供应商和采购方通过第三方设立的专业采购网站进行采购。第三方交易平台是通过一个单一的整合点，多个采购商和供应商能够在网上相遇，并进行各种商业交易的网络平台。其模型如下图所示。

在这种模式里，无论是供应商还是采购方都必须注册登录第三方交易平台，并在第三方网站上发布求购或提供的产品信息，第三方交易平台负责对这些上传的信息进行整合，然后在网站上及时发布和更新维护，以便于反馈给用户使用，达到促成交易成功的机会，使供应商和采购商从中获益。

目前比较流行的第三方交易平台如阿里巴巴供求平台、慧聪网站、易趣等都是专门为各供应商和采购商提供的专门的网络采购平台。

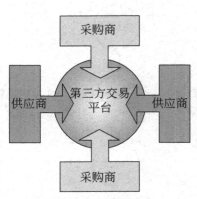

第三方交易平台模型图

（三）主要B2B餐饮采购平台

1. 餐饮采购网

餐饮采购网是一家为用户提供全方位餐饮采购服务的专业B2B采购平台。采购平台包含全套餐饮系列产品，包括餐饮原物料系列、半成品系列、餐饮设备、餐饮用具、餐饮耗材等产品。

餐饮采购网致力于整合餐饮行业资源，紧密结合客户采购需求，为客户提供专业化的采购方案。采购平台包含全套餐饮系列产品，包括餐饮原物料系列、半成品系列、餐饮设备、餐饮用具、餐饮耗材等产品。现有销售70个品类，800多个品种的产品。

餐饮采购网界面

"诚实经营、创新高效、以人为本"是餐饮采购网的核心经营理念。餐饮采购网将通过一流的品质和高效的经营管理，为顾客提供完善、迅速、优质的服务。

2. 鲜易网

鲜易网生鲜超市是河南鲜易网络科技有限公司打造的生鲜食材电商平台，B2B+O2O的服务模式，致力于为生鲜食品企业、餐饮企业用户提供商机发布、品牌传播、网络营销、担保交易、金融服务、仓储物流等多方位、全流程电商服务。

鲜易网界面

鲜易网经营的产品包括：肉类产品、进口食品、方便食品、生鲜食品等百种品类。

3. 众美联商城

众美联商城由众美联（香港）投资有限公司投资设立，小南国集团等作为主发起方的众美联餐饮酒店B2B云采购平台，于2014年12月正式上线交易。

众美联商城界面

众美联商城包含酒店综合用品、厨房用具、粮油调料、食材、酒水饮料、专业设备、办公用品、家具、信息化系统、基建装潢10大品类。

众美联商城具有三大物流体系，具体如下图所示。

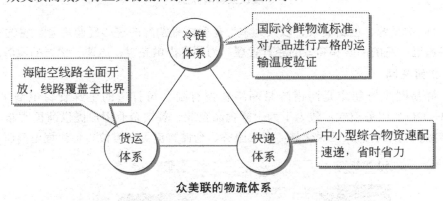

众美联的物流体系

4. 优配良品

优配良品成立于2015年3月，是一家致力于为中小微饭店提供"一站式"的食材供应服务的B2B平台。优配良品90%以上的食材都采取与上游供应商直采的方式，去掉中间冗长的流通环节；同时将食材的质量问题溯源到上游供应商，优配良品的合作供应商在进行食材供应时会给优配良品提供相关检测报告和资质证明，从而最大化地保证菜品的品质。

优配良品界面

三、餐饮O2O采购

O2O是Online To Offline的缩写，即互联网线上商务消费与线下实际商务相结合的商业应用模式。聚集有效的购买群体，并在线支付相应的费用，再凭各种形式的凭据，去线下、现实世界的商品或服务的供应商那里完成消费。

O2O模式的核心很简单，就是把线上的消费者带到现实的商店中去——在线支付购买线下的商品和服务，再到线下去享受服务。

（一）O2O的主要特征

O2O模式的特点在于把线上和线下的优势完美结合。通过网购导航，把互联网与线下店面完美对接，实现互联网落地。让消费者在享受线上优惠价格的同时，又可享受线下贴身的服务。同时，O2O模式还可实现不同商家的联盟。这种模式的主要特征如下图所示。

特征一	O2O模式充分利用了互联网跨地域、无边界、海量信息、海量用户的优势，同时充分挖掘线下资源，进而促成线上用户与线下商品和服务的交易
特征二	O2O模式将线上订单和线下消费结合，所有的消费行为均可以准确统计，进而吸引更多的商家进来，为消费者提供更多优质的产品和服务
特征三	O2O在服务业中具有优势，价格便宜，购买方便，且折扣信息等能及时获知

| 特征四 | O2O 将拓宽电子商务的发展方向，由规模化走向多元化 |

| 特征五 | O2O 模式打通了线上及线下的信息和体验环节，让线下消费者避免了因信息不对称而遭受"价格蒙蔽"，同时实现线上消费者"售前体验" |

O2O的主要特征

（二）主要餐饮O2O采购平台

1. 大厨网

北京大厨网络科技有限公司简称大厨网，成立于2015年，服务城市农产品流通的每一个环节，包括餐馆经理、配送商、贸易商。

大厨网界面

通过优化餐饮企业采购流程，提升农产品流通效率，降低餐饮企业采购成本，促进餐饮企业的蓬勃发展。目标是打造农产品采购"一站式"平台。

大厨网通过优化餐饮企业采购流程，提升农产品流通效率，降低餐饮企业采购成本，促进餐饮企业的蓬勃发展。大厨网具有以下四个服务特色。

（1）"一站式"云采购。

（2）免费配送，急速直达。

（3）保证品质，更低价格。

（4）严选供应商，保证食品安全。

大厨网是一个对接中小餐馆以及传统食材贸易商的中间平台。对中小餐馆而言，大厨网平台让餐厅经理可以在每日清算库存完毕确定了第二日的采购需求后，在大厨网微信账号上选择相应食材商品直接下单，之后只要等待食材在次日餐厅营业前送上门即可。这种方式可以省去传统通过纸质而非线上预订方式所带来的电话与贸易商沟通的时间损耗，或者是自己外出采购的人力成本。

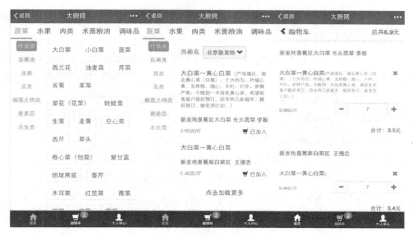

大厨网界面

作为平台，大厨网收集到餐馆的需求后，不会自己去做统一采购，而是将这些需求分发到原本就存在于这个市场上的那些中间食材贸易商和配送商处，由他们来给餐馆进行配送（类似去哪儿网）。平台则负责基于餐厅位置、餐厅大小等标准来为餐馆评判、筛选最适合他们的供应商，优化撮合过程。

大厨网会全程深入并参与到采购、运输和购买的行为中。比如，他们有专门的品控团队去审核供应商的能力，前期也会有同事跟车，和贸易商一起去进行配送，以记录整个配送的过程，了解各个环节可能产生的对时间的影响。

2. 小农女

小农女是一个生鲜电商O2O品牌。餐馆配送模式是小农女2014年启动的全新O2O生鲜电商供应链模式，实现的是城市一级批发商采购到餐馆的模式。

小农女界面

小农女O2O生鲜电商，针对具有做饭需求的年轻白领、小区居民和餐馆，为目标人群提供蔬菜原材料。

小农女生鲜站模式会通过自营和加盟两种方式进行扩张，小农女的愿景是为成为小区居民、城市白领订购生鲜食品的社区平台。小农女的服务种类如下。

（1）蔬菜类　各地蔬菜，当晚到深圳，次日送出，品种丰富。

（2）鲜肉类　正规屠宰，证件齐全，放心采购。

（3）冻品　自建冻品库，品种丰富，多个品牌可选。

（4）粮油干货　日常粮油/各种菜式所需调料。

（5）水果　进口/国产产品应有尽有，批发价格，少量配送。

（6）河鲜海鲜　新鲜宰杀加冰配送/活鲜加水配送。

3. 美菜网

美菜网是北京云杉信息技术有限公司旗下的网站，成立于2014年5月，CEO为刘传军，是一家主打农产品和蔬菜水果的电子商务网站，为原窝窝团创始团队二次创业倾力打造的一个农产品移动电商公司。

美菜网前期以中小型餐饮商户为切入点，专注面向全国近1000万家中小餐饮商户，为客户提供省时省力、省钱省心的农产品的同时将合作餐厅拓展成为全媒体平台，用自身优势为餐厅经营战略提供顾问服务。

美菜网界面

美菜网的具体操作模式为用户在网络下单，平台集中采购物流配送。实际上，美菜网牵涉到采购、物流、销售与互联网产品设计。

4. 通赢天下网

通赢天下网是中国酒店与餐饮行业的O2O餐饮酒店采购电子商务服务平台，是酒店餐饮采购、供应商销售、寻求招商合作最佳的酒店行业服务性电子商务网站。

通赢天下网创建于2011年9月，是一家主要从事酒店点餐系统软件开发、餐饮二维码支付、餐饮酒店行业管理咨询、培训、招商加盟、策划设计的高新技术企业。

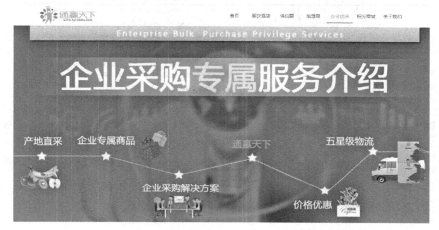

通赢天下网界面

通赢天下网全面关注餐饮酒店采购、生产制造和渠道市场，具有商务、搜索、资讯、管理、专题、人才、培训、行业杂志等多种功能，为酒店、宾馆、酒楼、会所和供应商之间构建供求信息平台，是中国餐饮与酒店行业首家实现"阳光采购"的全过程电子商务的网站。

四、餐饮APP采购

APP是Application的缩写，俗称客户端。一开始只是作为一种第三方应用的合作形式参与到互联网商业活动中去的，之后随着互联网越来越开放化，以及智能手机的流行，APP成为很流行的第三方应用程序。

（一）采购APP认知

采购APP是一个手机平台，通过APP平台可以让餐饮企业将需要采购的各种食材在平台上下单预订，平台接到订单后负责统一配送上门。这种方式可以在为餐饮企业提供质优价廉的食材的同时，为其节省很高的时间和采购成本。采购APP的出现，为餐饮企业采购食材开创了新模式。

（二）采购APP的功能

目前餐饮业大都采取传统的市场选货的采购方式，在采购、运输、结算等相关环节上普遍存在着下图所示的弊端。

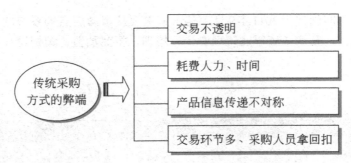

传统采购方式的弊端

以上这些问题都直接影响着餐饮企业的经营管理。而采购APP平台的出现将减少中间环节,让交易变得透明、高效、数据化。

采购APP的应用,帮助中小餐馆将食材的采购渠道进行了最大化的压缩与精简,客户只需登录平台订购,所需食材就能配送上门,免去了量小、类多又需多处购买食材的麻烦,从而替中小餐馆节约了时间和交通成本。

(三)主要的采购APP平台

适合目前大多数餐饮企业采购用的APP主要有如下几种。

1. 链农APP

链农APP是餐饮商家全品类原材料的供应商,也是餐饮商家的集中采购平台,其致力于运用互联网的优势,使得新鲜的蔬菜更高效、更优质、更低价、从田间送到餐厅。

(1)链农依托其研发的APP平台,中小餐馆经理或采购员可通过APP在每天晚上9~12点下单,"链农"在12点半前汇总需求,再进行集中采购和配送。

链农APP界面

(2)期间，收到订单的供应商根据"链农"平台需求再将货物送到"链农"仓库，"链农"人员则在晚上12点半到凌晨4点完成采购及分拣，凌晨4点后再由货运车辆分送到各个中小餐厅。

自2014年6月成立以来，"链农"人员扩张很快，已达200人，其中，有60%是采购、分拣、配送的人。在"链农"平台需求中，蔬菜品类占30%，其次是冷冻货物，再次是调料。

链农能赢得中小餐馆青睐，原因是中小餐厅有以下两个痛点。

（1）中小餐厅采购量小，无价格优势。

（2）中小餐厅采购会耗费人力，产生车辆使用费用，而"链农"可免费送货上门，多次补货。

餐饮行业还有个不透明地方——回扣，这也是餐饮经理深恶痛绝的地方，通过类似"链农"这样的平台采购，由于价格透明，可避免餐饮经理最反感的回扣事件产生，能赢得经理欢迎。

2. 天平派APP

天平派APP，是一款餐厅食材配送的APP。用户在线下单后，配送人员会在次日根据餐厅的规定时间送货上门。只要在线下单，系统就会及时处理订单信息，第一时间送货上门，彻底解决了餐饮行缺菜、少菜的问题。

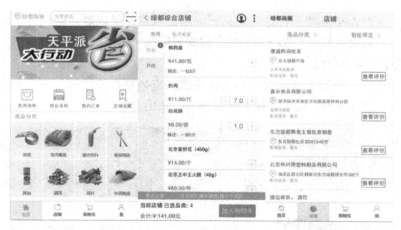

天平派APP界面

天平派APP具有如下特色。

（1）为用户提供了海量、优质的新鲜蔬菜资源。

（2）天平派商城涵盖所有品类：蔬菜、肉类、冻货类、熟食、调料、米面粮油、餐厨用品、一次性用品、酒水、水果等，新鲜优质，货真价实，货比三家，对所售商品提供专业的质量监管，制定食材购销服务标准。

（3）餐饮企业可通过APP移动端下单，建议在当天晚上12:00之前完成订单，第二天上午根据餐厅的规定时间配送到门。

3. 美菜商场APP

美菜商城APP是一款餐饮食材配送类手机软件，主要为广大餐饮商家提供新鲜蔬菜、肉类、鱼类等生鲜食材，以及粮油、调料等调品，选购方便，送货速度快，食材新鲜，足不出户就能购得好食材。

美菜商场APP界面

美菜商城APP专注于打通从地头到终端的农产品供应链，全流程精细化管控菜品从田间到餐桌的每一处细节，使之做到有源头可追溯。

4. 餐饮采购APP

餐饮采购APP是一款详细介绍餐饮采购情况的平台，本地资讯、身边人、身边事，第一时间掌握，阅读简便，信息丰富，使用方便。

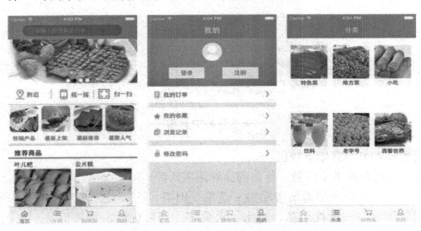

餐饮采购APP界面

5. 优厨网APP

优厨网APP是一款电商厨具服务平台，涵盖关于厨房一切商品的需求，手机用户一键搜索自己的商品信息，畅享优惠、便捷的生活，买卖实名认证，先行赔付，安全交易有保障。

优厨网立足餐厨供应链，对接源头供应商，服务于全国千万餐饮商家，为餐馆、酒店、食堂的后厨采购提供轻松便捷、安全实惠的采购渠道。

优厨网APP界面

6. 餐馆无忧APP

餐馆无忧APP是一款专为餐厅打造的食材服务软件，为餐厅提供方便、快捷、安全的食材配送，满足各种食材要求。其具有如下应用特色。

餐馆无忧APP界面

（1）餐馆无忧是国内最大调味品B2B配送平台，拥有多达5000个品种的调味品。

（2）餐馆无忧平台大幅减少了商品从厂家到餐馆的流通过程，不仅避免了假货的流入，更让餐馆能以低于市场价20%的折扣获取正品食材。

（3）餐馆可以通过手机APP和"餐馆无忧"微信注册下单，注册完成，平台立刻配备专属客服，解决一切关于食材采购的问题。

（4）当天下单，第二天准时送达，下单满1元免运费的强大供应链体系，让餐馆的采购不再是难题。

第三节　采购成本控制

采购成本的控制是餐饮企业成本控制的关键环节。抓好采购管理、控制采购成本无疑是餐饮企业成本控制的根本保证，使原料的质量符合企业的要求，有利于食品成本的核算，有利于餐饮企业各项工作的顺利进行和维护消费者的利益。因此，加强采购管理和控制采购成本是餐饮企业进行现代化管理的需要，是餐饮企业保持竞争力的需要。

一、从采购质量上控制成本

餐饮企业必须把好原材料的质量关，保证采购的原材料没有变质的情况。餐饮企业可以根据烹制各种菜肴的实际要求，制定各类原料的质量采购标准，并在采购中坚持使用。食品原料质量标准，一般包括下图所示的几个方面。

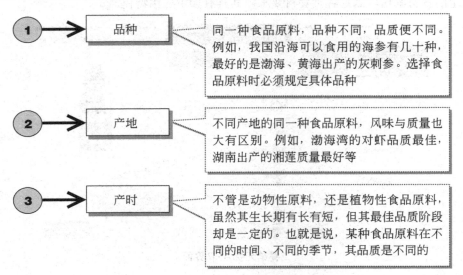

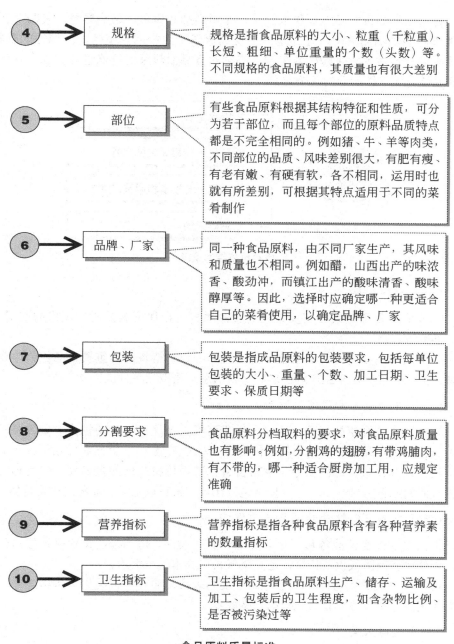

食品原料质量标准

二、从采购价格上控制成本

食品原料的价格受市场供求变化、原料品种和质量、采购数量、采购渠道以及供货商的影响而波动,尤其是许多食品原料受生产的季节性、区域性的影响。为了降低餐饮成本,采购部或采购员必须对食品原料采购价格进行控制。其控制途径主要有如下图所示的几个方面。

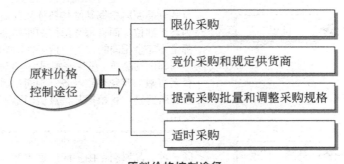

原料价格控制途径

（一）限价采购

限价采购是指对某些需要采购的食品原料,在保证其品质、规格的前提下,限定其购进价格。

限价采购主要是针对价格波动且又频繁的、价格较高的重要食品原料,要求管理人员比较准确地掌握市场供求和价格信息,采取指令性的采购价格。

（二）竞价采购和规定供货商

报价时要公开招标,请三家以上供货商根据餐厅对原料的规格、质量要求报价,物价小组按品种、日均用量、价格等"对号入座",计算出餐厅招标品种的日均价格,通过比较,选出质量、规格符合标准而价格最低的供货商,然后再将中标供货商的原料价格与市场综合价格进行比较,最后确定每一品种的进货价格。

（三）提高采购批量和调整采购规格

根据餐厅的经营业务量、流动资金和储存条件,适当提高每次采购原料的批量,可使供货商降低供货价格,这是降低采购成本的一个途径。

在不影响采购质量的情况下,调整采购规格,如变小包装为大包装或变一等货为统货等,也可降低食品原料的采购成本。

（四）适时采购

市场上有些食品原料价格变动较大,通常应时原料刚上市时价格较高,随着上市量的增多,价格回落。

当应时原料刚上市，价格较高时，可按营业需要适量采购。当原料上市量增多，价格回落时，如果能够确切掌握市场供求和价格信息，根据经营需要和可能条件，适时批量采购，以备价格又升高时使用，可降低厨房的原料成本。

三、从采购数量上控制成本

一般情况下，大量采购是降低成本的秘诀，但这种方法对餐饮企业来说，却不完全适用。对于餐饮企业来说，订货数量的确认，必须经过订货人员审慎考虑与计算过各种因素，才可下单给供应商。确认订货数量的方法，如下图所示。

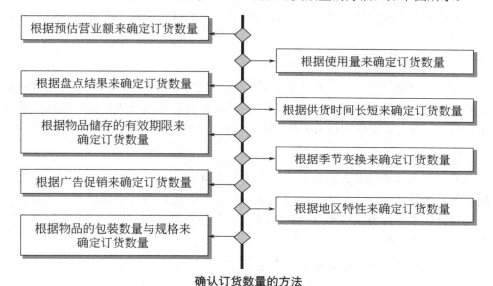

确认订货数量的方法

（一）根据预估营业额来确定订货数量

营业额的高低，直接影响到物品的使用量。所以在订货时，首要考虑的因素，就是打算做多少生意，亦即预估营业额，以此来反推需准备多少的原物料。计算时，可以每万元或某一固定金额的营业额所耗用的物料的平均数作为参考依据，再算出要达成预估营业额时的物料需求量。

（二）根据使用量来确定订货数量

餐厅各项原物料过去的使用情形，也可作为订货的一项重要参考资料。在一般情形下，可以前一期的使用量作为下一期订货的依据。所以长期性地累积记录各项物料的耗用情形，非常重要。

（三）根据盘点结果来确定订货数量

通过盘点结果，可让采购员清楚了解现在店内还剩余多少物料，有哪些原料不够了需要订货。所以盘点的正确与否,是影响订货准确性的重要因素之一。

(四)根据供货期间长短来确定订货数量

订货时,还须考虑供货商供货时间的长短,即接受订单后要多久才能将货品送到,下一次送货是什么时候。因为各供应商提供物品的到货时间或送货期间不尽相同,因此订货时必须依据供货期间,订足够的量。

(五)根据物品储存的有效期限来确定订货数量

餐饮服务业食品类有效期限的控制,是确保品质的重要方法之一。所以订货时,其储存有效期限也不可轻视,也就是订货量的可耗用期限不可超过储存的有效期限。

(六)根据季节变换来确定订货数量

季节的更迭、天气的变化,往往会影响到菜式及原物料的使用量;同时更重要的是,这些变化是生鲜食品供应期间,产量多寡、品质好坏与价钱高低的最主要指标,订货人员须确实与采购及使用人员密切配合,以期达到采购的最高效益。

(七)根据广告促销来确定订货数量

为了提高营运绩效,或增强竞争能力,或刺激消费等特定原因,现今餐饮业越来越重视广告促销。由于促销常常会打破原有物品耗用的正常比例,因此订货人员须对促销的内容、对象及企划部门的预期目标详加了解,并适度调整订货量,以配合促销活动的进行。

(八)根据地区特性来确定订货数量

对于连锁经营的餐饮服务业来说,每家分店都会因为所在地点商圈特性的不同,而在各项产品的销售比例上有所差异。因此在订货时,也须考虑这些差异性所造成的影响。

(九)根据物品的包装数量与规格来确定订货数量

已决定要订多少数量后,最后要注意的是,订货量必须考量此项物品的包装内容量,而做适当的调整。

相关链接

餐饮中控制原料采购数量的方法

为了降低成本,减少资金的占用,从而提高经济效益,餐饮店在采购时,应采取勤进快销的原则，控制好日常食品原料的采购数量。具体采购数量的确定方法如下。

1. 鲜货类食品原料数量控制

鲜货原料容易变质，不耐久存，采购回来后要保证在较短的时间内就能全部使用，但应该如何控制这个量却不太好把握，因此采购员可根据以下公式来确定。

应采购数量＝需使用数量－现有数量

2. 干货类食品原料数量控制

干货类食品原料数量控制方法有以下两种。

（1）定期订货法　定期订货法即订货周期固定不变，例如每周订货一次或每两周订货一次，甚至有些可以更长时间订货一次。定期订货的数量可以根据现有库存和在下一个周期内所需要的量来确定。每到订货日期时，仓库管理员都要对库房进行一次盘点，最后确定订货数量，以确保原料供给正常。

具体确定方法可参照以下公式

订货数量＝下期需用量－现有数量＋期末需存量

例如：一家餐厅每月需订购罐装午餐肉一次，平均每天需消耗10罐，订购期为4天，即订完货后需要4天的时间，货才能到店里。仓库管理员在订货日经盘点，发现库存午餐肉还有50罐。

有了这些信息，就可以决定采购数量。为了预防因交通、天气等原因造成供应间断，期末还需有一定的存量才行。一般情况下，期末存量为期末需存量的50%即可。因此，需要订的午餐肉数量就为30×10－（50＋10×4×50%）＝230（罐）。

（2）永续盘存法　永续盘存法是对所有入库及发料保持连续记录的一种存货控制方法，通过永续盘存表来指导采购。从控制角度来看，这种方法要比定期订货法更优越。但要想得到精确的数字，就需要由专业人员来做记录，因此一般只有大的餐饮企业才使用这种方法。

例如：一家餐厅罐装午餐肉日平均消耗为10罐，订购期为4天，最高储备量为200罐，再订购点为40罐。当仓库保管员发现发出10罐后，最后还剩40罐时，向采购员通知要求订购。永续盘存法的订购数量仍按定期订货法的公式计算，但要注意的一点是，其中的最高储备量也就是下期需用量。所以餐厅需订购罐装午餐肉的数量应为：200－（40＋10×4×50%）＝140（罐）。

3. 餐饮原料采购数量控制

容易腐烂的餐饮原料通常是直接进入厨房的。易腐餐饮原料由厨房依照正常使用量、各种餐饮预订情况和其他一些餐饮任务所需原料来定采购数量。

> 半易腐餐饮原料以及不容易腐烂的餐饮原料,一般由仓库保管并报采购数量。因此,采购的具体数量由两方提供:一是厨房;二是仓库管理员。
>
> 由于厨房采购的原料多为易腐原料,因此,其采购数量还应根据市场预测、天气变化、节假日等因素做适时调整。

四、从采购员上控制成本

聘用合格的采购员是加强采购管理和控制采购成本的必要条件。采购战略和具体措施的实施是由采购员来完成的,因此采购员的选择对采购成本的控制有着举足轻重的作用和影响。一名好的采购员能为企业带来可观的经济效益。一名合格的餐饮采购员必须具备下图所示的素质。

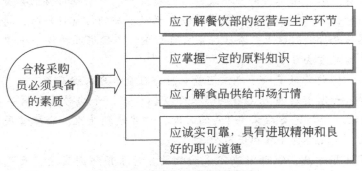

合格采购员必须具备的素质

(一)应了解餐饮部的经营与生产环节

采购员要熟悉餐饮部的菜单,熟悉厨房加工、切配、烹调的各个环节的要求,了解本餐厅在餐饮企业的市场定位,掌握各种原料的消耗情况、加工的难度及烹调方法和特点;及时掌握原料的库存情况及经营动态。

(二)应掌握一定的原料知识

采购员要懂得如何选择各种原料,了解不同原料的质量、规格和产地,不同季节原料的特点,对原料的品质有一些独特的鉴定方法。

(三)应了解食品供给市场行情

采购员要及时了解原料市场的供给情况,熟悉市场行情,并且与供应商保持良好的合作关系,及时掌握市场价格的变动。

(四)应诚实可靠,具有进取精神和良好的职业道德

为应对灵活多变的价格,需要诚实可靠的采购员。同时由于采购员工作的特

殊要求，其工作时间较为特殊，有时为了保证原料的新鲜，必须早上四点钟出发，趁早赶到市场，在中午营业前必须赶回，以确保正常营业。这样的工作不仅需要较好的身体素质，更需要可贵的职业道德。

相关链接

餐饮企业采购成本控制的具体措施

目前餐饮企业基本是由使用部门申请，采购部门负责采购。这种分工合作有其优点，但也存在一定的弊端，其突出表现是：使用部门往往强调材料质量而忽视对价格的控制，致使成本上升。为改变这种局面，应设置严格规范的采购制度和监督机制，控制采购成本。

1. 建立原材料采购计划和审批流程

厨师长或厨房部的负责人每天晚上，保管人员每周或每半月，定期根据本企业的经营收支、物质储备情况确定物资采购量，并填制采购单报送采购计划员。采购计划员根据采购需求，结合采购计划制定采购订单，并报送采购总经理批准后，方可向供应商下订单。

2. 建立严格的采购询价报价体系

采购部设立专门的市场信息员，定期对日常消耗的原料、辅料进行广泛的市场价格咨询。坚持货比三家的原则，对物资采购的报价进行分析反馈，发现差异并及时督促纠正。对于每天使用的蔬菜、肉、禽、蛋、水果等原材料，采购员根据市场行情每周或每半个月公开报价一次，并召开定价例会，定价人员由使用部门负责人、采购员、物价员、库管人员组成，对供应商所提供物品的质量和价格进行公开、公平的选择。

3. 建立严格的采购验货制度

库管员对物资采购实际执行过程中的数量、质量、标准、计划以及报价，通过严格的验收制度进行把关。对于不需要的超量进货、质量低劣、规格不符及未经批准采购的物品有权拒收，对于价格和数量与采购单上不一致的及时进行纠正，验货结束后库管员要填制验收凭证。

4. 建立严格的报损报失制度

餐饮企业针对容易变质、变坏的海鲜以及烟酒、果蔬等物资应制定严格的报损报失制度。报损由部门主管上报财务库管，按品名、规格、重量填写报损单，报损品种需由采购部经理鉴定分析后，签字报损。报损单汇总后每天报送财务经理，对于超过规定报损率的要说明原因。

5. 严格控制采购物资的库存量

根据餐饮企业的经营情况合理设置库存量的上下限，并通过计算机进行管理。当库存量达到下限时由计算机自动报警，及时补货；对于滞销菜品，通过计算机统计出数据，及时减少采购库存量，或停止长期滞销菜的供应，以避免原材料变质造成的损失。

6. 建立严格的出入库及领用制度

物流部应制定严格的库房管理制度，并根据烟酒、鲜活、肉蛋、调料、杂品等物资的特性来制定不同的领用手续。保管人员要严格按照规章制度办理出入库手续，财务部的监管人员每月定期对库房进行盘点，这样才能有效保证库房物资的账实相符。

第四节 采购中食品安全控制

不同于其他采购，餐饮业采购关系到顾客的人身安全，因此，在采购中必须格外慎重，严格按照相关的食品安全管理办法执行。下面介绍在食品采购各环节中应该注意到的食品安全问题。

一、从供应商环节控制

选择合格供应商是保证食品安全的第一步，餐饮企业在选择供应商时必须考虑下图所示的因素。

因素一	合格供应商应有生产或销售相应种类食品的许可证
因素二	合格供应商应具有良好的信誉
因素三	对于大量使用的食品原料，应建立相对固定的原料供应商和供应基地
因素四	不定期到实地检查供应商，或抽取原料样本送到实验室进行检验
因素五	针对每种原料确定备选供应商，以便在一家供应商因各种情况停止供货时，能够及时从其他供应商处采购到符合要求的原料，以免发生因原料断货影响企业正常运营的情况

选择供应商应考虑的因素

为有效控制供应商所提供食品的质量与卫生安全，餐饮企业应当与供应商签订进货安全协议书。

下面提供一份食品供货安全协议的范本，仅供参考。

【实战范本】食品供货安全协议 ▶▶▶----------------------------------

食品供货安全协议

甲方：_____（餐饮企业）

乙方：_____（供应商）

为了保障上市食品的卫生安全，保护消费者的合法权益，根据我国《消费者权益保护法》《食品卫生法》《关于加强食品等产品安全监督管理的特别规定》及《流通领域食品安全管理办法》等有关规定，双方经友好协商签订此协议，具体条款如下。

第一条　供应产品名称：_____。

第二条　协议有效期：自_____年____月____日起至_____年____月____日止。期满本协议自动终止，如双方有意续约应另行签订。

第三条　乙方保证其所供应食品的包装、质量规格、卫生安全及营养成分均符合相关食品的国家质量、卫生、安全法律法规（地方、行业）的相关规定。

第四条　在交货前，乙方应对供应食品的质量、卫生、安全等进行详细全面的检验，并出具检验检疫证书，该证书将作为供应食品单据的一部分。该检验检疫证书中有关的质量、卫生、安全的检验检疫不应视为最终检验。

第五条　乙方还必须主动提供卫生许可证书、营业执照、产品合格证、检验及检疫证明等复印件并签字。

第六条　乙方同意在协议有效期内随时接受甲方抽验产品，以确保供应食品的品质、卫生、安全及营养成分符合要求，检验费用由乙方承担。

第七条　如经确认确有不符合卫生、安全要求和质量标准的产品，乙方愿意无条件退货或换货，并在所供应食品有效期之前将该食品回收完毕。

第八条　乙方所供应食品如因质量、卫生、安全不符合国家（地方、行业）相关规定以致损害消费者的健康及权益，经查明属实时，乙方愿负法律责任并赔偿责任。

第九条　乙方供应产品如因违反相关质量、卫生、安全的法律法规而损害甲方的权益时，乙方愿负赔偿责任。

第十条　本协议经双方同意后订立，双方应共同遵守。

第十一条　本协议一式两份，甲乙双方各执一份，效力等同。

甲方（盖章）：＿＿＿＿＿＿　　　　乙方（盖章）：＿＿＿＿＿＿

代表人（签字）：＿＿＿＿＿＿　　　代表人（签字）：＿＿＿＿＿＿

地址：＿＿＿＿＿＿＿＿　　　　　　地址：＿＿＿＿＿＿＿＿

电话：＿＿＿＿＿＿＿＿　　　　　　电话：＿＿＿＿＿＿＿＿

＿＿＿年＿＿月＿＿日　　　　　　　＿＿＿年＿＿月＿＿日

二、从原料采购环节控制

《食品安全法》已对食品生产者采购食品作出了明确规定，主要有以下内容。

（1）第五十条规定：食品生产者采购食品原料、食品添加剂、食品相关产品，应当查验供货者的许可证和产品合格证明；对无法提供合格证明的食品原料，应当按照食品安全标准进行检验；不得采购或者使用不符合食品安全标准的食品原料、食品添加剂、食品相关产品。

（2）第五十三条规定：食品经营者采购食品，应当查验供货者的许可证和食品出厂检验合格证或者其他合格证明（以下称合格证明文件）。

（3）第五十四条规定：食品经营者应当按照保证食品安全的要求储存食品，定期检查库存食品，及时清理变质或者超过保质期的食品。

（4）第五十五条规定：餐饮服务提供者应当制定并实施原料控制要求，不得采购不符合食品安全标准的食品原料。倡导餐饮服务提供者公开加工过程，公示食品原料及其来源等信息。

（一）选购无公害食品

无公害食品是指应用无公害技术进行生产，经专门机构检测认定，使用无公害农产品标志的未经加工或者经过初步加工的食用农产品。

无公害农产品标志

无公害农产品标志由绿色和橙色两种颜色组成。该标志说明农产品通过了无公害检测，消费者可以放心购买、安心食用。根据《无公害农产品标志管理办法》规定，获得无公害农产品认证证书的单位和个人，可以在证书规定的产品或者其包装上加印无公害农产品标志，用以证明产品符合无公害农产品标准。

无公害食品加工的安全控制要求如下。

（1）选用原料必须是无公害农产品。

（2）加工用水要符合无公害农产品加工用水标准要求。

（3）所用设施、设备、器具安全、无污染，不会对人体健康和环境产生影响。

(4)所用食品添加剂符合法律、法规和生产标准要求,并经主管部门、卫生部门及其他有关部门共同批准。

(5)有相应的专业技术和管理人员。

(6)有完善的质量控制措施,有完整的生产和销售记录档案。

(二)选购绿色食品

绿色食品,是指产自优良生态环境、按照绿色食品标准生产、实行全程质量控制并获得绿色食品标志使用权的安全、优质食用农产品及相关产品。

1.标识辨认

绿色食品标志由特定的图形来表示。绿色食品标志图形由三部分构成:上方的太阳、下方的叶片和中间的蓓蕾,象征自然生态。标志图形为正圆形,意为保护、安全。颜色为绿色,象征着生命、农业、环保。

AA级绿色食品标志与字体为绿色,底色为白色;A级绿色食品标志与字体为白色,底色为绿色,如下图所示。

AA级绿色食品标志　　　　A级绿色食品标志

整个图形描绘了一幅明媚阳光照耀下的和谐生机,告诉人们绿色食品是出自纯净、良好生态环境的安全、无污染食品,能给人们带来蓬勃的生命力。

绿色食品标志提醒人们要保护环境和防止污染,通过改善人与环境的关系,创造自然界新的和谐。

2.选购标准

在采购绿色食品时要做到"五看",具体如下表所示。

绿色食品选购"五看"

序号	类别	说明	备注
1	看级标	A级和AA级同属绿色食品,除这两个级别的标志外,其他均为冒牌货	
2	看标志	绿色食品的标志和标袋上印有"经中国绿色食品发展中心许可使用绿色食品标志"字样	

续表

序号	类别	说明	备注
3	看标志上标准字体的颜色	（1）A级绿色食品的标志与标准字体为白色，底色为绿色，防伪标签底色也是绿色，标志编号以单数结尾 （2）AA级绿色食品使用的绿色标志与标准字体为绿色，底色为白色，防伪标签底色为蓝色，标志编号的结尾是双数	
4	看防伪标志	绿色食品都有防伪标志，在荧光下能显现该产品的标准文号和绿色食品发展中心负责人的签名	
5	看标签	（1）绿色食品的标签符合国家食品标签通用标准，食品名称、厂名、批号、生产日期、保质期等内容齐全 （2）检验绿色食品标志是否有效，除了看标志自身是否在有效期内外，还可以进入绿色食品网查询标志的真伪	

（三）选择有机食品

有机食品也叫生态或生物食品，是国际上对无污染天然食品比较统一的提法。有机食品通常来自于有机农业生产体系，是根据国际有机农业生产要求和相应的标准生产加工的。除有机食品外，国际上还把一些派生的产品如有机化妆品、纺织品、林产品或有机食品生产而提供的生产资料，包括生物农药、有机肥料等，经认证后统称有机产品。

有机食品标志

有机食品标志采用人手和叶片为创意元素。其一是一只手向上持着一片绿叶，寓意人类对自然和生命的渴望；其二是两只手一上一下握在一起，将绿叶拟人化为自然的手，寓意人与自然需要和谐美好的生存关系。

该标志是加施于经农业部所属中绿华夏有机食品认证中心认证的产品及其包装上的证明性标识。

1. 主要品种

有机食品主要包括一般的有机农产品（例如有机杂粮、有机水果、有机蔬菜等）、有机茶产品、有机食用菌产品、有机畜禽产品、有机水产品、有机蜂产品、有机奶粉、采集的野生产品以及用上述产品为原料的加工产品。

国内市场销售的有机食品主要是蔬菜、大米、茶叶、蜂蜜、羊奶粉、有机杂粮、有机水果、有机蔬菜等。

2. 判断标准

（1）原料来自于有机农业生产体系或野生天然产品。

（2）有机食品在生产和加工过程中必须严格遵循有机食品生产、采集、加工、包装、储藏、运输标准。

（3）有机食品生产和加工过程中必须建立严格的质量管理体系、生产过程控制体系和追踪体系，因此一般需要有转换期；这个转换过程一般需要2～3年时间，才能够被批准为有机食品。

（4）有机食品必须通过合法的有机食品认证机构的认证。

相关链接

食品采购要查验索取有关票证

为便于溯源，采购员要索取并保留购物发票或凭证并留存备查。送货上门的，必须确认供货方有卫生许可证，并留存对方联系方式，以便发生问题时可以追溯。千万不能贪图价格便宜和省事，随意购进无证商贩送来的食品或来路不明的食品原料。

1. 查验有关证明

采购员在采购食品原料前，要查验以下证明。

（1）供应商和生产单位的食品卫生许可证（未经加工的农产品除外）。

（2）加工产品的生产单位的生产许可证。

（3）加工产品的检验合格证（检验机构或生产企业出具）。

（4）畜禽肉类（不包括加工后的制品）的检疫合格证明（动物卫生监督部门出具）。

（5）进口食品的卫生证书（口岸食品监督检验机构出具）。

（6）豆制品、非定型包装熟食卤味的送货单（生产企业出具）。

2. 索证注意事项

（1）许可证的经营范围应包含所采购的食品原料。

（2）检验合格证、证书上产品的名称、生产厂家、生产日期或批号等与采购的食品应一致。

（3）送货单、检疫合格证明上的日期、品种、数量与供应的食品应相符。

（4）批量采购时，应查验食品生产经营许可证、检验合格证、检疫合格证明、进口食品卫生证书、豆制品送货单、熟食送货单等。

三、从原料验收环节控制

采购食品的质量验收工作主要由采购员、仓管员及使用部门相关人员共同负责,验收时应注意以下事项。

（一）运输车辆

查看车厢是否清洁,是否存在可能导致交叉污染的情形,车厢温度是否符合食品储存温度要求等。

（二）相关证明

相关验收员应在验收时要求供应商提供卫生、质量等方面的相关证明,并做到货证相符。

（三）温度

（1）产品标注保存温度条件的,应按规定条件保存。

（2）散装食品或没有标注保存温度条件的,具有潜在危害的食品应在冷冻（零下18摄氏度以下）或冷藏（5摄氏度以下）条件下保存,热的熟食品应在60摄氏度以上条件下保存。

（3）测量包装食品时应将温度计放在两个食品包装之间,测量散装食品时应把温度计插入食品的中心部分。

（4）温度计使用前应进行清洁,测量直接入口食品的温度计应进行消毒。

（四）标签

标签主要包括品名、厂名、生产日期、保质期限、到期日期、保存条件、食用或者使用方法、"QS"标志等。

（五）感官

食品质量的感官鉴别主要有看、闻、摸等几种方式,具体如下图所示。

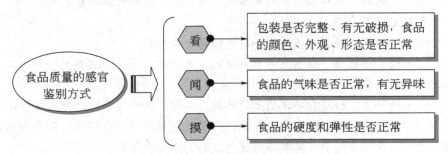

食品质量的感官鉴别方式

（六）其他

冷冻、冷藏食品应尽量减少在常温下的存放时间,已验收的食品要及时冷冻、冷藏,不符合要求的食品应当场拒收,并做好验收记录。

第四章
餐饮企业"五常法"管理

引言

"五常法"即常组织、常整顿、常清洁、常规范、常自律的简称,是当今餐饮企业广为推崇的、先进的自身卫生管理模式,也是强化餐饮经营卫生意识,提高卫生管理水平,促进企业员工自律,消除餐饮卫生安全隐患的一种有效手段。"五常法"的要义是"工作常组织,天天常整顿,环境常清洁,事物常规范,人人常自律"。

运用"五常法"管理能对餐饮企业的安全、卫生、品质、效率、形象等进行科学有效的提升,是生产高品质产品、提供高品质服务、杜绝或减少浪费、提高企业效率、树立企业形象的最佳途径。

第一节 "五常法"概述

一、"五常法"的含义

"五常法"是用来创造和维护良好工作环境的一种有效技术，包括常组织、常整顿、常清洁、常规范、常自律。它源自五个以"S"为首的日本字，故又称为"5S"。

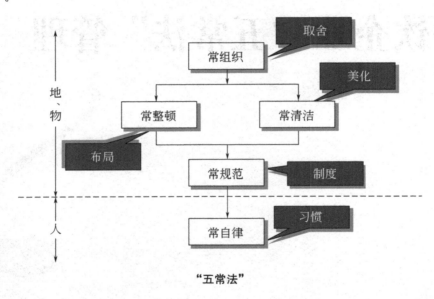

"五常法"

（一）1S——常组织

定义：判断必需与非必需的物品，并将必需物品的数量降低到最低程度，将非必需的物品清理掉。

目的：把"空间"腾出来活用并防止误用。

（二）2S——常整顿

定义：要用的物品依规定定位、定量、明确标示地摆放整齐。

目的：整齐、有标示，不用浪费时间寻找物品，30秒找到要找的物品。

（三）3S——常清洁

定义：清除工作场所各区域的脏乱，保持环境、物品、仪器、设备处于清洁状态，防止污染的发生。

目的：环境整洁、明亮，保证取出的物品能正常使用。

（四）4S——常规范

定义：连续地、反复不断地坚持前面3S活动。就是要养成坚持的习惯，并辅以一定的监督措施。

目的：通过制度化来维持常组织、常整顿、常清洁的成效。

（五）5S——常自律

定义：要求人人依规定行事，养成好习惯。

目的：改变"人的素质"，养成工作认真规范的好习惯。

二、餐饮企业实施"五常法"的意义

目前，虽然流行有许多先进的内部管理方法，但不少企业总是感到现有的许多管理方法仍不尽人意，特别在成本控制和工作效率提高等方面，体现不出明显的优势。因此，企业往往是钱投入了不少，制度也制定了不少，但是，所产生的预期效果多未能如愿。由此，对实施"五常法"管理，也抱有了怀疑及担心，担心"五常法"同样不会给自己带来效益，所以，怕投入的人力、物力、财力又会付之东流。其实，企业的这些担心恰恰正是"五常法"管理实施后，能够直接让企业感受和体会到浪费减少、效率提高、形象提升等发生的变化。具体实施意义可归纳为五个方面。

（一）切实提升企业品质、品牌的保障

（1）被顾客称赞为整洁的餐饮企业，顾客乐于前来消费。

（2）由于口碑相传，会在同行中树立典范形象。

（3）清洁明亮的工作环境，管理有序的运作氛围，会吸引更多的人才，提高了总体素质。

（二）开源节流的法宝

（1）降低很多不必要的物品的浪费。

（2）减少寻找物品的时间，提高了工作效率。

（3）"五常法"也是时间的"守护神"，能降低工时，不会延迟工作。

（三）提供安全卫生餐饮环境的保证

（1）宽广明亮、视野开阔的工作场所，能使人流、物流一目了然。

（2）物品堆放定点定位，标识明显，避免交叉污染，杜绝物品使用差错。

(3) 走道清洁畅通，不会造成杂乱情形而影响工作的顺畅和突发事件的疏导。

（四）标准化的推动者

(1) 大家都正确地按照规定执行任务。
(2) 建立全能的工作机会，使任何员工进入现场即可展开作业。
(3) 程序稳定，成本合理，服务质量可靠。

（五）形成令人满意的工作环境

(1) 明亮、清洁的工作场所，能使员工保持良好的工作心情。
(2) 员工业务素质提高，有示范作用，可激发员工积极性。
(3) 能带动现场全体人员不断完善、保持整洁的工作环境与良好的工作氛围。

三、"五常法"管理的组织与职责

（一）管理组织

餐厅可设立"五常法"专门管理小组，由餐厅负责人兼任该管理小组组长，全面负责"五常法"的实施及管理，管理小组人数应为单数。小组内设"五常法"执行主管、"五常法"督察人员、部门主管。具体的关系安排如下图所示。

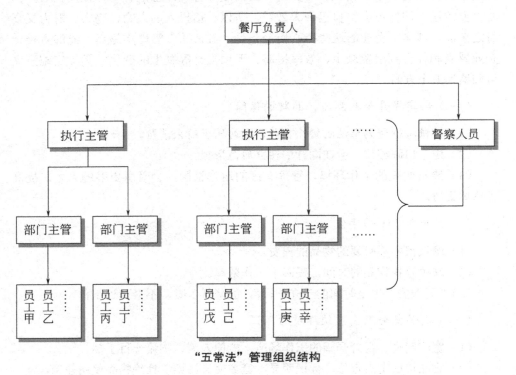

"五常法"管理组织结构

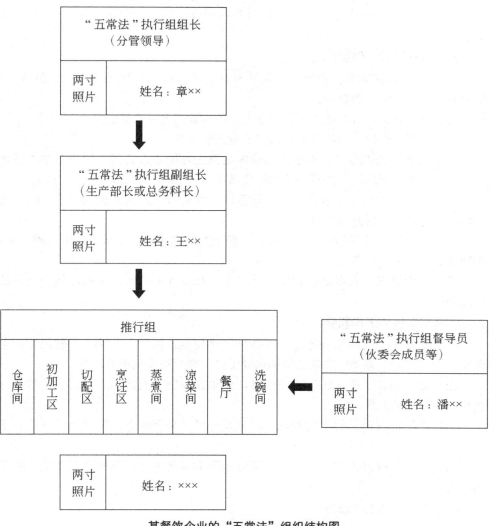

某餐饮企业的"五常法"组织结构图

（二）相关人员的工作职责

1. 管理小组组长（企业老总或负责人）的工作职责

（1）负责本企业"五常法"管理实施的全面工作。

（2）主持"五常法"管理小组成员办公会，研究和决定"五常法"实施的各项工作。

（3）审定"五常法"实施的计划和步骤，并抓好落实。

（4）做好"五常法"实施的阶段评估，适时调整下一步的工作计划及实施步骤。

（5）审定本企业"五常法"实施的各项规范、制度、要求、相关考核办法、奖惩标准等。

2. 执行主管的工作职责

（1）在管理小组组长领导下，负责本企业"五常法"管理相关知识的宣传、培训和监督"五常"的执行。

（2）协助制定"五常法"工作计划并组织实施，及时总结汇报。

（3）布置、督促、检查各分管部门负责人的工作。

（4）认真贯彻落实"五常法"实施的规范工作要求，督促、检查各项"五常制度"及"五常规范"的执行与具体落实情况。

（5）深入各部门，了解和检查"五常法"实施情况，认真记录"五常法"实施的每一过程，及时总结汇报。

（6）定期组织各部门间的相互学习，善于发现先进，善于运用先进促进后进，不断提高和改进工作方法。

（7）全面掌握"五常法"管理实施动态，及时分析及解决实施过程中出现的问题与困难。

3. 督察人员的工作职责

（1）在管理小组组长领导下，严格按照"督促、指导、把关"工作原则，全面负责"五常法"管理的实施监督和指导工作。对管理小组组长负责。

（2）协助制订"五常法"工作计划，督察各部门"五常法"贯彻实施的执行情况，及时总结汇报。

（3）广泛听取员工的意见和建议，并及时进行分析汇总，做好上情下达和下情上传工作。

（4）全面了解员工的工作状况，做好正确引导与指导，确保"五常法"管理顺利实施。

4. 部门主管的工作职责

（1）负责本部门"五常法"实施日常管理工作。

（2）协助制定和完善有关规章制度，严格执行相关规章制度。

（3）负责贯彻落实"五常法"实施的规范工作要求，督促、检查本部门成员各项制度及规范的执行情况。

（4）合理安排员工班次，并视实际情况随时做好调配。

（5）结合本部门的实际情况的需求，通过言传身教，激发员工工作和学习热情，对本部门人员进行业务培训，努力提高本部门人员的工作热情和服务技能，特别是"五常理念"及实践应用。

（6）每天主持召开部门班前例会，做好班前准备、班中督导、班后总结工作，并做好工作笔记。

（7）正确处理员工之间的工作矛盾，关心和爱护下属。

（8）随时检查本部门的设施设备运转是否正常，及时向领导汇报情况，确保"五常法"管理正常实施。

（9）及时安排本部门的物品发放。

（10）督导员工操作习惯，检查员工仪容仪表，及时帮助纠正。

（11）带头做好本部门的环境卫生，做好自查自纠。

5.员工的工作职责

（1）熟悉并熟练掌握自己工作岗位的"五常要点"。

（2）自己的工作场所须不断整理、整顿、清洁。

（3）不用的物品要立即处理。

（4）道路必须始终保持清洁和畅通。

（5）食品原料、物品、设备的放置要做到仔细、正确、安全。

（6）各类食品加工产生废弃物要集中放于规定场所。

（7）注意上级的指示，并加以配合。

四、"五常法"实施的步骤

可分为决定、策划、培训、实施、维持五个步骤。

（一）决定

即获得最高管理者的承诺并做好准备。单位中的最高管理者必须有推行"五常法"的思想和决心，并设立专门的"五常实施"管理组织，由单位负责人领衔。而且，像其他任何品质计划一样，最高管理者需要做出全面承诺；最高管理者在推广活动中不仅口头宣布开始实施"五常活动"，而且在具体推行、实施和培训等需要经费支持时，能够提供资金上的保证。

（二）策划

具体是指做好"五常促进活动"的策划。要做的第一件事就是要编制"五常促进活动"计划表。

"五常管理小组"应有专（兼）职人员和办公地点。确定本企业"五常实施"的切入点和关键环节、关键部门或岗位。在第一步实施的计划中，要从"五常"的各个要素里，选取一项事情来完成，并在相对集中的时间内，开展轰轰烈烈的"五常促进活动"，具体可采用五常日的形式。

管理小组对于"五常促进活动"中工作突出的部门、班组或个人，应及时予以总结、表彰和奖励，并为下一步的"五常活动"作出计划。

餐饮运营与管理

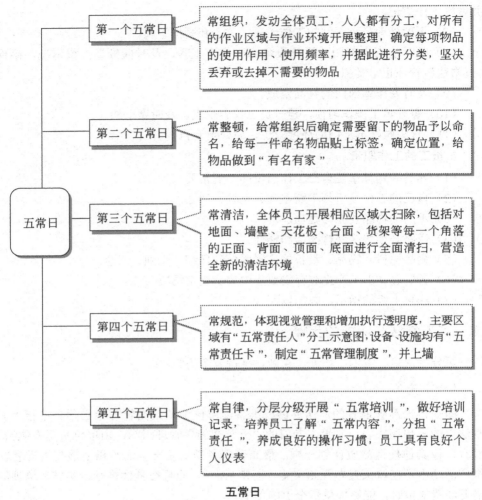

五常日

（三）培训

开展各个层面及全体员工的"五常知识""五常理念"和"五常观念"培训，这是实施"五常管理"必不可少的环节。"五常法"管理是以消除企业浪费和在企业内部进行持续的品质改善的活动。开始实行"五常活动"时，每个企业都会感到比较棘手或是无从下手，当企业开始实施"五常管理"后，又会发现总是会有很多新问题不断地产生和需要解决。虽然，企业一次可能只能解决一个问题，但是，这些问题，通过不断地解决，最终还是能够被逐渐解决的。

在"五常管理活动"中，训练下属能够制定并实施自己的方案是一种必要的培训。完全靠一个人所取得的进步或者总是依赖别人帮助所取得的进步，都不是真正意义上的进步。因此,企业整体水平和形象的提升才是真正的进步。

在整个部门内或整个企业内的会议上,适时表扬已取得的成绩也属于培训的范畴。不仅是一种鼓励,而且也是必要的思想和信息交流。

培训的形式,可以分层次、有重点地开展。

培训的关键,可以"员工操作指导培训内容"为重点,使每一位员工都能从思想上、认识上、行动上了解为什么实施"五常法"、怎样实施"五常法"和如何实施"五常法"等知识,从而实现人人皆知"五常"、人人理解"五常"、人人认识"五常"、人人参与"五常"。

（四）实施

实施就是具体推行"五常法"。这个阶段,应做好信息的收集保存。应收集的主要信息如下。

（1）相片　相片是一种保存记录的良好方法。相片可以是整个厨房的全景图,也可以是某些功能部位的全景图。这些相片不仅可以供内部有关人员作参考,也可以作为企业实施"五常法"管理后取得进步的依据,同时,又可供评估专家参考。

（2）录像　录像已被用作一种解决问题和说服观众的省力工具。已实施"五常法"管理的企业发现,将"五常日"之前和活动期间的状况进行的对比,很能鼓舞人心,能激励参与人员的士气。

（五）维持

维持就是将已开展的"五常法"管理活动持之以恒。因此,需要对企业"五常活动"予以评估。在评估过程中,须确定评估方法和完善评估内容,最简便的评估方法就是采用"五常法"管理实施评估表作为企业的评估标准。

"五常法"管理实施评估表（试行）

单位：　　　　　　　　　　　　　　　　　　　　　　　　得分：

环节	项目	内容	分值	得分
常组织（10分）	物品清理	（1）各功能间内无多余物品（4分）（发现1处扣1分） （2）破损设施、器具及时报修、清理（1分）（发现1处扣0.5分）	5	
	个人物品	（1）个人物品集中摆放（如更衣室衣柜内）（1分） （2）个人茶具、毛巾统一存放于指定位置（2分）	3	
	物品分层存放	各功能间内物品按使用频率分低、中、高用量放置（1分）且放置合理（1分）（发现1处不合理扣1分）	2	

续表

环节	项目	内容	分值	得分
常整顿 (30分)	物品标示、标签	（1）所有物品的存放位置都有标示* （2）标示内容齐全（如最高存量、最低存量、左进右出等指示）* （3）所有设施都有标签，责任人、工作职责等有关内容齐全* （4）待加工食品与直接入口食品的加工工具和容器有明显区分标示* （5）制作标示、标签的材料牢固、不宜脱落或破损（3分） （6）标示、标签的规格和样式统一、齐整、划一（2分）	5	
	物品摆放	（1）库房台账齐全（存量表、进出登记等）(2分) （2）食品与非食品，分区隔离存放（3分） （3）各功能间内物品按标签、划线规定摆放（5分） （4）操作区域内的散装食品放入统一规格的容器（4分） （5）用于清扫、清洗和消毒的设备、用具，用毕放置在专用的场所或区域（1分） 以上项目，每发现1处不符合扣0.5分，扣完为止	15	
	作业规程	（1）盛装食品的容器不直接置于地上，能防止食品污染（1分） （2）待加工食品与直接入口食品的加工工具和容器按标示规定的用途使用（2分） （3）清洗肉类、蔬菜、水产，按照清洗水池标示功能清洗（2分） （4）冷菜间内无非直接入口食品（2分）；直接入口食品则全部存放在冷菜间内（2分） （5）用于食品加工操作的设备及工具不得用作与食品加工无关的用途（1分）	10	
常清洁 (30分)	厨房与食品处理区的总体清洁要求	（1）制定有清洁值日表* （2）各区域有明确清洁责任人* （3）墙面、屋顶、墙角无积尘（1分）、蜘蛛网（1分） （4）墙面、屋顶、门窗等无破损（1分）、无发霉、发黑（1分） （5）工作台面、物品架（柜）、仓库物品摆放整齐、清洁（1分） （6）除粗加工、餐具洗消间外地面应无水渍（1分），干燥（1分） （7）墙面、地面无油腻，走路不粘脚（1分） （8）固体废弃物分类整理、当日清运（1分） （9）工作现场垃圾桶加盖、表面清洁（1分） （10）未发现卫生死角（1分）	11	

续表

环节	项目	内容	分值	得分
常清洁（30分）	粗加工、切配区域	（1）水池内外壁清洁，无残留物、无污垢（0.5分） （2）切配工具、墩头及时洗清、归位（1分） （3）废弃物及时清理（1分），废弃物容器及时加盖（0.5分） （4）盛放已经清洗净菜的箩筐不着地堆放（1分）	4	
	烹调间	（1）油烟罩、排烟管表面光亮、无油污（0.5分） （2）调味品排列整齐有序、容器表面清洁（1分） （3）无使用配菜盘直接盛放烹饪后的成品菜（1.5分）	3	
	餐具	（1）餐具清洗后表面无残渣（0.5分） （2）餐具表面无油腻，热力消毒后餐具表面无水渍（1分） （3）消毒餐具及时放置保洁柜（0.5分），内部整洁（0.5分），与标识相符（0.5分）	3	
	冷菜间	（1）空气、台面操作前进行紫外线消毒30分钟（1分） （2）每天清洁空调，运转正常，温度显示25摄氏度以下（0.5分） （3）履行洗手（0.5分）、手消毒（0.5分）、二次更衣（0.5分）	3	
	洗手消毒	（1）合理配置洗手消毒液（0.5分） （2）有洗手标准图解（0.5分）	1	
	前厅部	（1）客用餐具、酒具、茶具保洁柜整洁（0.5分），定位放置（0.5分） （2）餐具摆台无二次污染（1分）	2	
	下水道	下水道定期清理，无沉积污水、污物（1分）	1	
	除"四害"	各功能区域内及时消除"四害"（2分）（有老鼠、蟑螂或屎迹，发现1处扣1分）	2	
常规范（15分）	"五常"管理	（1）管理组织机构健全（0.5分），有专兼职人员（0.5分） （2）"五常制度"建立、权责明确（1分） （3）"五常台账资料"完整（有管理组织文件、人员名单、管理制度、管理措施、管理表格、小结、记录、奖惩等）（3分）（每少一项扣0.5分）	5	
	平面责任图	各主要功能区域入口处，有清楚明晰的平面责任图（少1处扣0.5分）	3	
	"五常"宣传	（1）有"五常"管理宣传版面（1分） （2）内容定期更换，保持版面清洁（1分）	2	
	"五常"培训	（1）有培训计划，有培训记录（1分） （2）培训效果有评估有记录（1分）	2	

续表

环节	项目	内容	分值	得分
常规范（15分）	"五常"考核	（1）"五常"管理日常检查记录完善（2分） （2）定期公布检查考核结果并存档（1分）	3	
常自律（15分）	员工仪容仪表	（1）制定各部门员工的制服标准及仪表仪容标准（1分） （2）员工的仪表仪容符合要求（2分）（发现1人不符扣0.5分） （3）在更衣室设有标准仪容仪表图示（0.5分），有穿衣镜（0.5分）	4	
	操作人员个人卫生	（1）食品从业人员健康证持证率100%（2分） （2）食品从业人员上岗时穿戴工作衣帽整洁（2分） （3）食品从业人员的其他个人卫生习惯良好（2分）	6	
	员工"五常"意识	（1）员工了解"五常"知识及基本操作要求（2分） （2）各岗位员工操作符合要求，无违反操作规程（2分） （3）员工按"五常"规定履行职责（1分）	5	

注："*"表示为关键控制项，有一项未达标为不合格；关键控制项均达标并总得分在90分以上，为合格。

评定人员：_____ _____   陪同人员：_____
　　　　　　年　月　日　　　　　　　　　　　　　　年　月　日

简言之，"五常法"的实施步骤就是获得高层管理者的承诺、起草"五常"计划并实施、组织"五常"培训、做好信息收集保存、完善评估五个方面工作的有机结合。

第二节　5S实施的具体做法与要求

一、1S——常组织，腾出有效空间

（1）对所在的工作场所进行全面检查，制定需要和不需要的判别基准，确定哪些需要、哪些不需要，同时，反省那些不需要物品的产生原因。

需要与不需要的区分

需要	不需要
要用的设施、设备、电气装置	杂物、灰尘、纸屑、油污、蜘蛛网
工作台、物品架	破损的垃圾筒、笋篮筐、纸箱、呆料、滞料
使用的工用具、容器	损坏的工具、样品

续表

需要	不需要
原材料、半成品、成品	除统一放置的私人茶杯以外的私人物品
使用中的看板、海报	不再使用的吊扇、各种挂具、旧海报
各种清洁工具、洁具、用品	无用的各种管线和工具
检验用样品	无效的标牌、指示牌等
其他需要的物品	其他不需要的物品

（2）清除不需要物品与淘汰不需要物品的重点对象。
① 设备设施。
② 库存物品、原辅材料。
③ 作业场所的工具、用品、容器等。
（3）物品淘汰的准则。
① 物品用途不明确的。
② 物品已经变质或过期的。
③ 物品已经不需要使用的。
④ 属于淘汰准则内列出的物品，做好标记，由专人或专门管理小组负责集中收集及处理。
（4）破损设施、器具及时报修、清理：已经破损的设施、工具、容器等，应及时报清修理，恢复正常使用功能，不能修理的或者已经破损淘汰的设施、器具，应及时清理出场所。
（5）私人物品的存放：一般来讲，私人物品不应带入工作场所，个人衣服、挎包等随身必带的物品，应集中存放于更衣室的衣柜内，在工作时间需要使用的个人物品如茶具、毛巾等，应统一存放于工作场所内指定的位置。
（6）调查需要物品的使用频率，决定日常用量，确定存放舍弃的原则。

物品的判定基准

物品的重点性	使用频率	存放舍弃原则
不重要	一年少于一次	舍弃（除非有特别需要）
	一年一次左右	存放在远处
重要	2～6个月一次	存放在较远的地方
	一个月一次	存放在指定地方
	一个星期一次	放在作业区附近
很重要	一天一次	放在使用地点
	一小时一次	放在不用移动身体就可以到的地方或身上

（7）根据基准表和每个岗位的意见，确定留下来的各物品的使用频率。此基准包含整理和整顿时需要判别的物品，针对具体的整理、整顿内容，制定出符合本企业特点的所有物品的基准目录。

二、2S——常整顿，让物品"有名有家"

（一）所有物品的存放位置都有标识

对可供放置物品的场所和货物架进行统筹安排，划线定位，使得所有物品的存放均能做到"有名有家"，"名"即物品的名称，"家"即存放物品的位置。其目的是为了让物品存放归类，便于管理和方便拿取。

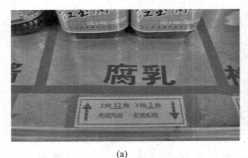
(a)

(b)

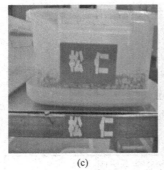
(c)

(d)

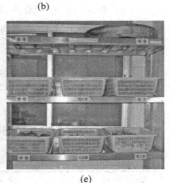
(e)

各类物品"有名有家"

（二）所有的设施、设备均应有标签

标签的主要内容可根据具体设施的不同而有所变化，如设施的操作方法，设施的性能（消毒柜应当达到的消毒温度、冰箱应当满足的冷藏或冷冻温度）等，但管理责任人及其管理职责的内容必须明示。通过设置标签，明确管理责任人和管理职责，以保证设施处于良好的和有秩序的运转状态。

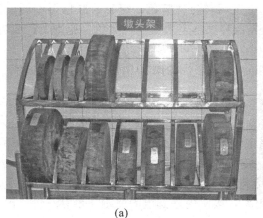 

(a)　　　　　　　　　　　(b)

所有的设施、设备均应有标签

（三）区域定位划线

需要重点整顿和定位的区域：冷菜间、仓库、烹饪区域、粗加工间、面点间等其他功能间。

仓库布置区域图		仓库区域对照表	
（门） A1 A2 / A3 A4 ／ B1 B2 / B3 B4 ／ C1 C2 C3 C4 C5 C6		区域	品名
		A1	酱油
		A2	甜面酱
		A3	料酒
		A4	醋
		……	……

仓库区域定位

（1）划线定位方式　彩色胶带、彩色瓷砖、不同材质的栅栏、不锈钢上雕刻花纹等其他方法。

（2）划线定位线条的颜色　可采用黄色、蓝色、绿色、红色等不同的颜色。可由实施企业按照惯例或原有的底色等来确定采用何种颜色，原则上，应容易识别或比较醒目。

（3）定位线条宽度的参考标准　主通道标线约10厘米左右，次通道或区域定位标线为5～7厘米。

（四）规定放置方法

将物品在规划好的地方按照定点定位、"有名有家"摆放整齐（规定放置方法），原则上，按产品类别（如冷菜间食品须集中放置在冷菜专间内）和按原料类别（如肉禽、蔬菜、水产品不同原料须归类放置）进行摆放。具体的放置方法有：立体放置（上下分层）、提高利用率，按照先进先出的原则（推荐左进右出），危险场所采用栅栏等措施予以隔离。

放置的方法与原则，建议采用平行（物品架前后或上下平行）、直角（物品架放置做到垂直）原则，放置区域不得超过划定的范围，清扫用具以挂起来、即悬挂式方法放置等。

具体实施过程中的放置方法可因地制宜，力求实用、简洁、卫生、高效。同时，应设置物品负责人及检点表，并应落实到具体的责任人。

立体放置（上下分层）

直角放置法

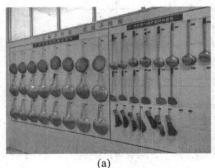

(a)

(b)

悬挂式放置法

（五）标识所有物品

标识所有物品具体可参照以下原则。

（1）物品放置场所的标识与物品实物相一致原则。

（2）标识包括大标识与小标识，大标识设在醒目处，小标识设在物品放置区域，醒目处标识与物品放置区域（场所）标识相一致原则。

（3）标识表示的方法可以标签、显示板、看板、现场划线或在划线上加注文字等目视容易识别为原则。

"五常法"管理标识图例

在"五常法"管理实施过程中，对工作场所内的物品及各类区域进行定置定位，做到"有名有家"，同时，各岗位落实具体责任人是"五常法"目视管理的关键性环节，"五常"标签可分为三个大类，即物品标签、责任区域标签和功能间标签等。以下的相关标签图例供参考。

一、物品标签

小标签1

说明：贴于物品货架上；适用于瓶装类标签。

小标签2

 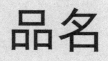

说明：贴于货架上；贴于容器表面；适用于以整理箱为单位的物品标签。

小标签3

说明：贴于茶杯和茶具架上（也可用工号代替）。

小标签4

$$\boxed{\text{餐具名称}}$$

说明：贴于保洁柜内。

二、责任区域标签：

1. 柜、箱类标签（以保洁柜为例）

部门：消毒间	名称：保洁柜	
责任人：	监督人：	责任人照片
上层	快餐盘 快餐盘 快餐盘 快餐盘	
	快餐盘 快餐盘 快餐盘 快餐盘	
下层	汤碗 汤碗	
	调羹 分菜勺	
注意事项： 1.未经消毒不得放入保洁柜内。 2.柜内餐具不得超过红线。 3.每餐结束后把门关好。 4.保洁柜内不得放入私人物品。 5.每周四必须清理一次。		

说明：贴于餐具保洁柜门外表面。

2. 区域类标签

（1）作业区类（以砧板区为例）

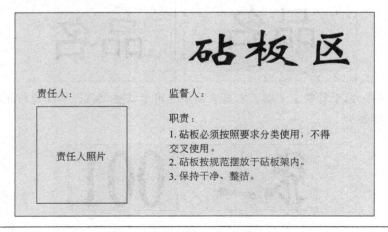

说明：贴于区域或某物品旁；适用于某区域或者固定类相关物品的责任管理。

（2）大米、油料类

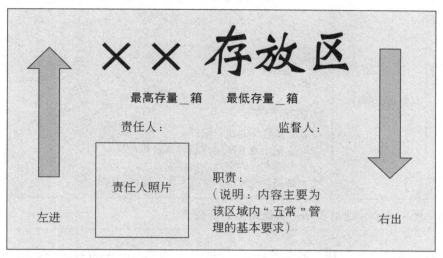

说明：贴于墙面；适用于大米、面粉、食用油等数量较多、占地面积较大且宜左进右出的物品标签。

（3）货架类

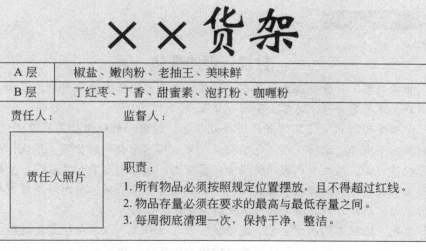

说明：贴于货架旁；适用于仓库货架标签

三、功能间责任人（以仓库为例）

五常法实施责任人

负责人照片

姓名：

部门：

职责：
1. 负责仓库的进货索证。
2. 定期检查仓库内物品的有效期。
3. 负责仓库内整体定位摆放。
4. 每周对仓库彻底清扫一次，保持清洁。

注：此卡片适用于每一功能间总的责任卡。

标识是"五常管理"的关键环节，为能充分发挥标识的目视管理效能，企业在推行"五常管理"时，在标识上应多下功夫、多动脑筋，如采用颜色辨识、采用可变换标识、采用插入式标识等。

相关链接

目视管理的载体

管理标签：计量、仪表、设备、设施、工具、容器等使用周期、精度、校正周期、是否完好等，标签上做到一目了然。

管理界限标识：应用明显的线条或颜色，标出一般使用范围和危险范围，原材料、半成品、配料、备用等物品，也可借助不同颜色的标签、划线，标识最低的库存量，通过颜色提示使用者和管理者。或采用定点相片展示，如果难以用标签或文字达到目视管理目的，可以在同一地点、同一角度对现场或操作进行照相，用照片作为限定的标准或规范管理的依据。

着色：依照不同的重要性、危险性、紧急性程度，以不同的颜色提醒有关操作人员和管理人员，从而达到目视管理的效率与安全。

三、3S——常清洁　保持环境整洁

（一）建立清洁责任区

利用本企业的平面图，对所有作业范围明确标识各区域的清洁责任人或责任班组（科室），各责任区域应有细化的定置图（即定位到每个最小区域，如调味品桌、切菜台等都落实有固定的责任人）。公共区域，可确定某个岗位（班组）或某人为包干责任人，或者采用轮值的方法，不管采用何种方法，都必须切实有明确的责任人负责该区域的清洁卫生。

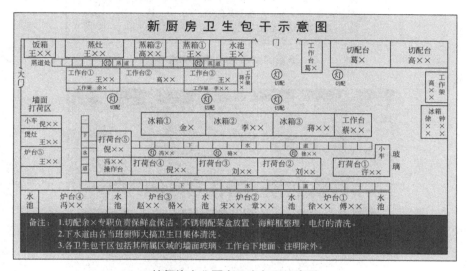

某餐饮企业厨房卫生包干示意图

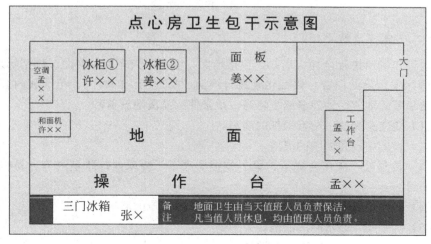

点心房卫生包干示意图

蒸箱的责任人及清洁标准

个人卫生包干标牌

（二）掌握清洁要领

对工作场所进行全面大清扫，包括地面、墙壁、天花板、台面、物架等地方。规定例行大扫除的内容，要细化到每日清洁、每周清洁的时间、范围和内容。注意清洁隐蔽的地方，为使清洁更容易，尽量使物品离地放置。

（1）要注意配线、配管上部的清洁。

（2）设施、设备周围的清洁。

（3）转角处、操作台底下、桌子或柜子底下、冷库内、冰箱内等容易被忽略地方的清洁。

（4）日光灯、紫外线灯及其他照明灯内壁和灯罩的清洁。

（5）洗手间、茶水间的清洁。

（6）橱、柜等顶面、背面的清洁。

（7）清洁用品本身的清洁，并做到及时归位放置。
（8）地面保持干燥、整洁，墙面、屋顶保持清洁。
（9）仪器、设备每次用完都应清洁干净并上油保护。
（10）破损的区域或物品要及时修补或清理，如墙壁、天花板破损或脱落，死角、常规方法清洁不到的地方，地面破损或积水处。

（三）认真履行个人清洁责任

清洁必须细心，应树立在自己责任范围内不允许存在有任何不清洁或有污秽情况的观念，具体清洁时特别需注意：清洁范围、对象，清洁方法、重点，清洁要求、标准，清洁次数、周期具体清洁要求如下。

（1）场所内墙面、屋顶无积尘、蜘蛛网。
（2）墙面、屋顶、门窗等无破损、发霉、发黑。
（3）工作台面、物品架（柜）、仓库物品摆放整齐、清洁。
（4）除粗加工、餐具洗消间外地面无明显水渍。
（5）墙面、地面无油腻，走路不粘脚。
（6）油烟罩、排烟管表面光亮、无油污。
（7）餐具清洗后表面无残渣、油腻，热力消毒后餐具表面无水渍。
（8）冷菜间操作前场所内空气用紫外线灯消毒30分钟，冷菜间内温度保持在25摄氏度以下。
（9）合理配置洗手消毒液，有洗手标准图解。
（10）下水道定期清理，无沉积污水、污物。
（11）"四害"预防措施得当，各功能区域内无"四害"。
（12）固体废弃物分类整理、当日清运，工作现场垃圾桶加盖、表面清洁。

四、4S——常规范　做到持之以恒

（一）认真落实前3S的工作

充分利用文字、表格、照片、图片、张贴画、宣传资料、个人体会、讨论发言、大会演讲、表态等形式，在企业内部营造浓厚的"五常管理"推行氛围和实施气氛。

"常组织""常整顿""常清洁"既是一个过程，又是一种结果，通过"组织""整顿""清洁"三个过程，达到工作现场卫生整洁的状态，使企业的整体从感官上首先出现改变。

（二）制定目视管理、颜色管理的基准

所谓卫生整洁，狭义解释是指"干净整洁"，广义解释是指"美化有序"。因

此，除了要不断维持3S的效果外，还需要建立健全、可以通过各种能够直接看到（目视）的措施，使管理者及员工能够通过目视化方法，及时发现异常情况或问题，并立即加以消除，达到工作现场始终保持正常整洁状态的目的。

例如，一个定位为半成品的区域，如果放置着成品，那么就是发生了"异常"，应立即做出消除的处理。

借助整顿时实施的定位、划线、标识，彻底塑造一个地面、台面、物品、墙面明朗化的工作现场，让目视管理成为现实管理中的重要手段和内容。

（三）制定检查审核方法

制定、建立"五常法"实施标准检查表或清洁卫生检查表，相关操作人员或责任人可以对照该标准履行自查与自纠，主管领导应定期或不定期地亲自参加对"五常法"实施情况的检查。

（四）制定奖惩制度，加强执行力度

制定"五常管理"实施奖惩办法，对实施过程中表现优良和执行不力的及时予以奖惩。实施奖惩宜以奖励为主，惩罚为辅，重点应注重营造团队氛围，倡导团队精神、提倡团体荣誉，发挥团队作用，最终为实现"五常管理"为目的。

（五）任何场合、任何时候始终维持5S意识

企业高层主管与全体员工必须永远抱着坚定推行"五常管理"的信心和决心。运用企业5S信息、期刊、5S海报、徽章、标语，让5S工作在员工心目中做到运用自如，维持愉悦的心情。

随时评估企业实施5S的进程，实施全程做到明朗化，让全体员工了解企业5S推行的水准现在已达到什么程度、离目标还有多远、再提升多少水准能够赶超其他同行的水平等，从而激发员工参与"五常"的热情与干劲，进一步提升企业实施"五常"的进程。

（六）高层主管应经常带头检查5S，带头重视5S，带头实践5S

应做到逢会必讲5S，布置工作必讲5S，检查工作必讲5S。只有高层主管重视，下级才会努力；只有上级关心，下级才会有责任心。发现有缺失或差距，应当场给予指正。下级对于上级的检查，须本着立即执行的心态与行动。

五、5S——常自律 提升员工素质，变"要我做"为"我要做"

（一）持续推动前4S至习惯化

前4S是基本动作，也是手段和过程，通过这些基本动作和手段，使员工久而久之无形中养成一种保持整洁的操作习惯。

作为企业主管,应不断教育部下,加强前4S的执行和改善,以改变日常工作行为与操作习惯。

5S推行一段时间基本成型后,仍须继续紧抓,否则容易出现放松和忽视,就会半途而废或走回头路。

5S运行正常后,每月可选择某一周为"五常加强周",每年可选择某一个月为"五常加强月"。

（二）制定共同遵守的"五常"规则、制度或规定

除非是企业有一些政策性的规定或一般性规定,尤其是有关"五常法"的规定,否则应尽可能让员工参与制定和知情。内容包括作业要点、安全卫生守则、服装仪容仪表、礼貌待客须知等。

【实战范本】"五常法"管理制度

为了规范管理,特制定重点岗位五常管理制度,如下所示,供参考。

一、原料采购索证"五常"制度

（1）每种食品原料采购时须查看、备份该产品生产单位的卫生许可证及产品质量检验报告。

（2）原料采购时须仔细确认产品的色、香、味、形等感官性状；采购定型包装食品时,商品标签上应有品名、厂名、厂址、生产日期、保质期等内容。

（3）采购人员须及时掌握食品安全形势,不得采购被曝光、列入"黑名单"的原料。

（4）建立规范详细的原料索证管理台账,做到记录清晰、易查。

（5）"五常法"管理责任小组须每月对所采购原料的索证资料进行核查,核对索证资料是否与采购物品相符,检验报告是否与所采购批次相符。

二、食品储存"五常"制度

（1）各类食品原料入库前须详细登记入册,详细记录原料的生产日期及保质期,仔细检查原料入库前的色、香、味、形等感官性状,定型包装食品须检查标签是否齐全。

（2）物品摆放须严格按仓库总体布局,成品、半成品及食品原料应分区设置,并按高、中、低用量,分区、分架、分层存放,与货架标签内容相符。

（3）各类食品存放于规定区域,不得超过"三线",严格按标签名称整齐、规范摆放,存取物品以左进右出为序,领取物品应在30秒内找到。

（4）食品进出仓库做到勤进勤出,先进先出,定期检查清仓,防止食品过期、霉变长虫,严禁有毒有害物品及个人物品进入仓库,及时将不符合卫生要

求的食品清理出库。

（5）保持仓库整体卫生的整洁，每周对仓库的卫生进行彻底打扫。

三、食品粗加工"五常"制度

（1）预加工原料按标签指定位置、定量、整齐存放。

（2）粗加工人员须对预加工原料进行质量检查，过期、变质、腐烂等不符合卫生要求的原料不得加工。

（3）清洗池按水产类、肉类、蔬菜类标识分池清洗，保证水池上下水道通畅，粗加工产生的废弃物及时清理到水池旁的带盖密闭垃圾桶内。

（4）原料清洗后按容器类别存放、沥水，定置摆放整齐。

（5）清洗人员穿戴整洁的工作衣帽，保持个人卫生。

（6）责任人员确保卫生设施正常运转，室内无虫害。

（7）各类粗加工工（用）具按规定位置存放，标识清楚。

（8）每天下班前5分钟进行"五常"检查，工用具归位，设施完好，卫生整洁。

（9）每周对工作场所进行全面的大清扫，包括地面、墙壁、天花板、台面、货架等每一个角落。

四、切配菜"五常"制度

（1）切配人员须对预切配原料进行质量检查，过期、变质、腐烂等不符合卫生要求的原料不得加工。

（2）工用具做到刀不锈、砧板不霉，加工台面、抹布干净，按标识功能使用，并存放于标识位置。

（3）切配好的原料按水产类、肉类和蔬菜类容器功能盛放，摆放整齐。

（4）冰箱由专人管理，定期化霜一次，按冰箱责任卡标示的位置存放。

（5）切配人员穿戴整洁的工作衣帽上岗，如有发热、创伤性损伤等有碍食品卫生的立即离岗。

（6）切配操作产生的废弃物须及时清理，存放于带盖密闭垃圾桶。

（7）每天下班前5分钟进行"五常"检查，做到物品归类，卫生整洁。

（8）每周对工作场所进行全面的大清扫，包括地面、墙壁、天花板、台面、货架等每一个角落。

五、烹饪"五常"制度

（1）厨师须对预加工材料进行质量检查，过期、变质、腐烂等不符合卫生要求的原料不得加工。

（2）食品确保烧熟煮透，防止里生外熟，熟食品放在经过消毒的清洁容器内，容器须与半成品、原料容器有明显的区分标识。

（3）厨师不得用炒菜勺直接品尝菜肴。

（4）烹饪间内抹布须专用并保持清洁。

（5）工作结束后调料加盖，对调料瓶、炊具、用具、灶上灶下台面进行清洗并整理干净，将各类物品按标识位置存放。

（6）烹饪产生的废弃物及时清理，存放于密闭垃圾桶内。

（7）每天下班前5分钟进行"五常"检查，做到物品归类，卫生整洁。

（8）每周对工作场所进行全面的大清扫，包括地面、墙壁、天花板、台面、货架等每一个角落，地面保持干燥、干净整洁。

六、冷菜加工"五常"制度

（1）冷菜间需定岗定员操作；进冷菜间前先通过预进间（区域），穿戴清洁的工作衣帽、戴口罩、洗手消毒。

（2）冷菜间内的物品应严格按标签划线位置摆放，保持室内清洁。

（3）制作人员须对预加工材料进行质量检查，凡质量不新鲜或隔夜未回锅食品不得制作。制作好的冷菜应尽量当餐用完。需批量制作的冷菜起锅后应使用消毒过的容器盛放，并应随即通过冷菜传送窗口放到冷菜间内进行冷却；剩余尚需使用的应存放于专用冰箱内冷藏或冷冻，并在保存盒上标注具体的制作时间和保存日期；重新食用前，须按规定进行再加热处理。

（4）冷菜间使用的工具、容器应做到专用，用前应消毒。冷菜进出，必须经冷菜传送窗口传递，不得经过预进间传送。

（5）每次使用前须进行空气消毒，每次用紫外线灯照射时间不少于30分钟，室内温度控制在25摄氏度以下。

（6）制作人员操作前对刀具及砧板进行消毒，各类工用具按功能标签专用。

（7）定期对冷菜间内的净水器进行检查，按时反冲或更换过滤设施，并记录。

（8）操作完成后，责任人员应对冷菜间内物品归位、卫生情况进行检查并记录。

（9）每周对工作场所进行全面的大清扫，包括地面、墙壁、天花板、台面、货架等每一个角落。

七、面食制作"五常"制度

（1）面点师须对预加工原料进行质量检查，过期、变质、腐烂等不符合卫生要求的原料不得加工。

（2）物品应严格按标签、划线位置整齐规范摆放。

（3）工作结束后将工（用）具、台面清洗整理干净，并将各类物品按标识位置存放。

（4）操作完成后，责任人员应对面点间内物品归位、卫生情况进行检查并记录。

（5）每周对工作场所进行全面的大清扫，包括地面、墙壁、天花板、台面、货架等每一个角落。

八、餐具清洗消毒保洁"五常"制度

（1）餐具、饮具和盛放直接入口食品的容器必须洗净、消毒，并按标签划线位置存放到洁净的保洁柜内。

（2）餐（饮）具消毒按标准程序进行，消毒安全到位，每天检查消毒设施是否运转正常。

（3）餐具清洗消毒应按一刮、二洗、三冲、四消毒、五保洁的程序进行。

（4）保持保洁柜及消毒设施整洁。

（5）抹布及时清洗、消毒，防止二次污染。

（6）工作结束后将工（用）具、台面清洗整理干净，并将各类物品按标识位置存放。

（7）操作完成后，责任人员应对物品归位、卫生情况进行检查并记录。

（8）每周对工作场所进行全面的大清扫，包括地面、墙壁、天花板、台面、货架等每一个角落。

九、从业人员个人"五常"制度

（1）每年进行一次健康体检，参加卫生知识培训，食品从业人员持有效"健康体检合格证"和"卫生知识培训合格证"上岗。上岗时，应穿戴清洁的工作服、工作帽（专间内操作还需戴口罩），头发不外露，无长指甲，不涂指甲油，不戴手表、戒指或佩戴饰物等。操作前，应洗手，接触直接入口食品时，还应对手进行消毒。

（2）建立晨检制度，发现发热或腹泻情况时，应立即报告有关主管人员，并应立即离岗就诊，待恢复健康或诊断明确才能重新上岗。患有痢疾、伤寒、病毒性肝炎等消化道传染病，活动性肺结核，化脓性或者渗出性皮肤病，以及其他有碍食品卫生的人员，立即调离工作岗位。

（3）工作服定期换洗，保持清洁，一旦脏污，随时更换；冷菜间等专间操作人员的工作服应每天更换。保持良好的个人卫生，勤洗澡，勤换工作服，勤理发，勤剪指甲。

（4）熟练掌握本岗位的操作规程，遵守本岗位的卫生制度。

（5）专间操作人员进出专间时，应及时更换专间专用工作衣、工作帽。不得穿戴专间工作衣、工作帽从事与专间操作无关的工作。

（6）切实落实"五常"责任分解职责，个人衣物及私人物品不能带入食品

处理区；在食品处理区内不能吸烟、吃东西及其他可能污染食品的行为，保证责任区域内卫生整洁。

（7）上厕所前，均应在食品处理区内脱去工作服，需清洗的工作服应放在食品处理区之外。遵守员工仪表仪容制度，大方整洁。

十、更衣室"五常"制度

（1）从业人员进入操作间前需更衣、洗手。

（2）物品应严格按标签划线位置整齐、规范摆放，保持更衣室内整洁、干净。

（3）个人物品必须放置于衣橱内，保持衣橱内物品整齐。

（4）个人衣橱做到每日一清理，及时清除杂物。

（5）每周对场所进行全面的大清扫，包括地面、墙壁、天花板等每一个角落。

十一、预进间"五常"制度

（1）员工进入直接入口食品操作间前须进行更衣、洗手、消毒。

（2）员工通过预进间的程序：更换洁净的工作衣、工作帽→戴口罩→将手洗净→手消毒→上岗（离岗时应再更衣）。

（3）员工的普通工作衣与洁净工作衣宜区分颜色，分开按标识位置挂放，避免污染。

（4）定期检查洗手消毒用品用量，洗手消毒用品须存放于规定区域内。

（5）预进间由专人负责，使用前进行空气与衣物表面紫外线消毒30分钟。

（6）定期进行"五常"检查，做到物品归类，卫生整洁。

十二、食品留样"五常"制度

（1）重大活动宴请以及单餐10桌以上聚餐进行留样，以备查验。

（2）每份菜肴留样不少于100克，置于经消毒后有盖（或加膜）的容器内。

（3）留样的菜肴及时存放在专用冰箱内，温度在0~10摄氏度条件下保留48小时。

（4）每餐留样菜肴均需标明：留样日期、餐次、留样人，标识清楚。

（5）留样由专人负责，留样菜肴不得再继续食用，及时清理，并保持留样冰箱清洁，无其他物品。

十三、除虫灭害"五常"制度

（1）除虫灭害工作由专人负责，其他职工配合其工作。

（2）定期开展除虫灭害工作，要采取有效措施防止鼠类、蚊、蝇、蟑螂等聚集和滋生，并有记录。

（3）定期检查防鼠、防蝇等卫生设施、设备是否正常运转。

（4）对已产生有害虫物的场所，采取紧急措施加以控制和消灭，防止蔓延和对食品的污染。

（5）杀灭有害动物，查明其来源，彻底消除隐患。

（6）除虫灭害工作不得在生产加工过程中进行。

十四、"五常"奖惩制度

（1）员工每天上班穿戴好工作衣、工作帽，定期更换，服装不整洁或未穿戴工作衣、工作帽，扣奖金____元。

（2）工作时杜绝不良的卫生习惯，经常洗手，常剪指甲，工作场所不得吸烟，违反其中一项扣奖金____元。

（3）每天按"五常"要求做好本职岗位卫生工作及物品的归类摆放，如工作区域不卫生或不符合"五常"要求的，按情节轻重酌情扣奖金____元。

（4）操作结束后，及时打扫卫生工作，被检查人员发现没有做好卫生工作，擅自离岗，扣责任人奖金____元。

（5）个人用品及杂物存放于指定位置，违者扣责任人奖金____元。

（6）五常管理小组定期对各部门的工作进行考核评定，考核优秀的奖励____元。

（7）定期评定"五常"实施先进个人，予以表彰。

十五、企业"五常"管理制度

（一）常组织

（1）场所内物品应区分用与不用，区分使用的周期或频率，对可有可无的物品，都应及时处理。

（2）将必需品按照高、中、低用量分层存放与管理。

（3）破损设施、器具及时报修清理。

（4）对私人物品应减少至最低并集中存放在固定位置。

（二）常整顿

（1）物品存放切实做到"有名有家"。

（2）食品储存定点定量、先进先出（左进右出）。

（3）各区域有责任图，标识内容清晰完整。

（4）所有物品均能做到30秒钟取出或放回。

（三）常清洁

（1）制定清洁责任区划分值日明细表。

（2）定期组织对场所卫生进行彻底清扫。

（3）责任区域卫生必须做到随时清理。

（4）保持环境卫生整洁，设施设备完好，垃圾及时清理。

（四）常规范

（1）有完整的五常管理组织结构和责任人员，各类管理台账资料完整。

（2）将各项操作规程制度化、规范化。

（3）全面推行颜色标识目视化管理。

（4）增加管理的透明度，及时公布考核成绩，落实奖惩。

（五）常自律

（1）定期组织员工培训。

（2）员工应熟悉五常知识。

（3）员工须熟悉责任区域及职责，严格各负其责。

（4）员工须做到文明服务，着装整洁，仪容仪表规范。

（三）"五常"规定目视化

将各种"五常"规定目视化，让一些规定用眼睛一看就能够知道是否落实和执行，目视化管理现场选择在明显且容易看到的地方。

目视方法可利用各类宣传的方式：如应用漫画形式、应用图表形式，装订或制成管理手册；在员工操作现场，制作标语、看板、卡片等。

六、重点岗位"五常法"要点

（一）冷菜间

（1）加工前应认真检查待配制的成品凉菜，发现有腐败变质或其他感官性状异常的，不得进行加工。

（2）操作人员进入专间前应更换洁净的工作衣、工作帽，并将手洗净、消毒，操作时宜戴口罩。

（3）专间应由专人负责加工制作，非专间操作人员不得擅自进入专间。不得在专间内从事与冷菜加工无关的操作或其他活动。

（4）专间每餐（或每次）使用前应进行空气和操作台面的消毒。使用紫外线灯消毒的，应在无人操作时开启30分钟以上。

（5）加工后的直接入口生食海产品应放置在食用冰中保存并用保鲜膜分隔，制作与上桌时间应控制在加工至食用的间隔不超过1小时。

（6）制作好的冷菜应尽量当餐用完。需批量制作的冷菜起锅后应使用消毒过的容器盛放，并应随即通过冷菜传送窗口放到冷菜间内进行冷却；剩余尚需使用的应存放于专用冰箱内冷藏或冷冻，并须在保存盒上标注具体的制作时间和保存日期；重新食用前，须按规定进行再加热处理；冷菜间使用的工具、容器应做到专用，用前应消毒。冷菜进出，必须经冷菜传送窗口传递，不得经过预进间传送。

（7）每周一次，对专间进行全面的大清扫，包括地面、墙壁、天花板、台面、货架等每一个角落，并保持地面干燥。

（二）食品采购储存

（1）采购食品及食品原料时，须仔细确认食品的色、香、味、形等感官性状；采购的定型包装食品，在食品标签上应标有品名、产地、厂名、生产日期、保质期限等内容。采购的进口食品，须有中文标识。

（2）各类食品及食品原料入库前，须详细登记入册，详细记录采购日期及保质期，仔细检查原料入库前的色、香、味、形等感官性状，定型包装食品须检查标签是否完整齐全。

（3）食品应当按高、中、低用量，分区、分架、分层存放，实物与货架标签内容相符，距离墙壁、地面均在10厘米以上，并定期检查，使用时，应遵循先进先出的原则，变质和过期食品及时清除。

（4）散装食品须使用专用的食品容器存放，并在容器上标注品名、采购日期、保质期等内容，当食品数量低于最低限量线时，仓库管理员应向采购员提出采购建议。新采购的同类食品，不能直接加入原容器中，应先清理掉剩余食品再放入新购的食品（清理出的剩余食品可让厨房领用），并重新标注采购日期、保质期限。

（5）食品冷藏、冷冻储存要求：原料、半成品、成品严格分开存放，冷藏、冷冻柜（库）应有明显标志。

（6）每周对仓库卫生进行一次全面打扫，检查仓库食品，检查进出食品的登记情况及食品质量。

（三）餐具清洗消毒保洁

（1）餐（饮）具、用具（以下简称餐具）清洗消毒应按一刮、二洗、三冲、四消毒、五保洁的程序进行。餐具清洗是消毒效果的基础，凡需消毒的餐具都须经彻底清洗。餐具清洗消毒应在固定的场所内进行，应使用专用的餐具清洗水池。

在餐具清洗水池附近，应有带盖的废弃物容器，餐具上的食物残渣放入废弃物容器后，应及时加盖。

（2）已经消毒的餐具应及时放入保洁设施，保洁设施结构密闭、易于清洁，并按标签位置做到"有名有家"。

（3）每天检查消毒设施是否运转正常，保持保洁设施及消毒设施整洁。自动洗碗机每次在开机前，应检查清洁剂、干燥剂、温度和时间的设定等。

（4）每周对工作场所进行全面的大清扫，包括地面、墙壁、天花板、台面等每一个角落。

（四）食品粗加工

（1）加工前应认真检查待加工食品，发现有腐败变质迹象或者其他感官性状异常的，不得加工和使用。

（2）动物性食品、植物性食品做到分池清洗，水产品宜在专用水池清洗，禽蛋在使用前应对外壳进行清洗，必要时进行消毒处理。

（3）食品原料必须清洗干净，不得留有污垢。清洗好的食品原料须放在清洁容器内，盛放净菜的箩筐不得着地堆放，盛放动物性、植物性、水产品原料的容器宜专用，并应放置在固定的位置，与标识内容相一致。

（4）食品粗加工产生的废弃物与垃圾应及时放入废弃物容器，并及时加盖。

（5）每周对工作场所、环境进行一次全面的大清扫，包括地面、墙壁、天花板、台面、货架等每一个角落。

（五）切配菜

（1）对所有预切配原料应例行进行质量检查，过期、腐败、变质等不符合卫生要求的原料不得切配，对未洗净的原料不予切配。

（2）切配工用具"有名有家"、定位放置，刀不生锈、砧板不霉、操作台面清洁、抹布干净。

（3）切配时，废弃物做到落手清理，及时放入废弃物容器，并及时加盖。

（4）每周对工作场所、环境进行一次全面的大清扫，包括地面、墙壁、天花板台面、货架等每一个角落，保持地面干燥。

（六）烹饪

（1）应对预加工食品及原料进行质量检查，发现过期、腐败、变质等不符合卫生要求的，不得烹饪，烹饪食品按"五常"要求定点定位放置，回收的食品（包括辅料）不得再烹调、再供应。

（2）烹饪食品应烧熟煮透，食品中心温度不低于70摄氏度；需冷藏的熟制品，应在起锅后及时送冷菜间内进行冷却，并冷藏。

（3）厨师操作，严禁直接用勺尝味。严禁用配菜盆盛放成品菜。

（4）烹饪操作使用的抹布，做到专用并随时保持清洁，禁止使用抹布揩擦盛装菜肴的碗盘。

（5）养成"落手清"的习惯，烹饪结束，调料加盖，将调料瓶、炊（工）具、用具、灶上灶下、台面、灶面进行清洗并整理干净，将各类物品按标识位置存放；废弃油脂按规定统一存放处理。

（6）每周对工作场所、环境进行一次全面的大清扫，包括地面、墙壁、天花板、台面、货架等每一个角落，保持地面干燥。

（七）面点间

（1）面点师加工前应认真检查各种食品原辅料的卫生质量，发现有腐败变质或者其他感官性状异常的，不得用于面点加工。

（2）未用完的馅料或半成品，应及时放置到冷柜内，并在规定存放期限内用完。奶油类原料应低温存放。蛋糕类成品必须在专间内完成后续制作（如裱花）和分装。水分含量较高的含奶、蛋的点心应在10摄氏度以下或60摄氏度以上的温度条件下存放。

（3）散装原料应用统一的盒子存放，并严格按标签划线定位，整齐规范摆放。

散装原料用盒子统一存放

（4）每次操作结束，及时将工（用）具、台面进行清洗并整理干净，将各类物品按标识位置放置。

（5）操作完成后，责任人员应对面点间内物品、卫生情况进行检查并做好记录。

（6）每周对工作场所进行一次全面的大清扫，包括地面、墙壁、天花板、台面、货架等每一个角落。

（八）食品留样

（1）按规定要求做好食品留样，以备查验。

（2）留样冰箱专用，确定有专人负责，定期检查，运行正常。

（3）留样容器专用，使用前经消毒，留样数量与时间：数量每份不少于100克，时间48小时。

（4）在留样食品容器上需标明留样日期、餐次、留样人，做到标识清楚。

（5）留样菜肴不得再食用，责任人应及时清理。

（九）备餐

（1）备菜人员进入备餐间，应更换备菜间专用工作衣、工作帽，并将手洗净、消毒，操作时戴口罩。

（2）备菜责任人应认真履行待供食品的卫生质量检查，发现感官性状或其他异常时，应停止供应；备菜操作时，应避免操作过程污染食品。

（3）菜肴分派、造型整理的用具，使用前应经消毒。用于菜肴装饰的原料使用前应洗净消毒，并不能反复使用。

（4）备餐间每餐（或每次）使用前应进行空气和操作台面的消毒。使用紫外线灯消毒的，应在备菜间无人时，开启30分钟以上。

（5）备餐间内物品应严格按标签划线位置摆放，各类工用具按功能标签专用。

（6）每周对工作场所、环境进行一次全面的大清扫，包括地面、墙壁、天花板、台面、货架等每个角落，保持地面干燥。

（十）个人卫生

（1）上岗时，应穿戴清洁的工作服、工作帽（专间内操作还需戴口罩），头发不外露，无长指甲，不涂指甲油，不戴手表、戒指，不佩戴饰物等。

（2）操作前应洗手，接触直接入口食品时，还应对手进行消毒。

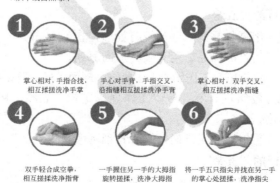

洗手消毒方法贴上墙

(3) 冷菜间等专间操作人员在有下列情形时应洗手：开始工作前；处理食物前；上厕所后；处理生食品后（如咸蟹、生鱼片、龙虾等）；处理污脏的设备或饮食用具后；咳嗽、打喷嚏、擤鼻子后；触摸耳朵、鼻子、头发、口腔或身体其他部位后；其他从事可能会污染双手的活动后（如处理货项、执行清洁任务等）。

(4) 专间操作人员进出专间时，应及时更换专间专用工作衣、工作帽。不得穿戴专间工作衣、工作帽从事与专间操作无关的工作。

(5) 个人衣物及私人物品不能带入食品处理区；在食品处理区内不能吸烟、吃东西及其他可能污染食品的行为。

(6) 工作服定期换洗，保持清洁，一旦脏污，随时更换；冷菜间等专间操作人员的工作服应每天更换。

(7) 上厕所前，均应在食品处理区内脱去工作服；需清洗的工作服应放在食品处理区之外。

(8) 发现发热或腹泻情况时，应立即报告有关主管人员，并应立即离岗就诊，待恢复健康或诊断明确后才能重新上岗。

(9) 遵守单位的相关规定。

（十一）上班、下班应履行的"五常"

1. 上班前履行的"五常"

(1) 常组织　对自己的工作场所进行全面检查，盘点需要物品的存量及预见需要量。

(2) 常整顿　目视责任区域内各类物品是否落实定置定位、"有名有家"。

(3) 常清洁　目测责任区域的环境是否整洁、明亮，随手清除掉不需要物品。

(4) 常规范　检查所在工作场所地面、台面、墙面、物品的定位、划线、标示是否正确、清楚、符合要求。

(5) 常自律　自查个人卫生，自省"五常"守则。

2. 上班时履行的"五常"

(1) 常组织　用完物品的包装物及时处理掉。

(2) 常整顿　用过的物品、用具及时放回原处。

(3) 常清洁　保持所在工作场所卫生整洁，地面干燥，发现脏乱现象及时清洁。

(4) 常规范　经常性查看并剔除工作现场定位、划线、标示中的"异类"物品，使之及时归位。

(5) 常自律　严格遵守工作岗位卫生管理制度及"五常"制度。

3. 下班前履行的"五常"

(1) 常组织　抛掉不需要的物品或使之回仓。

(2) 常整顿　所有用过的物品、用具都放到各自应放位置。

（3）常清洁　抹净自己用过的工具、物品、仪器和工作台面并清洁地面。

（4）常规范　固定可能脱落的标签，检查整体是否保持规范，不符合的及时纠正。

（5）常自律　今天的事情今天完成，检查责任区清洁整理工作是否完成，工作服是否需要更换，并为明天工作做好准备。

(a)

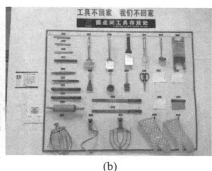
(b)

养成下班前工具归位的习惯

第五章
餐饮质量管理

引言

餐饮质量管理包括食材质量、菜肴制作以及楼面服务管理。原料采购是餐厅为客人提供菜品质量的重要保证,是餐厅运营的起点。厨房是餐厅的核心,必须有细致的管理,管理要实现统一标准、规格、程序,以提高工作效率,降低生产成本,并确保菜肴标准、质量,加快服务速度。楼面的服务主要包括菜品销售和顾客服务,这两项工作做好了,餐厅的营业状况必能一直保持良好,为餐厅的营运奠定良好的基础。

第一节 保证餐饮原料的质量

一、制定原料采购规格标准

餐饮原料的质量通常是指原料的新鲜度、成熟度、纯度、清洁卫生、固有的质地等。原料的质量要求既包括食品的品质要求,同时还包括使用要求。为了使采购的餐饮原料制定一个明确的规格标准,作为订货、购买与供应单位之间沟通的依据;为了避免口头叙述产生的理解误差,提高采购的有效性,通常采用书面形式加以说明,这就是习惯所称的采购规格标准。在制定规格标准时,叙述要简明扼要、言简意明,尽量避免使用模棱两可的词语。

(一) 采购规格标准的内容

采购规格标准的内容如下图所示。

内容一　餐饮原料名称

注明所需采购的食品的具体名称。原料的名称,一般使用较通俗的、常用的商业名称。比如,鸡,就应写明老母鸡、肉用鸡、仔鸡、光鸡、活鸡等

内容二　质量要求

主要是指原料的品质、等级、商标、产地等内容。餐饮原料的品质应注明其新鲜度、成熟度、纯度、清洁程度和质地等特征,注明等级可省去许多叙述,可直接标明一级还是二级。对于一些原料,有关部门还未正式规定等级的,可作适当说明,标明质量特征。商标是不可忽视的,有些原料在购买时要认准商标,以防假冒产品。产地表示原料是否正宗。另外,对于原料的上市状态也应作一定的说明。比如,原料是新鲜的还是冰冻的;是淡干品还是咸干品;是加工制品还是非加工制品等。对于质量要求的说明要详细具体,不可含糊其词

内容三　规格要求

主要是指原料的大小规格、重量规格、容器规格和包装外形等。规格的确定一要依据生产需求量的大小;二要根据市场的价格。比如,淀粉,市场上有 500 克一袋的,也有 20 千克一袋的。如果生产量大,则可购买20千克一袋的,因为小袋装的价格要高于大袋装的价格;反之,生产使用量小,如果单纯从价格角度考虑,往往会造成不必要的浪费

内容四 特殊要求

对原料的特殊要求的说明，可依次列在备注上。比如，原料是国产货还是进口货，包装标记、代号、送货要求、其他服务要求等

采购规格标准的内容

（二）采购规格标准的作用

采购规格标准的作用如下图所示。

作用一 促使有关管理者预先确定每一种原料的质量要求，以防止盲目进货或不恰当进货

作用二 便于原料统一规格，满足生产需要，保证菜肴质量，有助于食品成本控制

作用三 向各个供应商分发采购规格标准，便于供货商及供货单位及时了解餐饮店对原料的质量要求，进行投标供货，使餐饮店有机会选择最优价格进货

作用四 可以提高工作效率，减少工作差错。可免去每次订货时向供货商或供货单位重复解释原料的质量要求与规格

作用五 便于对所采购的原料进行标准验收

作用六 可减少采购部与厨房之间的矛盾。采购规格标准是随着企业经营项目、经营要求、市场行情等方面变化而变化的

采购规格标准的作用

总之，采购规格标准应成为采购的依据，购货的指南，供货的准则，验收的标准。而且，采购规格标准应随着菜肴的变化需要不断地改进和完善。

（三）采购规格标准的几种具体形式

1. 肉类采购规格标准

要获得适用的肉类原料，在制定肉类规格标准时，应着重明确以下几点。

（1）原料的新鲜度。

（2）原料的用料部位。

（3）肉品的嫩度。
（4）肉品的脂肪含量。
（5）卫生状况。
（6）对于包装的肉品，还应注明其生产厂家、商标及质量标准等。

肉类采购规格标准表

品名	规格	质量要求	备注
猪里脊肉	1.5～2千克/条	每条猪里脊肉都不得超过规格范围，不得带有脂肪层，应为新鲜的或冻结良好的，无异味	送货时应予以低温冷冻
猪肋排	25千克/箱	带肋排骨，不带大排肥膘、奶脯。块形完整，不夹碎肉，净重与商标规定相符	送货时予以低温冷冻

2. 禽类采购规格标准

禽类的质量有肥瘦、老嫩、肉用型和非肉用型、新鲜和冰冻等区别。禽类的生长期与肥瘦、老嫩有关。禽类的品种决定其含脂量、出肉量的多少以及鲜美程度，因此，在制定禽类规格标准时，应对禽类的品种、新鲜度、购买形态、生长期、重量、包装等作详细要求。

禽类采购规格标准表品名规格质量表

品名	规格	质量说明	备注
箱装肉用鸡	1000～1250克/只	去头、颈、爪、内脏，并将胗、肝、心整理后装入腹腔内，冻结良好，外观白净、无异味	低温运输
活老母鸡	1250～1500克/只	两眼有神，羽毛紧贴、不掉毛、叫声响亮，爪子细，2年半至3年生的散养老鸡（草鸡）	

3. 水产类采购规格标准

水产类食品包括各种鱼类、虾类、贝类等。水产品的质量最重要的是新鲜度。因为水产品含水量多，组织细嫩，自身酶和外界细菌的侵蚀，极易使其变质而产生腥臭味，即使在冷藏温度下也是如此。因此，新鲜度应作为水产品制定规格的重点，具体如下表所示。

水产品采购规格标准表

品名	规格	质量要求	备注
鲫鱼	300～350克/条	鲜活（草鲫）	带水送货
青鱼	1.5～2千克/条	新鲜、鳞片完整，腹不鼓胀，无异味	低温冷冻

续表

品名	规格	质量要求	备注
螃蟹	200～250克/只	鲜活，阳澄湖大闸蟹肉质坚实，壳硬，背青腹白	
甲鱼	500～550克/只	鲜活，爬行利落、肥壮，腹部无红印、无针孔，禁止注射水	
黑鱼	1～1.5千克/条	鲜活	

4.加工制品采购规格标准

加工制品是指经过专营厂商加工后的各类餐饮原料。比如，肉制品、蔬果制品、奶制品、调味品等。此类制品有罐装、腌制、干货、冷冻等上市形态。在制定加工制品的采购规格标准时，首先应了解所需加工制品的名称、商标名称、制品等级、食品的净重、大小重量、产品形态以及出厂日期和产地等。特别是对加工制品的包装商标要熟悉。包装商标可说明产品的规格、数量、价格，同时还表明制品的形态和生产时间以及生产厂家等内容，具体如下表所示。

加工制品采购规格标准

品名	规格	质量要求	备注
金华火腿	2.5～4千克/个	特级，表皮黄亮、整齐、干爽，腿爪细、腿心饱满、油头小，无哈喇味	送货时防污染
西红柿沙司	净重397克/瓶	××商标，××罐头厂出品，出厂期在6～8个月之内	

二、加强食品原料验收

（一）食品原料质量检验的方法

食品原料质量检验的方法有五种，如下图所示。

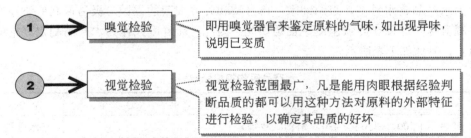

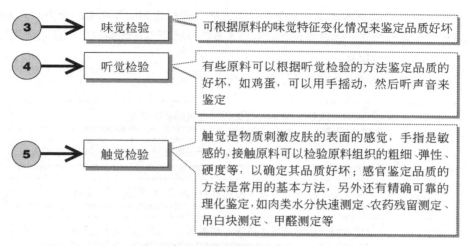

食品原料质量检验的方法

（二）验收要求与要领

1. 冷冻冷藏品

冷冻冷藏品的验收要领如下图所示。

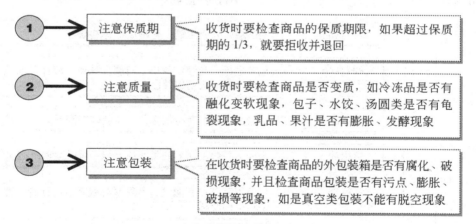

冷冻冷藏品的验收要领

2. 蔬果的验收要求

蔬果应具有该品种应有的特征，包括色泽、味道、形状等，要求新鲜、清洁、无异味、无病虫损害、成熟适度、无外伤。收货时要扣除包装物重量，但不能随意扣重。

对于果蔬类原料，验收人员每日必须索取检验报告单。所有果蔬类原料在验收时都必须倒袋换筐，所有有颜色的胶袋都必须去除，采用菜篮盛装。

果蔬类原料的总体要求为无腐烂、无过老,规格均匀,无冻伤,无失水,无严重机械伤,无病虫害,无过多黄叶,利用率高,气味正常,无泥沙、无外来杂物等。

3. 肉类的验收要求

肉类的验收要求如下图所示。

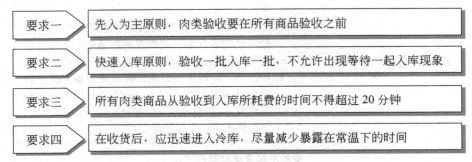

肉类的验收要求

4. 不符合验收标准的情况

对于食品验收,要求商品外包装完好无损、商标图案等清晰明了,保质期不超过1/3。如存在下图所示的情况均属于不符合标准。

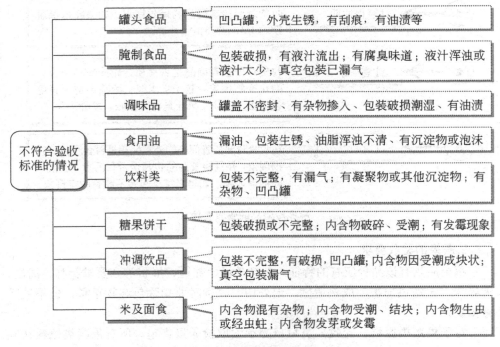

不符合验收标准的情况

三、食品原料储藏的质量控制

（一）原料的储藏分类

餐饮原料因质地、性能的不同，对储存条件的要求也不同。同时，因餐饮原料使用的频率、数量不同，对其存放的地点、位置、时间要求也不同。为此，餐饮企业应将原料分门别类地进行储存。根据原料性质的不同，可分为食品类、酒水类和非食用物资类储存；按原料对储存条件的要求，又可分为干货库储存、冷藏库储存、冷冻库储存等。

（二）餐饮原料干藏管理要求

餐饮原料干藏管理要求如下图所示。

要求一	食品应放置在货架上储存，货架离墙壁10厘米，离地30厘米
要求二	食品要远离墙壁、自来水管道、热水管道和蒸汽管道
要求三	使用频率高的食品，应存放在靠近入口的下层货架上
要求四	重的食品应放在下层货架上，轻的食品应放在高层货架上
要求五	仓库中的食物应有次序地排列，分类放置
要求六	遵循先进先出的原则
要求七	不能放在货架上的食品，则应放在方便的平台或车上
要求八	各种打开的包装食品，应储存在贴有标签的容器里
要求九	有毒的货物，如杀虫剂、去污剂等，不要存放在食品仓库

餐饮原料干藏管理要求

（三）餐饮原料冷藏管理

1. 餐饮原料冷藏基本要求

餐饮原料冷藏基本要求如下图所示。

| 要求一 | 冷藏食品应经过初加工，并用保鲜纸包裹，以防止污染和干耗，存放时应用合适的盛器盛放，盛器必须干净 |

| 要求二 | 热食品应待凉后冷藏，盛放的容器需经消毒，并加盖存放，以防止食品干燥和污染，加盖后要易于识别 |

| 要求三 | 存放期间为使食品表面的冷空气自由流动，放置时要距离适当间隔，不可堆积过高，以免冷气透入困难 |

| 要求四 | 包装食品在储存时不要碰到水，不可存放在地上 |

| 要求五 | 易腐的果蔬要每天检查，发现腐烂时要及时处理，并清洁存放处 |

| 要求六 | 鱼虾类要与其他食品分开放置，奶品要与有强烈气味的食品分开 |

| 要求七 | 存、取食品时需尽量缩短开启门或盖的时间；要减少开启的次数，以免库温产生波动，影响储存效果 |

| 要求八 | 随时和定期地关注冷藏的温度 |

| 要求九 | 定期进行冷藏间的清洁工作 |

餐饮原料冷藏基本要求

2.不同原料的冷藏温湿度要求

不同原料的冷藏温湿度要求，如下表所示。

不同原料的冷藏温湿度要求

食品原料	温度/摄氏度	相对湿度/%
新鲜肉类、禽类	0～2	75～85
新鲜鱼、水产类	−1～1	75～85
蔬菜、水果类	2～7	85～95
奶制品类	3～8	75～85
厨房一般冷藏	1～4	75～85

（四）餐饮原料冻藏管理

1. 餐饮原料冻藏的管理基本要求

餐饮原料冻藏的管理基本要求如下图所示。

要求一	冰冻食品到货后，应及时置于零下 18 摄氏度以下的冷库中储藏，储藏时要连同包装箱一起放入，因为这些包装材料通常是防水汽的
要求二	所有新鲜食品中需冻藏的应先速冻，妥善包裹后再储存，以防止干耗和表面受污染
要求三	存放时要使食品周围的空气自由流动
要求四	冷冻库的开启要有计划，所需要的物品要一次性拿出，以减少冷气的流失和温度波动
要求五	需要除霜时应将食品移入另一个冷冻库内，以利于彻底清洗冷冻库，通常应选择库存最少时除霜
要求六	取用时应实行先进先出的原则，轮流交替存货
要求七	任何时候都要保持货架整齐、清洁
要求八	定期检查冷冻库的温度情况

餐饮原料冻藏的管理基本要求

对餐饮原料冻藏，餐饮店可以运用下表对冷冻库进行管理。

冷冻库温度检查表

月份：

时间 温度 日期	7:00	9:00	11:30	14:00	17:00	20:00	22:00	检查人员
1								
2								
3								
…								
31								

2.冻藏原料库存时间

冻藏原料库存时间,如下表所示。

冻藏原料库存时间

原料名称	库存时间
牛肉	9个月
小牛肉	6个月
羊肉	6个月
猪肉	4个月
家禽	6个月
鱼	3个月
虾仁鲜贝	6个月
速冻水果和蔬菜	3个月

(五)做好酒水保管与储藏

酒水保管与储藏的要点如下图所示。

要点一 ▶ 葡萄酒

(1)酒瓶必须斜放、横躺或倒立,以便酒液与软木塞接触,以保持软木塞的湿润
(2)理想的储酒温度为 10～16 摄氏度,相对湿度为 60%～80%,但相对湿度超过 75% 时酒瓶上的商标容易发霉
(3)恒温比低温更重要,要远离热源,如厨房、热水器、暖炉等
(4)避免强光、噪声及震动的伤害
(5)避免与有异味、难闻的物品如汽油、溶剂、油漆、药材等放置在一起,以免酒吸入异味

要点二 ▶ 白酒

白酒的保存是很讲究的,保存得好的话,酒就会越放越香。在白酒保存的过程中,要讲究温度、湿度和密封度,还要注意装酒的容器,容器的封口要严密,防止漏酒和"跑度"。环境温度不得超过 30 摄氏度

要点三 ▶ 啤酒

储藏啤酒的仓库应保持场地清洁、干燥、通风良好,严防日光直射,仓库内不得堆放杂物,储运温度宜为 5～20 摄氏度

要点四 果酒

果酒在储藏时，桶装和坛装最容易出现干耗和渗漏现象，还容易遭到细菌的侵蚀，应注意其清洁卫生和封口牢固。温度应保持在 8～25 摄氏度，相对湿度为 75%～80%。不能与有异味的物品混杂。酒瓶不能受阳光直射，因为阳光会加速果酒的质量变化

要点五 黄酒

（1）黄酒的最适宜的温度是：环境凉爽，温度变化不大，一般在 20 摄氏度以下，相对湿度在 60%～70% 之间；黄酒的储藏温度不是越低越好，如低于零下 5 摄氏度，就会受冻、变质，甚至结冻破坛。所以，黄酒不宜露天存放
（2）黄酒堆放应平稳，酒坛、酒箱的堆放高度一般不得超过 4 层，每年夏天倒一次坛
（3）黄酒不宜与其他有异味的物品或酒水同库储存
（4）黄酒储存时不宜经常受到震动，不能有强烈的光线照射
（5）不可用金属器皿储藏黄酒

酒水保管与储藏的要点

第二节 菜肴制作和出品质量控制

厨房是餐厅出品的要地，也是顾客对餐厅满意与否的重要组成部分，而厨房里就怕菜品不稳定，这道菜上次做得挺好，而这次质量却明显下降。

一、制定菜品质量标准

由于厨房制作是手工操作，其经验性较强，且厨师个人烹饪技术有差异。厨房又采用的是分工合作方式，会使菜品的数量、形状、口味等没有稳定性，导致同一菜品差异很大。

所以制定标准，既可统一菜品的规格，使其标准化和规格化，又可消除厨师各行其是的问题，是对厨师在生产制作菜品时的要求，也是管理者检查控制菜品质量的依据。就其具体标准，可以概括为原料加工、菜品配份、合理烹调三个程序，控制就是对菜肴质量、菜肴成本、制作规范三个流程中的操作加以检查督导，随时消除在制作中出现的一切差错，保证菜肴达到质量标准。

生产的菜品必须有标准,没有标准就无法衡量,就没有目标,也无法进行质量控制。制定标准,是对厨师在生产制作菜品时的要求,也是管理者检查和控制菜品质量的依据。这类标准常有以下几种。

(一)标准菜谱

标准菜谱是统一各类菜品的标准,它是菜品加工数量和质量的依据,使菜品质量基本稳定。使用它可节省制作时间和精力,避免食品浪费,并有利于成本核算和控制。标准菜谱基本上是以条目的形式,列出主辅料配方,规定制作程序,明确装盘形式和盛器规格,指明菜肴的质量标准、成本、毛利率和售价。制定标准菜谱的要求是:菜谱的形式和叙述应简单易做,原料名称应确切并按使用顺序列写。配料因季节的原因需用替代品的应该说明。叙述应确切,尽量使用本地厨师比较熟悉的术语,不熟悉或不普遍使用的术语应详细说明。由于烹调的温度和时间对菜点质量有直接影响,应列出操作时加热温度和时间范围,以及制作中菜点达到的程度。还应列出所用炊具的品种和规格,因为它是影响菜点质量的一个因素,说明产品质量标准和上菜方式要言简意赅。标准菜谱的制定形式可以变通,但一定要有实际指导意义,它是菜肴质量的控制手段和厨师的工作手册。

(二)菜品投料单

菜品投料是厨房为本店客人所设的菜品投料单,它是根据菜肴的基本特点,以简单易懂的方式列出主、配料及各种调味料的名称和数量。投料单以文字表格的方式放在配菜间明显的位置。

(三)标量菜单

标量菜单就是在菜单的菜品下面,分别列出每个菜肴的用料配方,以此来作为厨房备料、配份和烹调的依据。由于菜单同时也送给客人,使客人清楚地知道菜肴的成分及规格,作为厨房选料的依据,同时也起到了让客人监督的作用。

(四)出品质量标准

出品质量标准是指各类菜品出品时的口味、分量、装盘方面的标准,如下表所示。

出品质量标准

序号	类别	出品质量标准
1	凉菜	(1)必须按冷荤食品安全操作程序制作菜肴,确保无残留农药、无交叉污染等食品安全事故的发生 (2)不得使用腐烂变质、过期以及无检验合格的食材原料 (3)生吃类食品要新鲜,确保卫生、无菌、无沙土、无虫蚊 (4)凉拌的菜品温度要符合该菜品的制作要求,但不结冰

续表

序号	类别	出品质量标准
1	凉菜	（5）青菜类凉拌菜必须保证既熟亦脆、色要青绿、口感脆爽 （6）菜肴必须按"出品标配卡"要求（包含顾客要求）制作 （7）菜肴必须按高标准出菜，做到分量不足不出、不合标准不出（原料在切制时必须大小、粗细、厚薄一致，配菜时主料与配料的比例要按"成本卡"标准量化，配置同一菜肴、同一规格应始终如一，绝不能今天多，明天少，规格质量和样式风格都要保持其统一性） （8）菜肴出品时（特殊器皿除外）必须装盘，并且装盘要饱满、自然、挺拔，点缀和围边也不能喧宾夺主，菜肴的盛装也不得占用盘子的边缘 （9）菜肴的成品中不得出现杂物、异物、害虫、飞虫等 （10）所有菜肴的出品无原料不新鲜、腐败变质等现象 （11）不得使用违反国家食品安全规定的食品添加剂 （12）菜肴的出品符合盛装卫生标准，必须做到盛器无污垢、无缺口、无破损 （13）必须按顺序先来先做，每道凉菜制作时间不得超过10分钟 （14）为需配备作料的菜肴配齐相应的作料（如酱牛肉等菜肴） （15）必须掌握好咸淡：菜品口味要温性、中性，要平和、平淡，要体现出复合味来，绝不能咸或偏淡（复合味是几种味复合在一起，吃起来很舒服，多数人都能接受，体现不出哪种具体味来，味和味之间相互影响，总体口味比较适中）
2	烧腊	（1）不得使用腐烂、变质、过期以及无检验合格证的食材原料 （2）菜品出品时温度：卤水、烧烤类必须达到60～70摄氏度 （3）菜肴必须按出品标准要求（包含顾客要求）制作 （4）必须按高标准出菜，做到分量不足不出、刀工不匀不出、不符合标准不出 （5）烧烤类成品应呈金黄色，并且皮酥里嫩 （6）菜肴出品时（特殊器皿除外）必须装盘，并且装盘要饱满、自然、挺拔，点缀和围边不能喧宾夺主，菜肴的盛装也不得占用盘子的边缘 （7）菜肴的成品中不得出现杂物、异物、害虫、飞虫等 （8）所有菜肴的出品无原料不新鲜、腐败变质等现象 （9）不得使用违反国家食品安全规定的食品添加剂 （10）菜肴的出品符合盛装卫生标准，必须做到盛器无污垢、无缺口、无破损 （11）为需配备作料的菜肴配齐相应的作料（如烧鹅等菜肴） （12）要求菜品体现其风味特色，突出特色风味的色、香、味，同时口味避免过重（如过咸、过辣、过酸、过甜、过苦，更不允许有异味腥、膻、臭味等） （13）必须按顺序先来先做，每道菜品制作时间不得超过20分钟

续表

序号	类别	出品质量标准
3	热菜	（1）不得使用腐烂、变质、过期以及无检验合格证的食材原料 （2）菜肴必须按"出品标配卡"要求（包含顾客要求）制作 （3）必须按高标准出菜，做到分量不足不出、不符合标准不出（原料在切制时必须大小、粗细、厚薄一致，配菜时主料与配料的比例要按"成本卡"标准量化，配置同一菜肴、同一规格，应始终如一，绝不能今天多，明天少，规格质量和样式风格都要保持其统一性） （4）热菜要熟，要烂、酥、软、滑、嫩、清、鲜、脆，不得有半生不熟的现象出现 ① 青菜必须保证既熟亦脆、色要青绿、口感脆爽，不能炒得过火，口味主要靠油来突出，靠少量复合油的复合味（葱姜油、花椒油、麻油）来体现 ② 芡汁要薄、要少、要均匀、要包得住、要有亮度，盘底不许有油、有汤汁，杜绝青菜过分出水现象发生 ③ 白灼菜口味鲜咸微辣，白灼汁不能太多（盘子深度的1/5），浇油要热、要少，菜品要整齐美观 ④ 上汤菜口味要清鲜、汤汁乳白，原料要2/3浸入汤中，不能出现浮油现象 （5）肉类菜要烂，口味要香而不腻，口感要富有弹性。严禁使用亚硝酸钠等化学原料，严格控制松肉粉、食粉的用量 （6）炸类的菜品要酥，要呈金黄色，油不能大，不能腻。个别外焦里嫩的菜要保持好原料的水分和鲜嫩度，严格控制炸油的重复使用次数 （7）海鲜类必须新鲜，口味清淡，料味不能浓，保持原汁原味，不能老、咬不动，绝对不能牙碜、不能腥 （8）必须掌握好咸淡：菜品口味要温性、中性，要平和、平淡，要体现出复合味来，绝不能咸或偏淡（复合味是几种味复合在一起，吃起来很舒服，多数人都能接受，体现不出哪种具体味来，味和味之间相互影响，总体口味比较适中，为体现复合味可在允许加糖的菜里加适量的糖） （9）汤菜的要求 ① 汤菜盛入盛器中不能太满，以8分满或8分半满为宜 ② 根据菜的性质不同，汤菜原料和汤的比例也不同，但是原料的比例不能超过汤的比例 ③ 汤菜的口味要求 a.清汤菜品：以鲜为主，入口首先体现鲜味，而后要体现咸味或其他口味，必须体现原汁原味，不能有油或油绝不能多 b.浓汤菜品：以香为主，入口首先体现香味，而后要有咸味或其他口味，但绝不能加油来体现，要靠汤汁熬出的鲜香味和相关佐辅料来体现 c.其他口味汤菜：以突出要求口味为主，但不能太烈，必须大多数人都能接受，加少量油来体现复合味和香味 d.甜汤菜品：甜度不能太大、太浓，最好不加油 ④ 汤类菜如果勾芡浓稠度以原料刚好不下沉为度，不能太稠或太稀，可在允许加胡椒的汤中加少许胡椒粉来体现鲜香味

续表

序号	类别	出品质量标准
3	热菜	（10）必须按高标准出菜，做到分量不足不出、不合标准不出（原料在切制时必须大小、粗细、厚薄一致，配菜时主料与配料的比例要按"成本卡"标准量化，配置同一菜肴、同一规格，应始终如一，绝不能今天多，明天少，规格质量和样式风格都要保持其统一性） （11）菜肴颜色应体现出原料的本身颜色，以自然色和接近自然色为主；严禁使用色素及任何食品添加剂等 （12）菜肴出品时（特殊器皿除外）都必须装盘，盘饰点缀要精致、简单、新鲜，要配合好菜肴的特点，并且装盘要饱满、自然、挺拔，点缀和围边不能喧宾夺主，菜肴的盛装也不得占用盘子的边缘 （13）热菜一定要热、要烫。炒是热炒，爆炒要用旺火、大火，快速烹制出品，菜肴出品时必须保持60～70摄氏度 （14）煲仔类菜品（除特殊跟明炉外）必须烧热，温度必须达到70～80摄氏度以上 （15）菜肴的成品中不得出现杂物、异物、害虫、飞虫等 （16）所有菜肴的出品必须无原料不新鲜、腐败变质等现象 （17）不得使用违反国家食品安全规定的食品添加剂 （18）菜肴的出品符合盛装卫生标准，必须做到盛器无污垢、无缺口、无破损 （19）必须按顺序先来先做，每道热菜制作时间不得超过25分钟 （20）为需配备作料的菜肴配齐相应的作料（如白灼虾等菜肴） （21）每道热菜出品必须掌握好咸淡：菜品口味要温性、中性、要平和、平淡，要体现出复合味来，绝不能咸（复合味是几种味复合在一起，吃起来很舒服，多数人都能接受，体现不出哪种具体味来，味和味之间相互影响，总体口味比较适中）
4	面点	（1）不能使用腐烂、变质、过期以及无检验合格的食材原料 （2）点心部产品出品应达到：出品的标准温度（炸类，60～70摄氏度；烤类，60～70摄氏度；蒸类，50～60摄氏度；煎炸类，60～70摄氏度 （3）发面类点心制作完成的成品应表面发亮，内心松软 （4）烤制类点心制作完成的成品应表面金黄，酥皮类成品应入口酥化、内心软滑 （5）象形类点心制作完成的成品应形象相似、生动 （6）煎炸类点心制作完成的成品应表面金黄，内心软化 （7）现做类出品制作时间应不超过30分钟；半成品类出品制作时间应不超过15分钟，烤制类出品制作时间应不超过25分钟 （8）点心部所有出品不得有面生、半生不熟、煎炸过火等现象 （9）点心部的所有出品必须无原料不新鲜、腐败变质等现象 （10）点心的出品符合盛装卫生标准，必须做到盛器无污垢、无缺口、无破损 （11）点心部的产品必须按出品标准要求（包含顾客要求）制作 （12）不得使用违反国家食品安全规定的食品添加剂

续表

序号	类别	出品质量标准
4	面点	（13）点心出品时（除特殊器皿外）必须装盘，并且装盘要饱满、自然、挺拔，点缀和围边不能喧宾夺主，菜肴的盛装也不得占用盘子的边缘 （14）点心部所有点心必须按高标准出品，做到分量不足不出、不符合标准不出 （15）必须掌握好咸淡：面点口味要温性、中性，要平和、平淡，要体现出复合味来，绝不能咸或偏淡（复合味是几种味复合在一起，吃起来很舒服，多数人都能接受，体现不出哪种具体味来，味和味之间相互影响，总体口味比较适中） （16）为需配备作料的面点配齐相应的作料

二、加工环节的质量检查与质量监督

（一）建立自觉有效的质量监督体系

建立自觉有效的质量监督体系的要点如下图所示。

要点一 强化"内部顾客"意识

"内部顾客"意识，即是员工与员工之间是客户关系，每下一个生产岗位就是上一个生产岗位的客户，或者说是每上一个生产岗位就是下一个生产岗位的供应商。比如初加工厨师所加工的原料不符合规定的质量标准，那么切配岗位的厨师不会接受，其他岗位之间可以依此类推。采用此种方法，可以有效控制每一个生产环节，将不合格"产品"消除，从而保证菜品的质量

要点二 建立质量经济责任制

将菜品质量的好坏、优劣与厨师的报酬直接联系到一起，以加强厨师在菜品加工过程中的责任心。有的餐饮店规定，如果有被客人退回的不合格菜品，当事人不但要按照该菜肴的销价埋单，还要接受等量款额的处罚，并且记入考核成绩

建立自觉有效的质量监督体系的要点

（二）发挥质量检查部门的作用

餐饮企业可以通过下图所示的措施来发挥质量检查部门的作用。

措施一 确定监督检查的项目和检查标准

制定一套质量监督检查标准,科学合理地选取监督检查的点(操作环节),确定每个检查点的质量内容和质量标准,以此可以避免检查的随意性,保证监督检查过程有据可依

措施二 做好工作记录表格

评价已经长期销售过的菜点质量优劣,要根据上下班次的交接、不合格品的出现、食材的出成和使用情况,宴席从开始到结束的上菜过程和时间等

措施三 有效监督

采用常规性检查与非常规性检查相结合。常规性检查要做到多层面、多角度、全方位、全过程的检查,非常规性检查要经常化,比如客户回访、聘请客人暗访、对新老客户进行调查、征询顾客意见等

措施四 分析原因,制定纠正措施

在发现质量问题后要积极协助厨房认真分析出现质量问题的原因,并对解决质量问题制定相应的纠正措施,监督厨房工作人员按照纠正措施实施,以便使质量问题得到真正解决,避免类似的质量问题再次发生

发挥质量检查部门作用的措施

三、厨房出品质量控制方法

厨房出品质量受多种因素影响,其变动较大。餐饮业经营者要确保各类出品质量的可靠和稳定,要采取各种措施和有效的控制方法来保证厨房产品品质符合要求。

(一)阶段控制法

1. 原料阶段的控制

(1)要严格按规格采购各类菜肴原料。

(2)全面细致验收,保证进货质量。

(3)加强储存原料管理,防止原料因保管不当而降低其质量标准。

2. 菜点生产阶段的控制

菜点生产阶段主要应控制申领原料的数量和质量，菜点加工、配份和烹调的质量，具体如下图所示。

阶段一　菜点加工

（1）严格计划领料，并检查各类原料的质量，确认可靠才可加工生产
（2）对各类原料的加工和切割，一定要根据烹调的需要，制定原料加工规格标准，保证加工质量
（3）对各类浆、糊的调制建立标准，避免因人而异的盲目操作

阶段二　配份

（1）准备一定数量的配菜小料即料头。对大量使用的菜肴主、配料的控制，则要求配份人员严格按菜肴配份标准称量取用各类原料，以保证菜肴风味
（2）随着菜肴的翻新和菜肴成本的变化，及时调整用量，修订配份标准，并督导执行

阶段三　烹调

（1）开餐经营前，将经常使用的主要味型的调味汁，批量集中兑制，以便开餐烹调时各炉头随时取用，以减少因人而异时常出的偏差，保证出品口味质量的一致性
（2）根据经营情况确定常用的主要味汁，并加以定量化

菜点生产阶段的控制

3. 菜点消费阶段的控制

菜点消费阶段的控制要点如下图所示。

备餐要为菜肴配齐相应的佐料、食用和卫生器具及用品。一道菜肴配一到两个味碟，一般由厨房按人数配制，多在备餐时配制。对备餐也应建立一些规定和标准，督导服务，方便顾客

服务员上菜服务，要及时规范，主动报菜名。对食用方法独特的菜肴，应对客人做适当介绍或提示

菜点消费阶段的控制要点

（二）岗位职责控制法

利用岗位分工，强化岗位职能，并施以检查督促，对厨房产品的质量也有较好的控制效果。岗位职责控制法的具体操作手段如下图所示。

手段一 所有工作均应有所落实

（1）厨房所有工作应明确划分，合理安排，毫无遗漏地分配至各加工生产岗位
（2）厨房各岗位应强调分工协作，每个岗位所承担的工作任务应该是本岗位比较便利完成的，厨房岗位职责明确后，要强化各司其职、各尽其能的意识
（3）员工在各自的岗位上保质保量、及时完成各项任务，其菜品质量控制便会有保障

手段二 岗位责任应有主次

（1）将一些价格昂贵、原料高档，或针对高规格、重要身份顾客的菜肴的制作，以及技术难度较大的工作列入头炉、头砧等重要岗位职责内容，在充分发挥厨师技术潜能的同时，进一步明确责任
（2）对厨房菜肴口味，以及对生产面上构成较大影响的工作，也应规定给各工种的重要岗位完成，如配兑调味汁、调制点心馅料、涨发高档干货原料等
（3）员工要认真对待每一项工作，主动接受督导，积极配合，协助完成厨房生产的各项任务

岗位职责控制法的具体操作手段

（三）重点控制法

重点控制法应从下图所示的几个方面进行控制。

要领一 重点岗位、环节控制

（1）对厨房生产运转进行全面细致的检查和考核
（2）对厨房生产和菜点质量的检查，可采取餐饮业经营者自查的方式，凭借"顾客意见征求表"或向就餐顾客征询意见等方法
（3）聘请有关行家、专家、同行检查，进而通过分析，找出影响菜品质量问题的主要症结所在，并对此加以重点控制，改进工作，从而提高菜点质量

要领二　重点客情、重要任务控制

（1）从菜单制定开始就要有针对性，就要强调有针对性地在原料的选用到菜点的出品的全过程中，重点注意全过程的安全、卫生和质量可靠
（2）餐饮业经营者要加强每个岗位环节的生产督导和质量检查控制，尽可能安排技术好、心理素质好的厨师为其制作
（3）对于每一道菜品，除尽可能做到设计构思新颖独特之外，还要安排专人跟踪负责，切不可与其他菜品交叉混放，以确保制作和出品万无一失
（4）在客人用餐后，还应主动征询意见，积累资料，以方便今后的工作

要领三　重大活动控制

（1）从菜单制定着手，充分考虑各种因素，开列一份（或若干）具有一定特色风味的菜单
（2）精心组织各类原料，合理使用各种原料，适当调整安排厨房人手、计划使用时间和厨房设备，妥善及时地提供各类出品
（3）厨房生产管理人员、主要技术骨干均应亲临第一线，从事主要岗位的烹饪制作，严格把好各阶段产品质量关
（4）有重大活动时，前后台配合十分重要，走菜与停菜要随时沟通，有效掌握出品节奏
（5）厨房内应由餐饮业经营者指挥负责，统一调度，确保出品次序
（6）重大活动期间，加强厨房内的安全、卫生控制检查，防止意外事故发生

重点控制法的控制要领

四、有效控制异物

（一）菜品异物类型及原因分析

客人在进餐时，偶尔会在菜品中发现异物，一般属于严重的菜品质量问题，菜肴中异物的混入往往给就餐的客人带来很大的不满，甚至会向餐厅提出强烈的投诉，如果处理不当，就会严重影响餐饮企业的形象和声誉。

常见的异物主要有以下几种。
（1）金属类异物：清洁球丝、螺钉、书钉等。
（2）头发、纸屑、烟蒂等。
（3）羊毛、猪毛等动物毛。
（4）布条、线头、胶布、创可贴。

（5）杂草、木屑、竹刷棍等。

（6）碎玻璃渣、瓷片。

（7）骨头渣、鱼骨刺、鱼鳞。

（8）砂粒、石渣、泥土等。

（9）小型动物：苍蝇、蚊虫、飞虫、蜘蛛。

菜品中混入杂物、异物，首先造成菜品被有害物质的污染，尽管有的异物可能不等于有害细菌，但给客人的感觉是反感的，有些异物在进餐中如果不小心的话，可以给客人造成直接肉体伤害，如碎玻璃渣、螺钉等。

（二）有效的控制措施

1.提高全体人员卫生质量意识

强化菜品加工人员、传菜人员、服务人员（分餐人员）的个人卫生的管理，具体措施如下图所示。

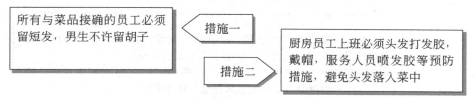

提高全体人员卫生质量意识的措施

2.严格作业时的操作规程和卫生标准

（1）原料初加工的过程，必须将杂物剔除干净，尤其是蔬菜类的选择加工。

（2）切割好的原料放置在专用盒中，并加盖防护，避免落入异物。

（3）抹布的使用要特别注意，避免线头等混入菜料中。

（4）传菜过程中必盖上盖。

（5）洗涤器皿时，若使用清洁球，一定要严格管理，避免将断下的钢丝混入菜中。

（6）后勤人员保养维护烹饪设备时要严禁将螺钉、电线头、玻璃碴等乱扔乱放。

3.加强对厨房、餐厅废弃物的管理

严禁员工随地乱扔、乱放、乱丢废弃不使用的零散物品、下脚料及废弃物等，这是防止异物、杂物混入菜品中的卫生管理的重要内容之一。

（1）所有废弃物必须使用专门设备存放，并且要加盖防护。

（2）有专人按时对垃圾桶进行清理。

（3）餐厅内应设专门的隐藏式废弃物桶，严禁服务人员乱扔废纸巾、牙签、烟头等，尤其要禁止将餐厅内的废物与餐饮具混放在一起。

4.加强对菜品卫生质量的监督检查

平常菜品中的异物都是由于对菜品的加工、传递过程中缺少严格的监督与检查造成的。因此必须加强各个环节对菜品卫生质量的监督与检查，具体操作要领如下图所示。

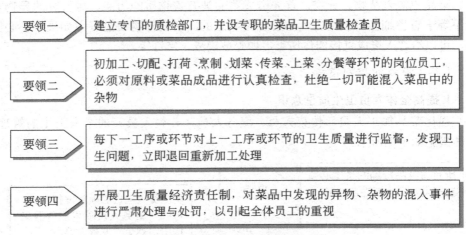

对菜品卫生质量监督检查的操作要领

第三节 楼面服务质量控制

楼面服务的质量要得到提升，必须进行全方位的管理，包括餐厅的环境、用品、设备、卫生及员工服务都能得到控制。

一、制定餐厅环境质量标准

餐厅环境质量体现在三个方面：门前环境、室内环境、微小气候。所以，对于质量标准的制定也要从以下三个方面出发，具体如下图所示。

标准一　门前环境

> 餐厅门前应整齐、美观。过道、门窗、玻璃清洁卫生，餐厅名称、标志牌安装与摆放端庄，位置适当，设计美观，中英文对照，字迹清楚。适当位置有候餐等候座椅。高档餐厅、宴会厅门口有客人衣帽寄存处和休息室。进门处有屏风、盆栽盆景，设计美观、大方、舒适，整个门前环境优雅，赏心悦目，客人有舒适感

| 标准二 | 室内环境 |

> 餐厅室内环境与餐厅类型、菜品风味和餐厅等级规格相适应，装饰效果独具风格，能够体现餐厅特点，具有民族风格和地方特色。天花板、地面、墙面及家具设备的材料选择和装饰效果与餐饮店标准相适应。整体布局协调美观，餐桌坐椅摆放整齐，各服务区域分区布置合理，花草盆景、字画条幅装饰相得益彰。用餐环境舒适典雅、餐厅气氛和谐宜人。整个室内环境与饮食文化相结合，各具特色

| 标准三 | 微小气候 |

> 餐厅的空气应新鲜、气候宜人。冬季温度不低于18摄氏度，夏季温度不高于24摄氏度，用餐高峰时不超过26摄氏度，相对湿度为40%～60%。风速0.1～0.4米/秒，一氧化碳含量不超过5毫克/米^3。二氧化碳含量不超过0.1%。可吸入颗粒物不超过0.1毫克/米^3。新风量不低于200米^3/（人·小时），用餐高峰时不低于180米^3/（人·小时）。细菌总数不超过3000个/米^3。自然采光照度不低于100勒克斯，各服务区域的灯光照度不低于50勒克斯。电源灯光可自由调节。餐厅噪声不超过50分贝

餐厅环境质量标准

二、餐厅用品配备质量标准

餐厅用品配备质量标准如下图所示。

| 标准一 | 餐茶用品 |

> 餐厅餐具、茶具、酒具配备与餐厅等级规格、业务性质和接待对象相适应。瓷器、银器、不锈钢和玻璃制品等不同类型的餐茶用具齐全，种类、型号统一。其数量以餐桌和座位数为基础，一般餐厅不少于3套，高档餐厅和宴会厅不少于4套，能够适应洗涤、周转需要。有缺口、缺边、破损的餐具及时更换，不能上桌使用。新配餐具与原配餐具在型号、规格、质地、花纹上基本保持一致，成套更换时方可更新。各种餐具专人保管，摆放整齐，取用方便

| 标准二 | 服务用品 |

> 餐厅的台布、口布、餐巾纸、开瓶器、打火机、五味架、托盘、茶壶、围裙等各种各类服务用品配备齐全，数量充足、配套、分类存放，摆放整齐，专人负责，管理制度健全，供应及时，领用方便

标准三 客用消耗品

餐厅需要的酒精、固体燃料、鲜花、调味品、蜡烛灯具、牙签等各种客人用餐使用的消耗物品按需配备,数量适当,专人保管,摆放整齐,领用方便。开餐时根据客人需要及时供应,无因配备不全或领用上桌供应不及时而影响客人需要的现象发生

标准四 清洁用品

餐厅清洁剂、除尘毛巾、擦手毛巾、餐茶具洗涤用品等各种清洁用品配备齐全,分类存放,专人管理,领用方便,需要专用的各类清洁用品无混用、挪用现象发生。无因专用洗涤剂使用不当,造成银器、铜器、不锈钢餐具、茶具、酒具出现污痕、褪色、斑点无法洗涤等现象发生。有毒清洁用品由专人保管,用后收回,无毒气扩散或污染空气现象发生

餐厅用品配备质量标准

三、餐厅设备质量及日常保养标准

餐厅设备质量及日常保养标准如下图所示。

标准一 门面与窗户

(1) 餐厅门面宽大,选用耐磨、防裂、抗震、耐用的玻璃门、醇酸瓷漆、环氧树脂或原木制作,装饰美观大方、舒适典雅。门前左侧配中英文对照标志牌,设计美观、大方。标志牌上餐厅名称、经营风味、营业时间等内容书写整齐、美观
门:安全、有效、无破损、无灰尘、无污迹
门头、门板:完好无损、无破损、无灰尘、无污迹
门锁:完好有效、无破损、无灰尘、无污迹
门把手:完好、色泽光亮、无破损、无灰尘、无污迹
(2) 餐厅窗户宽大舒适、光洁明亮,自然采光充足良好,有经过化学处理或本身具有阻燃性质的装饰窗帘或幕帘。门窗无缝隙,遮阳保温效果良好,开启方便自如,无杂音和噪声
窗户:窗台、窗框、窗钩、窗把手应完好、有效,无破损、无灰尘、无污迹

标准二 墙面与地面

（1）餐厅墙面满贴高级墙纸或选用耐磨、耐用、防刮损的装饰材料，易于整新与保洁。
（2）墙面配有大型或中型壁画装饰，安装位置合理、紧固、美观，尺寸和装饰效果与餐厅等级规格相适应
（3）墙壁：完好，无破损、无灰尘、无污迹
（4）地面选用大理石、木质地板、水磨石或地毯装饰，装饰材料与酒店星级标准相适应，防滑防污
（5）地毯铺设平整，图案、色彩简洁明快，柔软耐磨，有舒适感
（6）地面：完好，无油污、无灰尘、无污迹，不打滑

标准三 天花板与照明

（1）天花板选用耐用、防污、反光、吸音材料，安装紧固，装饰美观大方，无开裂起皮、脱落、水印等现象发生
（2）天花板：应无裂缝、无水泡、无塌陷、无水迹
（3）餐厅宫灯、顶灯、壁灯选择与安装位置合理，灯具造型美观高雅，具有突出餐厅风格的装饰效果。各服务区域灯光光源充足，照度不低于 50 勒克斯，适合客人阅读菜单和看报的需要。灯光最好可自由调节，能够形成不同的用餐气氛
（4）灯具：完好、有效，无灰尘、无污迹

标准四 冷暖与安全设备

采用中央空调或分离式大空调箱，安装位置合理，表面光洁，风口美观，开启自如，性能良好。室温可随意调节。噪声低于 40 分贝。餐厅暖气设备隐蔽，暖气罩美观舒适，室内通风良好，空气新鲜，换气量不低于 30 米^3/(人·小时)。餐厅顶壁设有烟感器，自动喷淋灭火装置、紧急出口及灯光显示。安全设施与器材健全，始终处于正常状态，符合安全消防标准

标准五 通信与电器设备

餐厅配有程控电话，能够适应客人订餐、订坐和工作需要。有紧急呼叫系统、音响系统和备用电话插座。各系统线路畅通、音响、呼叫声音清楚，无杂音，使用方便

标准六　工作台与收款设备

餐厅适当位置设接待台、工作台、收款台，台型美观大方。收款机、信用卡压卡机、订餐簿、办公用品齐全，摆放整齐，备用餐具或展品分类存放或展示，形象美观舒适

标准七　餐桌椅

餐厅餐桌椅数量齐全，样式、高度、造型与餐厅性质和接待对象相适应。桌椅配套，备有儿童坐椅。餐桌椅摆放整齐、美观舒适。空间构图采用规则形、厢坐形、中心图案形或其他造型，根据需要确定。桌椅之间宽敞，布局合理，线路清晰，便于客人用餐进出和服务员上菜需要

标准八　配套设备与装置

高档餐厅配不小于20英寸（1英寸＝2.54厘米）的电视、钢琴及演奏台、衣架、盆栽盆景。进门处设屏风。各种配套设备与装置设计美观，安装位置合理，与餐厅整体装饰协调。小单间有自动闭门器，厨房和餐厅之间有隔离防油烟装置

标准九　客用卫生间

餐厅附近设有公共卫生间，设施齐全，性能良好，专人负责清洁卫生和为客人服务。始终保持清洁，无异味，无蚊蝇，客人有舒适感

标准十　设备配套与完好程度

餐厅各种设施设备配套，同一餐厅、同一种类的设备在造型、规格、型号、色彩、质地上保持风格统一，整体布局美观协调，空间构图典雅大方，环境气氛舒适宜人。各种设施设备维修制度、维修程序健全、具体，日常维护良好，损坏或发生故障维修及时，设备完好率趋于100%，不低于98%

餐厅设备质量及日常保养标准

四、餐厅卫生质量标准

餐厅的卫生体现在日常卫生、餐具用品卫生、员工卫生、操作卫生、客用卫生间的卫生，质量控制应从这五个方面着手，所以，也应制定这五个方面的质量标准，如下图所示。

标准一　日常卫生

餐厅卫生每餐整理。天花板、墙面无蛛网灰尘，无印迹、水印、掉皮、脱皮现象。地面边角无餐巾纸、杂物，无卫生死角。每日拖地面不少于3次。地毯地面每日吸尘不少于3次。整个地面清洁美观。门窗、玻璃无污点、印迹，光洁明亮。餐桌台布、口布无油污脏迹，整洁干净。门厅、过道无脏物、杂物，畅通无阻。盆栽盆景新鲜舒适，无烟头、废纸。字画条幅整齐美观，表面无灰尘。配套卫生间专人负责日常卫生，清洁舒适、无异味

标准二　餐具用品卫生

各餐厅餐具、茶具、酒具每餐消毒。银器、铜器餐具按时擦拭，无污痕，表面无变色现象发生。瓷器、不锈钢餐具和玻璃制品表面光洁明亮，无油滑感。托盘、盖具每餐洗涤，台布、口布每餐换新，平整洁净。各种餐茶用具、用品日常保管良好，有防尘措施，始终保持清洁

标准三　操作卫生

各餐厅服务员把好饭菜卫生质量关。每餐工作前洗手消毒，装盘、取菜、传送食品使用托盘、盖具。不用手拿取食品。保证食品卫生安全，防止二次污染。服务过程中禁止挠头、用手捂口咳嗽、打喷嚏。餐厅内食品展示柜清洁美观，展示的食品新鲜。服务操作过程中始终保持良好的卫生习惯

标准四　员工卫生

各餐厅员工每半年体检1次，持健康证上岗。有传染性疾病者不得继续上岗。员工勤洗涤、勤洗头、勤理发、勤换内衣，身上无异味。岗位服装整洁、干净，发型大方、头发清洁无头屑。岗前不饮酒、不吃异味食品。工作时间不吸烟、不嚼口香糖。不在食品服务区域梳理头发、修剪指甲，不面对食品咳嗽或打喷嚏。女服务员不留披肩长发，不戴戒指、手镯、耳环及不符合要求的发夹上岗，不留长指甲和涂指甲油，不化浓妆，不喷过浓香水。男服务员不留长发、大鬓角。个人卫生做到整洁、端庄、大方

标准五　客用洗手间卫生

（1）客用洗手间直接用于服务客人，要求清洁人员能为客人提供良好的卫生环境和高效、优质的服务
（2）客用洗手间的卫生要求：台面、镜面、地面无水珠；地面、墙壁无灰尘、无污迹；小便池无水迹污垢、无杂物；洗手台无污迹、无头发、无杂物；洗手间门窗光亮，无灰尘；不锈钢设备光亮，不发黑；碱油盒无污迹、无头发、不漏碱油；坐便器不积杂物；无臭味，通风，空气好；各设备完好无损

餐厅卫生质量标准

五、服务态度统一标准

服务人员接待客人的态度也相当重要，如何将欢迎及感谢的态度迅速而确实地展现出来，让顾客感受至深，是决定这家餐饮店服务水准的主因。所以应对餐厅接待动作乃至谈吐，设定出一套参考的基准。也就是从等候、迎接、引导、点餐、上菜、询问、巡视、欢送、回收到整理的十项步骤中，明确定出谈吐和动作的规范，这就称为"定型服务"。连锁性餐饮店尤其必须推行这套方法，餐饮店也参照下表所示的内容来统一标准。

服务态度统一标准

项目	言语	动作	重点
等候	在规定位置待命，不可与同事聊天	注目玄关方向，采用舒适、自然的姿势，不得坐在椅子上或偏倚柜台、柱子	（1）任何时候，只要顾客驾临，都要表现出由衷欢迎的姿势 （2）脑中要记住几号桌与几号房是空的
迎接导引	（1）明朗有朝气地说："欢迎光临。" （2）"有几位呢？"确认人数 （3）"请走这边。"表达由衷欢迎之意。（高峰时段用手掌……）	（1）轻轻点头（15度）行礼，两手自然下垂，手指并拢 （2）走在顾客之前，慢步到席位 （3）轻拉椅子，用手指点	（1）以正确姿势，表达由衷欢迎之意的行礼 （2）引导至适合顾客的席位。携带小孩的，到小房间，情侣同伴则带至不引人注目的席位，要商谈事情的顾客则到安静的席位，单一顾客则至2人用桌席

续表

项目	言语	动作	重点
接受点菜	（1）再一次说："欢迎光临。" （2）郑重地说："请点菜。" （3）重复再说一遍："您点的菜是×××，×份，××，×份。" （4）"是，遵命。"以感谢的语气说："麻烦您，稍候一会儿。"	（1）轻轻点头 （2）提供毛巾、冰水或茶（一直要从顾客看菜单到点菜为止，在旁等待） （3）在传票上记载顾客点的菜式 （4）注目顾客眼睛，等候回答 （5）轻轻点头、退下 （6）将点菜单送到厨房	（1）桌上必须摆放菜单 （2）要判断顾客中谁有点菜的决定权 （3）必要时确认所点的项目及数量 （4）必要时请示饮料，尤其是咖啡或果汁究竟要在用餐之前、中、后的什么时候提供 （5）牛排等要请教几分熟 （6）冰水、茶等容器必须持下端，不可将手指插进容器内来移动 （7）要迅速！让人等候是最大败笔
上菜	（1）"打搅您。" （2）"让您久候了，这是××。" （3）要有精神，说："是！"笑容回答："请稍候。" （4）"可以撤下吗？"	（1）做好配合各式样菜肴的安排 （2）退下 （3）以正确姿势将菜端上桌，不可扭转身体或做出夸张的姿势。 （4）补充顾客的冰水或茶水（顾客中途呼叫时） （5）将空的器皿撤下并送到厨房	（1）必须记住，不可弄错点菜的人和所点的菜 （2）热的要趁热，冰的要趁冰，迅速上菜 （3）上菜前检查菜的装盛，要提供正常的菜 （4）冰水、茶水要趁顾客要求之前斟好 （5）烟灰缸要换 （6）即使喝完、吃完也必须待顾客答允，才可撤下 （7）上菜时，原则上要从顾客的左肩方向
送客	（1）以感谢之心，明朗地说："多谢您照顾。" （2）"恭候您再度光临。"	（1）走到靠近玄关 （2）以感谢之意行礼（直到顾客完全走出玄关为止，采取欢送的姿势）	（1）检查席位，是否有顾客忘带的物品 （2）以充满感谢之意欢迎，务必要做到能使顾客心想"下次我还想再来"，"意"和"笑容"最重要

六、餐厅服务质量检查

对于连锁餐饮企业而言，连锁总部一般应制定质量三级检查制，如果只是单店经营，也应制定店内的质量检查制度。连锁餐饮企业的三级质量考核检查包括连锁总部对各连锁店的检查、连锁店之间的互查、连锁店自身的自查。

以下介绍某连锁餐饮企业的三级质量检查制。

（一）连锁总部对各连锁店的综合检查

1. 组织形式与职责

连锁总部由连锁企业管理部牵头组织相关人员组成检查考核小组，负责对所属连锁店餐厅服务的检查考核。检查考核小组根据各项服务检查标准对连锁店进行检查，将检查情况进行整理、归纳，如实填写各项检查表单及"连锁总部每季度检查情况报告表"，及时将结果上报连锁总部领导。

2. 检查考核的内容、方式和时间

（1）检查内容　服务质量、卫生质量、服务人员的仪表仪容、餐厅设备设施等。

（2）检查方式与时间

① 由检查考核小组事先通知进行实地检查（1次/季度）。

② 由检查考核小组进行随时检查。

③ 由连锁总部聘请秘密顾客进行调查（2次/年）。

④ 发放"宾客满意度调查表"（发放的宾客满意度调查表以餐位数的10%为准，1次/季度）。

（3）检查结果　连锁总部对各连锁店的综合检查结果将以一定的权重进入连锁总部对连锁店的考核评价中。

重大节日活动期间的检查由连锁企业管理部主要负责。

（二）连锁店之间的互查

1. 组织形式与职责

由各连锁店组织相关人员组成检查考核互查小组，负责在连锁总部规定的区域内对各连锁店的餐厅服务进行检查和考核，并根据检查情况如实填写连锁总部连锁企业管理部统一发放的"连锁店互查每月情况报告表"。

2. 检查考核的内容、方式和时间

（1）检查内容　服务质量、卫生质量、服务人员的仪表仪容、餐厅设备设施等。

（2）检查方式与时间

① 由检查考核小组事先通知进行实地检查（1次/月）。

② 由检查考核小组进行随时检查。

③ 发放"宾客满意度调查表"（发放的宾客满意度调查表以餐位数的5%为准，1次/月）。

（3）检查结果　连锁店之间的互查结果将以一定的权重进入连锁总部对连锁店的考核评价中。

（三）连锁店自身的自查

连锁店自身的自查不仅体现在连锁店上级对下级的检查，还应体现在各服务岗位对于自身工作的自检。

1. 餐厅各服务岗位自检

在日常的餐厅服务中，各服务岗位人员（迎宾员、服务员、传菜员、洗碗工）负责对其岗位的服务标准和操作规范负责，严格按标准和规范执行，自行检查，以保证服务的规范和质量。

2. 领班检查

各餐厅领班对所在班组的服务人员的服务标准、操作规范执行、操作情况和服务质量情况进行检查，并详细记录、考核相应人员，保证所在班组的优质服务。

3. 连锁店总经理、餐厅经理检查

（1）组织形式与职责　由连锁店总经理组织领导，组成自查考核小组，负责对本连锁店的各项工作进行检查、考核，并根据检查考核情况如实填写连锁总部统一发放的"连锁店自查每旬情况报告表"。

（2）检查考核的内容、方式和时间

① 检查内容　服务质量、卫生质量、服务人员的仪表仪容、餐厅设备设施等。

② 检查方式与时间

a. 由检查考核小组事先通知进行实地检查（1次/旬）

b. 由检查考核小组进行随时检查。

c. 发放"宾客满意度调查表"（发放的宾客满意度调查表以餐位数的15%为准，1次/旬）。

（3）检查结果　连锁店自查的结果将以一定的权重进入连锁总部对连锁店的考核评价中。

七、进行顾客意见调查

（一）顾客动机调查

为了使顾客光顾餐饮店并且能及时提供适当的服务，首先必须确定顾客的动机，这将是经营餐饮店的基础，并且是改进服务的基本资料。

为调查顾客的使用动机,可分发如下表所示的问卷调查表,请顾客填写。

问卷调查表

请您从下列答案中选择您光临本店的3个主要理由。

□ 交通方便　　　　　　□ 菜色味道不错
□ 外观使人见了愉快　　□ 清洁卫生
□ 颇有名气　　　　　　□ 对服务人员印象良好
□ 经人介绍　　　　　　□ 装潢设备不错
□ 适合约会聊天　　　　□ 音乐设备不错
□ 清静、不拥挤　　　　□ 备有受欢迎的报纸杂志
□ 适合洽谈公事

各餐饮店可依其性质的不同,做适当的增删。此问卷应分平日、假日、高峰、清淡时间来调查,但这可能相当困难,所以不妨在开收据时,请顾客填写,或是赠送小礼物等请顾客合作。

(二)餐饮店诊断

在同类型的餐饮店竞争之下,如何从"劲敌"中脱颖而出,是相当重要的。欲使餐饮店大受顾客欢迎,经营者首先应亲自对本店做一番审视。下面的"餐饮店诊断表"可帮助进行这种检查。

餐饮店诊断表

以下问题是有关顾客对店的印象,请把左栏你认为是最适合的数字圈起来(非常好+2,稍好+1,普通0,稍不好−1,非常不好−2)。无法决定时,请圈0。

	非常好	稍好	普通	稍不好	非常不好
(一)外部					
1.外观是否比其他店有特征	+2	+1	0	−1	−2
2.外观上是否配合周围环境?	+2	+1	0	−1	−2
3.门口是否便于顾客进去?	+2	+1	0	−1	−2
4.从远处看招牌是否明显?	+2	+1	0	−1	−2
5.样品及菜单是否让人看得懂?	+2	+1	0	−1	−2
6.是否有多余的食物妨碍观瞻?	+2	+1	0	−1	−2

(二) 内部
7. 室内空调设备是否良好？　　　　　　　　　+2　+1　0　−1　−2
8. 内部摆设是否恰当？　　　　　　　　　　　+2　+1　0　−1　−2
9. 整个色调是否适当？　　　　　　　　　　　+2　+1　0　−1　−2
10. 照明是否适合房间？　　　　　　　　　　　+2　+1　0　−1　−2
11. 柜台是否整洁？　　　　　　　　　　　　　+2　+1　0　−1　−2
12. 厨房是否清理干净？　　　　　　　　　　　+2　+1　0　−1　−2
13. 地板是否清扫干净？　　　　　　　　　　　+2　+1　0　−1　−2
14. 花卉与盆栽是否配合得当？　　　　　　　　+2　+1　0　−1　−2
15. 桌椅颜色是否适当？　　　　　　　　　　　+2　+1　0　−1　−2
16. 座椅是否舒适？　　　　　　　　　　　　　+2　+1　0　−1　−2
17. 音乐音量与选曲是否适当？　　　　　　　　+2　+1　0　−1　−2
18. 洗手间是否清洁悦目？　　　　　　　　　　+2　+1　0　−1　−2
19. 收银柜周围是否清洁？　　　　　　　　　　+2　+1　0　−1　−2

(三) 桌子上
20. 桌子是否清洁整齐？　　　　　　　　　　　+2　+1　0　−1　−2
21. 糖罐、烟灰缸与餐巾盒等必需品是否齐备？　+2　+1　0　−1　−2
22. 杯子与汤匙的花纹、颜色是否适当？　　　　+2　+1　0　−1　−2

(四) 商品
23. 本店是否有诱客商品？　　　　　　　　　　+2　+1　0　−1　−2
24. 早餐服务与优待券等是否有独特性？　　　　+2　+1　0　−1　−2
25. 与其他店比较是否味道好？　　　　　　　　+2　+1　0　−1　−2
26. 与其他店比较是否价格公道？　　　　　　　+2　+1　0　−1　−2
27. 与其他店比较是否种类丰富？　　　　　　　+2　+1　0　−1　−2
28. 样品与菜单照片是否与商品有差异？　　　　+2　+1　0　−1　−2

(五) 菜单
29. 墙上及桌上菜单是否让顾客看得清楚？　　　+2　+1　0　−1　−2
30. 是否设计美观、保持干净？　　　　　　　　+2　+1　0　−1　−2
31. 追加餐饮是否优待（如第2杯价格打折）？　+2　+1　0　−1　−2

(六) 员工
32. 服装是否保持干净？　　　　　　　　　　　+2　+1　0　−1　−2
33. 讲话与态度是否良好？　　　　　　　　　　+2　+1　0　−1　−2

34. 叫菜是否会弄错？	+2	+1	0	−1	−2
35. 要求供应冰水是否欣然接受？	+2	+1	0	−1	−2
36. 是否面带笑容、服务态度良好？	+2	+1	0	−1	−2
37. 是否有互相私语？	+2	+1	0	−1	−2
38. 是否与特定顾客过于亲密？	+2	+1	0	−1	−2

（七）附属设备

39. 是否备有报纸或杂志？	+2	+1	0	−1	−2
40. 点唱机是否顺应顾客的想法？	+2	+1	0	−1	−2
41. 电视机等是否尊重顾客的意思放映？	+2	+1	0	−1	−2

（八）营业服务

42. 营业时间是否配合顾客？	+2	+1	0	−1	−2
43. 叫餐饮是否迅速送到？	+2	+1	0	−1	−2
44. 是否有回数券等服务？	+2	+1	0	−1	−2
45. 叫接电话、店内广播是否亲切？	+2	+1	0	−1	−2
46. 提供小毛巾等服务是否适当？	+2	+1	0	−1	−2
47. 冰水的追加服务是否确实在做？	+2	+1	0	−1	−2

（七）整个情况

48. 整个店是否有温暖的气氛？	+2	+1	0	−1	−2
49. 店名是否易懂、有亲切感？	+2	+1	0	−1	−2
50. 光顾本店的顾客是否都是有素质的？	+2	+1	0	−1	−2

说明：

依照诊断核对表的全部项目评分，然后看综合分数的正负。如果是负数，就应引起注意，综合分至少应该有50分以上，否则就难免会倒闭。

（三）顾客反映调查

几乎大部分的餐饮店都未曾准备"顾客意见卡"，而且几乎大部分的顾客也无填卡的习惯，但这并不一定表示顾客对该店十分满意。所以采取设法调查顾客意见的某些措施，是绝对必要的。

最简单的方法，是利用账单的背面作为"顾客意见栏"；或是设计意见卡，放在桌子上，以方便顾客填写。其内容除了对餐饮店的评估之外，最好还包括顾客的姓名、地址，并附加"为了通知特别优待日或举办各种活动以酬宾，务请填写本卡"的字句。

顾客意见卡

敬爱的贵宾：

　　承蒙光临，本餐厅为求提供更美好的服务，请您惠赐宝贵的意见，作为本餐厅提高餐饮水准的参考。另本餐厅每三个月抽出50张顾客的意见卡，给抽中的顾客赠送一份精美小礼物，谢谢您的协助及合作。

姓名：_____　年龄：_____　职业：_____　电话：_____

地址：_____

	非常满意	满意	普通	不满意	很不满意
场所					
舒适愉快	□	□	□	□	□
清洁方面	□	□	□	□	□
设备方面	□	□	□	□	□
服务					
服务迅速	□	□	□	□	□
服务礼貌	□	□	□	□	□
服务效率	□	□	□	□	□
出纳态度	□	□	□	□	□
饮料					
饮料品质	□	□	□	□	□
饮料味道	□	□	□	□	□
饮料分量	□	□	□	□	□

您的建议：_____
_____
_____

　　总之，作为餐饮店的经营者，必须经常提醒自己用顾客的眼光展望店的前途。并且只要顾客有批评及建议反映给店方，就应随即采纳并迅速进行改善，如此才能受到大众的欢迎。

八、开展服务质量评估

（一）设定服务品质评估标准

　　服务流程标准与服务态度，可作为各项职务评估等级的工作底稿。明确制定出各等级标准，再进一步导入服务中，并可根据视察出来的重要指标数，作为标准的评断，如下表所示。

评估登记表

做法	依照现有的餐厅经营形态，给予下列两类不同服务品质标准的评分
评分	A表示最重要，B表示重要，以下类推
服务流程	服务态度
（1）顺应性 （2）投入性 （3）时机性 （4）动线顺畅 （5）双向沟通 （6）顾客反应 （7）现场督导	（1）态度 （2）称呼顾客姓名 （3）关心 （4）指引顾客点菜 （5）说话语气 （6）推荐菜色 （7）肢体语言 （8）机智反应 （9）解决顾客的问题

（二）服务品质评估的指标

若要改善服务品质，就必须事先清楚描绘出所希望的服务人员的行为表现的模式，然后才能够据此去评断他们的表现。下表所列即为各项服务品质评估标准的重要指标示例。

服务品质标准指标

服务品质标准	重要指标示例
服务的时机性	（1）顾客进入餐厅坐下后，服务人员在6秒内趋前致意 （2）西餐服务色拉用完后，4～5分钟内便上主菜
服务动线顺畅	（1）领台人员带位时灵活机动 （2）在餐厅内每个服务区的服务环节先后进度不同
制度可顺应顾客的需求	（1）菜单可替换及合并点菜 （2）顾客要求的事项，近9成是可以实现的
预期顾客的需求	（1）主动替顾客添加饮料 （2）主动替幼儿提供儿童椅
与顾客及服务同仁做有效的双向沟通	（1）每道菜都是顾客所点的菜 （2）服务人员彼此间相互支持
寻求顾客反应及意见	（1）服务人员至少问候1次询问用餐团体菜色或服务的意见 （2）服务人员将顾客意见转述给经营者

续表

服务品质标准	重要指标示例
服务流程的督导	（1）每个服务楼面有1位主管现场督导 （2）现场主管至少与每桌顾客接触问候1次
服务人员表现出正面的服务态度	（1）服务人员脸上常挂着微笑 （2）服务人员百分之百地、友善地对待顾客
服务人员表现出正面的肢体语言	（1）与顾客交谈时，必须双眼正视对方 （2）服务人员的双手尽可能远离顾客的脸部
服务人员是发自内心来关心顾客	（1）每天至少有10位顾客提及服务良好 （2）顾客指定服务人员
服务人员要做有效的菜色推荐	服务人员对每桌顾客所点每道菜的特色能做正确的说明
服务人员是优良的业务代表	除主菜之外，建议再点1道菜（例如饭后甜点、饭后酒、开胃菜）
服务人员说话语调非常的友善、亲切	主管认为服务人员的说话语调是满分的
服务人员使用适时合宜的语言	使用正确的语法，避免用俚语
称呼顾客的名字	顾客用餐中，至少称呼其名1次
对于顾客抱怨处理得当	所有抱怨的顾客其问题都可以得到满意的解决

当完成上述的工作底稿后，接着应对每一种职务的服务标准给予等级排序，并针对每种标准列出一种以上可观察到的重要指标。

一旦获得上述的服务标准及其相关性的指标后，接下来则与现在的经营管理标准予以对照，考虑是否契合。如果能更清楚地强调所要求的服务标准，员工将更有效地提供所期望的服务水准。

因此，为了清楚划分出什么是明确可计算的指标，什么是无法计算的指标，详尽加以列出，以比较两者的差异性。

可计算及无法计算的服务指标比较

可计算的指标	无法计算的指标
主动替客人添茶水或其他饮料	服务员先行一步提供服务
新到客人入座后6秒内，服务员即趋前打招呼，1分钟内帮客人点菜	服务员掌控服务范围得宜
带位时与客人沟通	领台对待客人和蔼可亲
每桌至少多卖1道菜	服务员示范推荐销售的技巧

续表

可计算的指标	无法计算的指标
服务员口头上相互间支持	服务员有良好的团队精神
当班时，必须持续与每桌客人保持招呼	服务员精力充沛
出菜后1分钟内及时上菜	服务员的脚程很迅速
每晚至少有10位客人给予肯定的意见	客人自得其乐
头发梳理整齐，指甲干净，制服整洁熨平，仪容干净	服务员穿戴整齐、干净
经营者亲自倾听并回答客人的询问	倾听客人的诉求

（三）进行服务评估

在进行服务评估前，应先理清现行提供给顾客的服务是什么，衡量的标准是什么，也就是找出现行的服务准则，并指出现行服务标准的强势及弱势点，借此反映问题的症结所在，同时也可比较出提供顾客服务现行标准与理想期望值之间的差距。尤其身为餐饮经营者，必须将服务的一般观念，转换成为具体的服务手法，并依其重要性加以排序。

下表所讨论的服务评估，是依据"走动式管理"而得来的，以鼓励餐饮经营者能确切投身于服务流程中，检查营运管理的运作情形。

服务评估范例

服务动线的整合	投入性
（1）每桌服务流程的步骤不同 （2）服务员服务步调大方、稳重 （3）厨房或吧台准时递送商品 （4）客人于特定时间内获得服务	（1）当客人杯中尚余1/4的饮料时，已给客人多加另一杯饮料 （2）随时可提供确切的物品或设备 （3）客人无需要求任何种类的服务，服务员已自动提供
时机性	微笑的肢体语言
（1）客人入座后6秒内，即有服务员趋身向前招呼 （2）客人点酒后3分钟内即可送上 （3）主菜于色拉碗用毕后3分钟内上桌 （4）于最后一道菜收拾完毕后，3分钟内给账单 （5）客人用餐完毕离席后，桌面重新摆设，于1分钟内完成	（1）全体服务员符合工作时的服装和仪容标准 （2）全体服务员面带微笑 （3）举止行为文雅、平稳、收敛、有精神 （4）在客人面前不抽烟、不嚼口香糖 （5）与客人交谈时，双眼注视对方 （6）手臂动作收敛 （7）面部表情适当

续表

顺应性	友善的语调
（1）菜色顺应客人要求而调整 （2）将特殊客人的要求转达给经理 （3）顺应行动不便的客人的要求 （4）特殊节庆的认定及处理	服务员说话语气随时保持精力充沛及热情
督导	客人反应
（1）餐厅楼面随时可见一位经理于现场督导 （2）经理亲自处理客人抱怨问题 （3）经理当班时征询用餐客人的意见	（1）上菜后2分钟内询问客人意见 （2）请求客人于用餐完毕后给予评语
双向沟通	肯定的态度
（1）服务员填写菜单时，字迹清晰、整齐，使用正确的简写字 （2）服务员说话语气清楚 （3）服务员具备倾听技巧	（1）服务员完全地表现出愉悦及协调性 （2）服务员完全地表现出高度服务热情 （3）服务员乐于工作 （4）服务员相互合作无间
有效的销售技巧	机智地用字
（1）服务员有效推荐菜色，使得客人充分了解商品特色 （2）推荐某样菜色时，服务员可以说出其特色及其优点	（1）遣词用字正确 （2）使用正确的文法 （3）服务员之间避免使用俚语 （4）服务员之间避免摩擦
称呼客人的名字	圆满地解决问题
（1）称呼常客的名字 （2）假如以某人登记订位时，一律尊称所属的某团体 （3）客人使用信用卡结账后，一律称呼客人的名字	（1）抱怨的客人在离开餐厅时，问题都能圆满地解决 （2）经理亲自与抱怨的客人洽谈 （3）问题的解决方式，能针对客人所提出的问题
关心	备注
（1）关心每桌客人的不同需求 （2）关心年长客人的需求 （3）尊重客人消费额度	评分：C→持续性的；I→非持续性的；N→不存在的

（四）提供顾客反应、认知及奖励措施

1. 施行奖励措施的益处

顾客对某员工给予正面的评价，餐厅因此给予该员工奖励，是一种正面的推动力量。这种正面的推动力量，可以不断地活跃整个服务流程。

换句话说，如果某种服务方式被赋予负面评价时，这种服务方式自然会逐渐消失。受到正面评价的服务方式，则肯定会受到经理人以及服务人员的重视，并且将此种服务方式视为自己所期望的服务品质的标准。

在这样的工作环境下，大家的注意力会集中在谁将事情做好、做对，而不会去挑毛病。

2.奖励措施的要点

（1）给予特殊或促销项目某一比例的现金，回馈奖励。
（2）给予一笔现金，奖励某项销售成绩。
（3）以销售量为基准，给予某一比例的红利。
（4）针对团体所共创的业绩，可给予团体奖励。
（5）制定利润分享制度，来鼓励团体共创业绩。
（6）针对每月、每季最佳销售人员，提供特殊的奖励。
（7）给予文化活动的招待券，额外给予休假。
（8）给予礼券及免费运动衣。
（9）公布得奖人姓名、业绩，赠予奖牌或加薪。
（10）团体旅游活动。
（11）给予特殊成就标志的别针。
（12）给予优先选择工作轮班时段。
（13）交由主管予以口头奖励。

下面提供一份"管理者每日工作检查表"，仅供读者参考。

【实战范本】管理者每日工作检查表 ▶▶▶

检查时间	检查内容	检查结果
10:00 例行 工作	1.人员是否准时上班？各部门（未休假）人员是否到齐？ 2.营业前的勤务工作是否安排妥当？ 3.勤务工作执行状况如何？是否有疏漏？时间及重点掌握是否确实？ 4.是否有未分配到的工作？并分配人员完成？ 5.10:30各项勤务工作应已完成，准备换装及用餐。 6.10:35巡视勤务工作的善后，并安排员工午膳 7.11:00全体同仁用餐完毕	
11:00 前例行 工作	1.店面前的骑廊与马路均视为清洁区域，应保持整洁 2.店面前的海报架、订席牌、脚踏垫是否清洁并定位？ 3.地毯是否清洁完毕？阶梯铜条是否擦拭？大理石地面是否做好了清洁？ 4.灯光和空调是否调整正常？（含灯泡是否有损坏并更换）	

续表

检查时间	检查内容	检查结果
11:00前例行工作	5.蒸馏水及冰块是否补充正常？银水壶是否擦拭过？ 6.送洗衣物、厂商送达的布件是否有规定位置存放？ 7.出纳、柜台、沙发是否确实整理？ 8.出纳播放的音乐是否正确？ 9.出纳菜单是否有整理并摆放定位？ 10.各服务台上的备品是否补充齐全？（盅、桶、拖盘、磁盘及作料等） 11.各桌面是否摆放正确且清洁？（餐具、口布纸、餐垫纸、水杯、胡椒盐罐、烟灰缸、意见卡、台卡、调味罐、花瓶、面包盘、台心布等）餐椅擦拭及摆放是否整齐？ 12.备餐区色拉、冰箱内废口布纸是否有清理？并关上玻璃门和接通电源？ 13.吧台各项备品是否准备充分？（含各项饮料、水果、吸管、口香糖、奶粒、咖啡粉、台面，并至库房补足所有备品及酒） 14.化妆室是否清洁？（含卷桶纸、擦手纸、镜面、台面、地板、小便斗、马桶等） 15.饭菜是否准备妥当？人员着装完毕并就位，准备用餐	
上午营业前及营业中例行工作	1.是否有餐前集合？ 2.人员的工作和区域是否分配妥当？ 3.员工用餐的桌面是否有指定人员完成整理？ 4.各区域人员是否就位，并进入状态（如备餐区、前菜、色拉、汤、面包、碗、盘的补充）？ 5.勤务工作未完成事项是否已指派人员补充完成？ 6.服务是否有缺失？（含迎客；带位；推拉椅子；为客人披挂外套；上湿纸巾；加水；上菜单；点菜；出餐；酒类服务；点烟；换烟灰缸；餐中加水；口巾；结账；送客） 7.出菜是否正常？（含太快、太慢及吧台附餐和单点饮料） 8.客人用餐状况及反应 9.食品是否有缺失？ 10.人员服务是否亲切？（微笑、口语及动作有无漏失） 11.各区域人员的工作量及服务量是否平均？有无调动支持的必要？ 12.空调是否保持正常？（有否太冷或不足） 13.音乐是否保持正常？（有否过于大声、太小声或中断） 14.化妆室是否随时保持清洁？（含卷桶纸、擦手纸、镜面、台面、地板、小便斗、马桶及各项备品的补充） 15.上午营业前是否将灯光调至较柔和的亮度？ 16.地毯是否随时保持清洁？ 17.客人桌面是否随时保持清洁？（含空杯子以及换烟灰缸、调味罐、废口布纸等） 18.对人员及客人的状况是否随时掌握确实？	

续表

检查时间	检查内容	检查结果
上午营业前及营业中例行工作	19.上午收尾工作是否于13:30分派妥当？ 20.人员及工作是否准时分派妥当？ 21.人员执行状况如何？是否有遗漏？时间掌握是否确实？ 22.是否有特殊工作应完成，并分派人员执行？ 23.现场客人是否有人服务？有无遗漏？ 24.13:50备餐区人员是否将备品回收厨房？ 25.13:50人员是否集合擦餐具（含银盘及各类餐具），并归定位？ 26.13:50是否分派人员全场埋单？是否彻底执行？ 27.13:50收尾工作的最后检查，如收尾工作未完成，是否指派人员补充完成？	
13:55收尾工作	1.人员各项工作是否准时完成并汇报？ 2.各服务台的备品是否收存妥当，并台面擦拭干净（含餐具包、盅、桶、作料及杂物）？ 3.灯光、空调是否有调整？ 4.备餐区是否整理清洁？（含保温汤架是否断电，煎板烤箱煤气是否关妥，是否有餐具未送洗，汤、面包、作料是否有送回，有否杂物堆置，备餐间是否清洁等） 5.吧台是否确定整理过？（含各项食品的冰放、酱杯的清洗、台面的整理等） 6.餐具是否擦拭清洁并归定位？（含餐具及银盘） 7.桌面摆设是否正常？（含餐具、口布纸、餐垫纸、水杯、胡椒盐罐、牙签罐、烟灰缸、烛台、台卡、意见卡、花瓶、面包盘、椅子、台心布） 8.出纳结账是否完成？ 9.蒸馏水、湿纸巾、糖缸是否补充完成？ 10.吧台餐具是否擦拭清洁并归定位？ 11.磁盘是否擦拭清洁并补充至各位置？ 12.人员未完成工作是否指派人员补充完成？ 13.水、电、煤气开关是否关妥？ 14.空班留守人员是否安排妥当？有否交代事项并交办完成？	
17:00例行工作	1.马路、走廊、踏垫、门面玻璃（含窗台）是否清洁光亮？ 2.地毯是否清洁，地上物是否摆放定位？（含服务台、婴儿椅、餐桌、椅子、海报架、蒸馏水、桶架、订席牌等） 3.灯光、空调是否调整正常？（含灯泡是否有损坏，并安排人员更换） 4.蒸馏水及冰块是否补充正常？ 5.出纳柜台、沙发是否整理清洁？ 6.出纳菜单是否整理确实，并摆放定位？ 7.各服务台上的备品是否补充齐全？（含盅、桶、拖盘、磁盘、作料等）	

续表

检查时间	检查内容	检查结果
17:00 例行工作	8.各桌面摆设是否正确？（含餐具、口布纸、餐垫纸、水杯、胡椒盐罐、牙签罐、烟灰缸、意见卡、台布、台心布、台卡、柜台、调味罐、花瓶、面包盘等） 9.备餐区用品是否准备完成？ 10.吧台煤气是否点了火？水壶及保温箱水位是否正常？ 11.员工饭菜是否准备妥当？ 12.人员是否着装完毕并准备用餐？	
下午营业前及营业中例行工作	1.是否有餐前集合？ 2.人员的工作和区域是否分配妥当？ 3.员工用餐的桌面是否有指定人员完成整理？ 4.各区域人员是否就位，并进入状态？（如备餐区、前菜、沙拉、汤、面包、碗、盘的补充） 5.勤务工作未完成事项是否有指派人员补充完成？ 6.服务是否有缺失？（含迎客；带位；推拉椅子；为客人披挂外套；上湿纸巾；加水；上菜单；点菜；出餐；酒类服务；点烟；换烟灰缸；餐中加水；口巾；结账；送客） 7.出菜是否正常？（含太快、太慢及吧台附餐和单点饮料） 8.客人用餐状况及反应 9.食品是否有缺失？ 10.人员服务是否亲切？（微笑、口语及动作、有无漏失） 11.各区域人员的工作量及服务量是否平均？有无调动支持的必要？ 12.空调是否保持正常？（有否太冷或不足） 13.音乐是否保持正常？（有否过于大声、太小声或中断） 14.化妆室是否随时保持清洁？（含卷桶纸、擦手纸、镜面、白面、地板、小便斗、马桶及各项备品的补充） 15.晚上营业前是否将灯光调至较柔和的亮度？ 16.地毯是否随时保持清洁？ 17.客人桌面是否随时保持清洁？（含空杯子、换烟灰缸、调味罐、废口布纸等） 18.对人员及客人的状况是否随时掌握确实？ 19.下午收尾工作是否于20:30分派妥当？ 20.开始安排营业后收尾工作 21.指示单位主管开始分派人员执行例行工作 22.现场的客人仍需指定专人服务 23.人员执行状况如何？是否有遗漏？时间掌握是否确实？ 24.是否有特殊工作应完成，并分派人员执行 25.现场客人是否有人服务？有否遗漏？ 26.21:00备餐区人员是否备品回收厨房 27.21:45人员集合擦餐具（含银盘及各类餐具），并归定位 28.21:50是否分派人员全场埋单？有否彻底执行？ 29.21:50收尾工作的最后检查	

续表

检查时间	检查内容	检查结果
21:50 收尾 工作	1. 人员各项工作是否确实完成并汇报？ 2. 各服务台的备品是否收妥当？（含餐具包、盅、桶、杂物等） 3. 各服务台的台面是否已擦拭，并更换置物格内的废口布纸？ 4. 备餐区是否整理清洁？（餐具是否送洗，作料及色拉是否送回厨房，备餐间地板有否刷洗等） 5. 调味罐是否补充及擦拭确实，并摆放定位？ 6. 各服务台置物格内的调味罐是否正确摆放？ 7. 灯罩、烛台是否清理，并归定位？ 8. 花瓶是否收回定位，并将花冰放妥当？ 9. 桌面是否摆设？（含餐具、口布纸、餐垫纸、水杯、胡椒盐罐、烟灰缸、意见卡、台卡、调味罐、面包盘、椅子等） 10. 口布是否清洗，并置放定位？ 11. 吧台糖缸是否有补充？餐具是否擦拭并归定位？ 12. 垃圾是否确实倾倒？含垃圾桶周围是否清理？ 13. 托盘是否清洗、清洁并置定位？ 14. 餐具是否擦拭清洁并归（定）位？（含银盘及各类餐具） 15. 香槟桶架及银水壶是否已倒水，并放置定位？ 16. 盅、桶及调味盅是否清洗干净，并放置定位？ 17. 吧台整理是否完成？（含各项食品的冰放、杯盘的清洗、台面的整理、地板的刷洗等） 18. 出纳是否完成结账工作？ 19. 依未离去客人的人数及所在位置适度调整灯光、冷气 20. 是否准时通知人员做营业后检讨会，并准时就位？ 21. 会后未完成的收尾工作是否安排人员补充完成？	
22:00 下班前例 行检查	1. 下班前先确认次日休假与服务人员名单，并检查煤气总开关是否关妥？ 2. 未用完的食品是否妥善收藏？冰箱门是否关妥并上锁？ 3. 是否确实熄灭所有火烛？ 4. 台面的煤气开关是否关妥？ 5. 内场烤箱是否关闭？冰箱是否正常运转？ 6. 内场是否确实熄灭所有火烛及火种？ 7. 内场后门是否关妥？ 8. 内场灯光是否全关妥？ 9. 库房门是否关妥？灯是否关妥？ 10. 空调是否关妥？ 11. 踏垫等物品是否自门口收回店内？ 12. 铁卷门是否关妥？ 13. 各项灯光是否关妥？ 14. 机房及更衣室的灯是否关妥？ 15. 铁门上锁后监控信号是否正常与保全联线？ 16. 离开前对整个店面的外观再巡视一遍	

第六章
餐厅食品安全控制

引言

餐饮业是食品行业产供销产业链中的终端行业，处于与消费者日常生活联系最紧密的领域，可以说食品安全是餐饮业链条的核心。对于众多餐饮企业而言，破解餐饮业食品安全的前提，需要系统地从源头采购、半成品加工、仓储、配送等各个环节加强食品安全风险管控。具体而言就是要在原料的采购、原料的存储保管、原料的加工、原料的运输过程以及成品的销售服务环节等都能够严格按照相关要求把控，不仅为消费者营造出良好的环境就餐，更加注重食品安全环境。

第一节　健全从业人员健康管理制度

　　食品生产人员每年应当进行健康检查，取得健康证明后方可从事接触食品的工作。患有痢疾、伤寒、病毒性肝炎（甲肝、戊肝）等消化道传染病的人员，以及患有活动性肺结核、化脓性或者渗出性皮肤病等有碍食品安全的疾病的人员，不得从事接触直接入口食品的工作。

一、新进人员健康检查

　　餐饮企业对新进员工的健康有以下要求。
　　（1）对于新进人员，要求持有健康证，才可以予以录用。
　　（2）健康检查中应检查诊断的项目有：经历检查，检查是否有自觉症状与其他症状；检查身高、体重、视力及听力，是否色盲，胸部X射线检查，量血压，测定尿中是否有糖尿与蛋白尿；粪便的细菌检查（必要时做寄生虫卵检查）。

二、定期健康检查

　　对于在职员工，要做好定期健康检查。便于提早发现问题，解决问题。因为有的带菌者本身并没有疾病症状，所以健康检查有助于早期发现疾病并给予适当的治疗，同时可帮助受检者了解本身的健康状况及变化。定期健康检查每年至少一次。

三、培养员工的健康意识

　　餐饮企业要培养员工的健康意识，经常对其进行培训。
　　（1）保持身体健康，精神饱满，睡眠充足，完成工作而不觉得过度劳累。
　　（2）若感不适，应及时报告，如呼吸系统的任何不正常情况（感冒、咽喉炎、扁桃体炎、支气管疾病和肺部疾病）；肠疾，如腹泻；报告任何皮肤发疹、生疖等疾病；报告受伤情况，包括被刀或其他利器划破和烧伤等。
　　（3）当手指被割伤或戳伤时，应立即用止血胶带包扎好。
　　（4）当发生刀伤或烫伤事故时，应立即进行急救。

第二节　采购与储存环节食品安全控制

一、采购环节的食品安全

　　餐饮企业的食材采购是保证食品安全的第一关，采购的食品、原料、食品添加剂和食品相关产品不符合安全要求，就难以保证供应到餐桌上的食品是安全的。

（一）要问清货物来源

当前食材经营方式多样化，多数食材送货上门，不论采购直接入口的食品还是采购食品原料，必须弄清供货方的名称和地址，查明供货方是否有食品经营许可证。切不可图价格便宜，图省事，随便购进无证食品商贩送来的食品，因为这些食品往往是不合格的。必须向供货方索取食品生产、流通许可证复印件和同批产品的检验合格证或化验单，感官检查合格方可使用，防止购进假冒伪劣食品。索取的各种证明应妥善保存2年，经备查验，一旦发生食源性疾患后可追根溯源。

（二）注意食材质量

（1）禁止采购不能出售的食物，如河豚、野生蘑菇、新鲜木耳、新鲜黄花菜、病死或死因不明的禽畜肉、水产品等。

（2）所有采购的粮食、油料、干货等食品的包装都要有QS标志。

（3）对于所有采购的畜禽等生鲜食品都要索取卫生部门及检验部门颁发的检验检疫证明。

（4）购买蔬菜时要索取农药残留证件。

（5）购买豆制品时要索取国家质量标准证件。

（6）绝不采购"三无产品"。

二、验收环节的食品安全

食品在入库或使用前应有专人验收，查验产品包装是否破损、漏气、胀气，商标标识（品名、厂名、产地、生产日期、批号或者代号、规格、配方或者主要成分、保质期限、食用或使用方法）是否符合要求，核查所购产品与索取的有效凭证是否一致，并建立台账，如实记录食品名称、规格、数量、供货商及其联系方式、进货时间等内容。采购食品应遵循以销定购（用多少定多少）的原则，以保证新鲜和卫生质量，避免不必要的损失。

为确保货物达到质量标准，验收肉类和家禽类的员工应依照采购说明书中的规格对所有到货进行检查，并核实是否有国家相关部门的"检验"标签情况。以下是验货的通常做法。

（1）按照存货目录检查质量、卫生程度和标签说明。

（2）对产品的内部温度和敏感质量进行评估。

（3）对照企业的采购说明书和采购申请单核实进货。

（4）按照质量说明、数量和价格检查供货商的送货发票是否符合要求。

（5）建立严格的验收制度，指定专人负责验收。

（6）当发现有不符合卫生要求的原料时应拒绝接受，并追究采购人员的责任。

三、储存的食品安全

（一）验货后应当马上储存

验货后应当马上储存，并将食品盖起来，否则食品就会干枯或者吸收异味，储存柜上方也有可能落下碎物或其他物品到未加盖的食品中。把冷冻的食品放在原装器皿里，因为原装器皿一般是保温防蒸发的，常用的食品如面粉、玉米粉、大米等应存放到防锈和防腐蚀的器皿里，并且盖紧盖子，不要使用铁制容器，这些容器难以清洗消毒和维护。

（二）储存环节的食品安全

储存也是一个很重要的环节，具体做法如下。

（1）食品要上架，离地面至少20厘米，离墙面至少6厘米。

（2）注重储存环境的温度和相对湿度，应当符合以下要求。

① 干货储存——温度10～21摄氏度；相对湿度50%～60%。

② 冷藏储存——温度5摄氏度或者更低；相对湿度80%～90%。

③ 冷冻储存——温度零下18摄氏度或者更低。

（3）把新的存货清单与旧的存货清单放在一起作为先进先出的依据。

（4）严格管理对储存时间和温度都有要求的食品。

（5）对再次冷藏的剩余食品要注上首次储存的日期。

（6）把容易腐烂和可能会变质的剩余食品放在深度不超过13厘米的锅里冷藏，然后在24小时之内使用或者扔掉。

（7）保存好存货物品以免交叉感染。

（8）有包装的食品不要存放在可接触到水的地方或冰块上。

（9）有毒的化学制剂（清洁剂、卫生用品以及杀虫剂）应当单独存放于远离食品而且可以上锁的地方。

（10）扔掉所有已损坏的物品和那些有臭味或已变色的食品。

（11）保留好所有损坏食品的记录，这样可以查找问题的所在和需要完善的不足之处。

（12）在储存期间可使用感官检查（如闻、看、触）存货，管理存货质量。

（13）不要把即将变质的食品和其他食品放在一起。

（14）不要把熟食品放在生食品上。

四、发货环节的食品安全

要按照最基本的先进先出的原则发货，所以，应该先使用在仓库存放时间最长的货物，而表面损坏或不能使用的物品应让员工确保通知之后迅速扔掉！一般按照以下顺序把产品送到仓库。

（1）最易腐烂的产品（冷冻食品）。

（2）较易腐烂的产品（冷藏的食品）。

（3）不易腐烂的产品（干货和非食用物品）。

餐饮管理者要做到有效地指导完成存货发货，必须经常检查仓库和到存货区域查看，观察存货发货是否按照以上的思路完成。

第三节　加强厨房的卫生管理

一、厨房应当保持内外环境整洁

厨房室内外环境一般包括天花板、墙壁、门窗与防蝇设施和地面等。

（一）天花板

厨房天花板除了具有装饰功能外，更需要关注其卫生管理的问题。

（1）注意日常清洗，主要用吸尘器或扫帚进行清洁，对局部被弄脏，污垢严重的地方，可用湿抹布进行擦拭，或把清洁剂喷洒到天花板上，再用抹布擦拭。

（2）使用吸尘器清扫天花板，清洗时注意对墙壁上排气口部位的清洁，灰尘较厚的地方及无法用吸尘器除尘墙角等，可用软刷或干抹布擦拭。

（二）墙壁

不同材质的墙壁清洗方法，具体如下图所示。

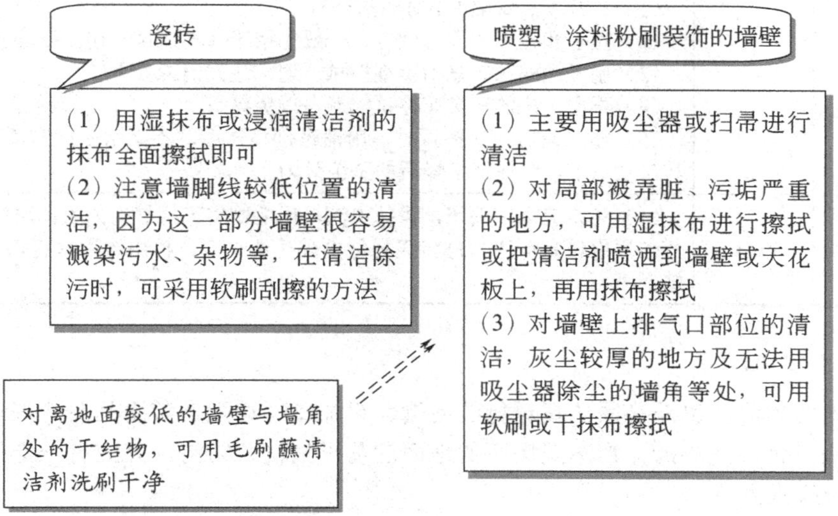

瓷砖	喷塑、涂料粉刷装饰的墙壁
（1）用湿抹布或浸润清洁剂的抹布全面擦拭即可 （2）注意墙脚线较低位置的清洁，因为这一部分墙壁很容易溅染污水、杂物等，在清洁除污时，可采用软刷刮擦的方法	（1）主要用吸尘器或扫帚进行清洁 （2）对局部被弄脏、污垢严重的地方，可用湿抹布进行擦拭或把清洁剂喷洒到墙壁或天花板上，再用抹布擦拭 （3）对墙壁上排气口部位的清洁，灰尘较厚的地方及无法用吸尘器除尘的墙角等处，可用软刷或干抹布擦拭

对离地面较低的墙壁与墙角处的干结物，可用毛刷蘸清洁剂洗刷干净

不同材质的墙壁清洗方法

（三）门窗与防蝇设施

厨房的门窗也是比较容易沾染污物的地方，主要是因为工作人员领取搬运食材出入频繁，厨房的门主要包括门扇、门框、拉手和防蝇门帘等，具体如下表所示。

门窗与防蝇设施卫生清洁方法

序号	部位	清洁方法
1	门与门框	（1）粗加工、切配、烹调、餐用具清洗消毒等场所和各类单间的门应采用易清洗、不吸水的坚固材料制作。食品处理区的门应装配严密，与外界直接相通的各类单间的门应能自动关闭 （2）擦拭门框，先用湿抹布擦拭，每次一般用干净的抹布擦拭两遍，用浸润过清洁剂溶液的抹布把门框自上而下、从外到内擦拭一遍，再用清水把抹布洗涤干净，按同样顺序把门扇擦拭干净 （3）对门扇上方的玻璃，分别用湿、干抹布各擦拭一遍；对门扇下方的木板，应先用长柄软刷蘸水洗刷一遍，再用干净抹布擦拭干净
2	窗	（1）摘下纱窗，然后用软毛刷蘸清洁剂溶液洗刷除去窗框、横梁、窗台和玻璃上的油渍、杂物以及灰尘 （2）用清水冲洗干净，用湿抹布将窗框、横梁和窗台擦拭干净 （3）用不掉绒毛的软干布或吸水性能较好的纸巾把玻璃内外的水分擦干，然后用干净抹布蘸酒精擦拭窗户上的玻璃 （4）将清洁、干净的纱窗安装在原来的位置上
3	纱窗	（1）摘下纱窗，用软毛扫帚将纱窗上的灰尘扫除 （2）用软毛刷蘸清洁剂溶液洗刷一遍 （3）用清水在水池内清洗干净 （4）捞出纱窗，晾干
4	拉手	（1）在开餐后每隔1小时清洁一次 （2）拉手和拉手的周边地方，一般先用湿抹布擦拭一遍，以除其污迹 （3）用干净的抹布蘸消毒剂擦拭一遍，达到消毒效果 （4）再用干净的干抹布擦拭一遍，以免黏滑 （5）每天最后一次擦拭时，用消毒剂擦拭后，不必用干抹布擦干，使其自然晾干，以保持干燥后的杀菌效力
5	灭蝇灯	（1）先将灭蝇灯关闭，拔掉电源，用毛刷将灭蝇灯内的虫体清扫干净 （2）用抹布蘸清洁剂将灭蝇灯内外擦洗干净，再用饮用水将清洁剂擦拭干净

（四）地面

地面的清洁也是必须认真对待的问题，粗加工、切配、餐用具清洗消毒和烹调等需经常冲洗场所、易潮湿场所的地面应易于清洗、防滑，并应有一定的排水坡度及排水系统。

餐饮业经营者可以制作一个厨房日常卫生检查表，定期对厨房进行检查，如下表所示。

厨房日常卫生检查表

序号	检查项目内容	检查人	抽查人	检查范围	责任人	如何处理
1	作业中操作台面是否干净、整洁，原料放置是否有序					
2	作业中墩、刀、抹布是否清洁卫生					
3	凉菜、粥档及厨房内的门窗、墙面是否干净，无油污、无水渍					
4	作业中的地面是否干净整洁，无垃圾、无杂物					
5	作业中的下脚料是否存放完好，废料是否随手放进垃圾桶					
6	菜肴出品是否有专用抹布、筷子					
7	各种盛放菜肴的器皿是否完好干净，无油渍、无水渍					
8	工作中员工如厕后是否洗手					
9	冰箱存放的原料是否合理，生熟是否分开，无腐烂变质					
10	菜肴出品是否认真检查，确保菜肴中无异物、无量缺现象					
11	盘饰用品是否干净卫生，摆放是否合理，有美化效果					
12	盛装菜肴的盘边是否干净卫生，无水迹、无油污、无手印					
13	备用餐具是否干净，无污迹、无水迹、无杂物					
14	每道菜出品后，站厨师傅是否清理灶面卫生					
15	收档后操作台是否干净整洁，无污迹、无杂物，工具摆放是否有序					
16	收档后墙面、地面是否干净，无杂物、无污迹					
17	油烟机排风罩、玻璃、冰箱、冰柜是否干净卫生，无污迹、无油渍					
18	收档后的各种用具是否洗刷干净，摆放是否合理有序					

二、加强餐饮设施、设备的卫生

（一）下水通道

（1）排污水系统必须保持完好无损，定期对下水通道进行清理，以保持排污水系统的畅通无阻。

（2）翻开窨沟翻盖或窨井盖，用铁铲铲除黏附在阴沟内或漂浮在窨井内的污物，用硬毛刷洗刷。

（3）也将黏附在阴沟盖及窨井盖上面的污物清除干净，用硬刷蘸碱水洗刷。

（4）用清水将阴沟与阴盖一起冲洗干净，冬季用热水冲洗干净。

（5）盖上阴沟盖与窨井盖，将阴沟和窨井周围的地面清洗干净。

（6）夏季在每天工作结束后，对阴沟盖及窨井盖进行彻底的清理，防止污水逆流及滋生微生物、病菌及蚊蝇等。冬季一般可每周清理2～3次，也可根据排污系统的实际情况进行定期清理。

（7）日常的使用过程中保持无臭味、无阻塞现象，阴沟盖及窨井盖表面无污物、无油渍，清洁干爽。

（二）油烟排风设备

（1）油烟排风设备按从内到外、自上而下的顺序先用蘸过洗洁剂的抹布擦拭一遍，然后用干净的湿抹布擦拭一遍，最后再用干抹布擦拭一遍。擦拭的方法有两种，即常规性擦拭与一次性擦拭。常规性擦拭是指在工作中，确定固定人员，按时对油烟排风设备进行擦拭。擦拭时使用干净的抹布，一般每隔30分钟擦拭一次即可。

（2）油烟排风管道内的排风扇及管道口处的引风机，也要定期进行除尘清洗。

（3）油烟排风罩每天班后彻底擦拭一次，每周彻底清洗一次。方法是先用蘸有洗洁剂的抹布，把油烟排风设备从内到外擦拭一遍，然后再用干净的抹布把油烟排风设备从内到外擦拭两遍，确保油烟排风设备干净卫生。

（三）冰柜

（1）冰柜要定期除霜，确保制冷效果，除霜时溶解的冰水不能滴在食材上。

（2）冰柜要定期清理、洗刷，夏季至少每10天洗刷一次，冬季至少每30天洗刷一次。

（3）除霜时，先将冰柜内的货品移至其他冷藏器械内储存，然后关闭电源，打开冰柜门，使其自然融化。用抹布将冰水擦拭干净，然后换用另一块干净的湿抹布把冰柜内外擦拭一遍，晾干冰柜内水分后，接通电源，将原来存放的货品移至冰柜内。

（4）清洗冰柜时，基本与冰柜除霜的程序相似，只是要把冰柜内的所有可以动的货架、食品盒等全部取出，再把货品移至冰柜内。

（5）每天班后应用湿抹布擦拭一次冰柜的外表，以保持外表的清洁，延缓外表老化程度。

（四）炉灶

炉灶的清洁主要是清除油渍污迹，由于炉灶的种类各不相同，清洁方法也有区别，具体如下图所示。

要求一 燃油、燃气炒灶

（1）待炉灶晾凉后，用毛刷对燃油、燃气的灶头进行洗刷除污，使其保持通油、通气无阻，燃烧完好
（2）清除燃火灶头周围的杂物
（3）把灶台上的用具清理干净，用浸泡过洗洁剂的抹布将灶台擦拭一遍，再用干净的湿抹布擦拭干净
（4）用抹布把炉灶四周的护板、支架等一一擦拭干净

要求二 蒸灶、蒸箱

（1）将笼屉取下，用清水冲洗笼屉内外，如果笼屉内有粘在上面的食品渣等，可用毛刷洗刷，再用清水冲洗干净，控干水分，然后将蒸锅和灶台洗刷干净，放上笼屉
（2）先从蒸箱内部清洗，用毛刷洗刷蒸箱内的隔层架、食品盒，除净杂物、食品渣，用水冲洗干净，放净箱内存水，用抹布擦拭干净，然后用抹布将蒸箱外表擦拭干净

要求三 电烤箱

（1）断开电源，将晾凉的烤盘取出，用铁铲铲除烤盘上的硬结食品渣、焦块等
（2）洒上适量洗洁剂，浸泡 10～20 分钟，用毛刷洗刷烤盘内外，用清水冲洗干净，再用干抹布擦拭干净；将烤箱内分层板上的杂物、食品渣清扫干净；将远红外管上的黏结物用干毛刷垫子扫除干净，最后将烤箱外表擦洗干净

要求四 微波炉

（1）关闭电源，取出玻璃盘和支架，用洗洁剂浸泡清洗，用清水冲洗干净，用干抹布擦干水分
（2）用蘸过洗洁剂的抹布擦拭微波炉内胆及门，除净油渍杂物，再用干净的湿抹布擦拭干净，晾干后依次放入支架和玻璃盘
（3）用湿抹布将外表擦拭干净，擦拭触摸式温控盘时，要注意动作轻些，以免损坏温控盘上的按键

炉灶的类别与清洁方法

（五）洗涤间

洗涤间各项设施设备的卫生要求如下图所示。

要求一　保洁柜

> 餐具柜也称保洁柜，用于存放经过洗涤、消毒后的干净餐具。在使用前必须经过清洗、晾干与消毒处理，并要保持每天或定期进行消毒处理，柜内不得存放其他物品，必须专柜专用

要求二　洗碗机

> 洗碗机是将餐具的清洁、洗涤、消毒、烘干等环节融合为一体的机械化现代设备，但使用中同样需要对机器进行经常清洗，最好是每次用完后彻底清洗一次，以清除残留的污垢和油渍等，特别是洗碗机底部，很容易残留污垢，应定期进行消毒处理

要求三　水槽

> 水槽、脚踏板等每次洗涤结束后，都要用消毒清洁剂进行洗涤处理，保证无毒、无菌

要求四　排污系统

> 如果窨沟是装有翻盖的，应每天把窨沟连同翻盖彻底清理一次；如果窨沟是密封的，则每天应对窨井井口处进行除尘处理，以确保排污水系统的畅通无阻

要求五　洗涤池

> 洗涤池要标明蔬菜洗涤池、荤菜洗涤池、餐具洗涤池，禁止蔬菜和荤菜混用洗涤池

洗涤间各项设施设备的卫生要求

（六）更衣室

员工不能着便服上班，也不能将便服存放在厨房、仓库等工作间内。厨房应有员工更衣室，让员工上下班时更换服装和存放私人物品。更衣室一般不靠近厨房和库房，要求通风、照明良好，并配有淋浴、洗手池、镜子等卫生设备。

（七）卫生间

卫生间设置一般与更衣室相邻。卫生间应装有洗池，备有消毒洗手液、肥皂，以便员工洗手消毒。

三、做好厨房用具的卫生

（一）灶上用具

灶上用具的卫生清洁步骤如下图所示。

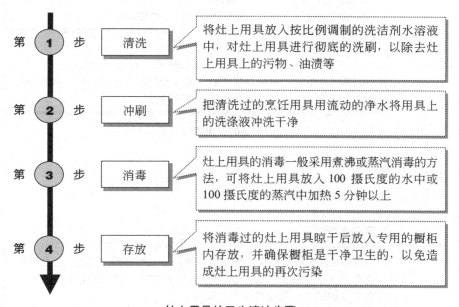

灶上用具的卫生清洁步骤

（二）调理台用具

调理台用具的卫生清洁步骤如下图所示。

　清洗除污

将所有用具放入按比例调制的洗洁剂溶液中，对调理台用具进行彻底的清洗，以除去用具上的污物、油渍等，如果调料盒等用具上有硬结物，则应用热水浸泡变软后，再用硬毛刷蘸洗洁剂将污物清除洗净

| 步骤二 | 冲洗去除洗洁剂液 |

把用洗洁剂溶液清洗过的用具用流动的净水将用具上的洗涤液冲洗干净，如果是在洗涤盆中冲洗，则要至少换清水冲洗 3 次，以确保用具上的洗洁剂没有残留

| 步骤三 | 消毒灭菌 |

一般采用煮沸或蒸汽消毒的方法，可将用具放入 100 摄氏度的水中或 100 摄氏度的蒸汽中加热 5 分钟以上，如果是塑料等不耐高温的用具，则应使用消毒洗洁剂或高锰酸钾溶液进行消毒处理

| 步骤四 | 卫生存放 |

将消毒过的调料盒等用具晾干后，放入专用的橱柜内存放，并确保橱柜是干净卫生的，以免造成调理台用具的再次污染

调理台用具的卫生清洁步骤

（三）抹布

抹布的卫生清洁方法如下图所示。

| 方法一 | 热碱水洗涤 |

将抹布先用热碱水煮沸，浸泡 5 分钟以上，然后捞出搓洗，直到用温清水反复洗净碱液为止，拧净水分，再放入 100 摄氏度的沸水中煮 5 分钟以上，捞出拧净水分并晾干

| 方法二 | 用洗洁剂洗涤 |

将抹布蘸上一定量的洗洁剂或洗洁剂水溶液，经过浸泡与搓洗后，再用清水反复洗净，然后在 100 摄氏度的沸水中煮 5 分钟以上，或在 100 摄氏度以上的蒸汽中加热 5 分钟以上，取出后晾干

| 方法三 | 水洗微波消毒法 |

用一般中性洗洁剂溶液将抹布反复搓洗，除净油渍污秽，然后用清水冲洗两遍，拧净水分，放入微波炉食品盘上，用高火力加热 2～3 分钟取出晾干

抹布的卫生清洁方法

（四）卫生用具

卫生用具的管理要点如下图所示。

- 要点一　厨房所使用的各种卫生用具必须由专人负责管理
- 要点二　拖把要分区间管理，抹布分部门、用途管理，分色存放使用
- 要点三　每次用完后一定要清洗干净，消毒后晾干
- 要点四　卫生工具应设置专门位置存放

卫生用具的管理要点

四、保证餐具的卫生

（一）餐具的卫生要求

餐具必须做到一餐一客一消毒，不隔餐、不隔夜，实行"过四关"：一洗二消三冲四保洁。餐具的卫生要求如下图所示。

- 要求一　餐具使用前必须洗净、消毒，符合国家有关标准；未经消毒的餐具不得使用；禁止重复使用一次性使用的餐具
- 要求二　洗刷餐具必须有专用水池，不得与清洗蔬菜、肉类等其他水池混用；洗洁剂必须符合食品专用洗洁剂的卫生标准和要求
- 要求三　配备有专用消毒柜，消毒后的餐具必须储存在餐具保洁柜内备用。已消毒和未消毒的餐具应分开存放，并在餐具储存柜上有明显标记。餐具保洁柜应专用，不得存放杂物，防止餐具重复污染，并对保洁柜定期进行清洗消毒

餐具的卫生要求

（二）餐具清洗消毒的步骤

餐具清洗消毒的步骤如下图所示。

步骤一 预洗

用木制刮板将餐具内的剩余饭菜清除干净,然后用莲蓬式喷头以温水冲去油渍,清除餐具上的附着物,同时为了保证洗涤的效果,把餐具按不同的种类分开,可以有效地节省洗洁剂与用水量

步骤二 清洗

手洗一般是在水池内加入温水,按比例加入洗洁液,将预洗过的餐具放置在水池内,经过一段时间的浸泡后,用软布依次将餐具内外洗涤干净

步骤三 冲洗

冲洗的主要目的是洗去洗洁剂,操作时将从洗洁剂中洗涤过的餐具用流动的清水冲洗干净

步骤四 消毒

餐具洗净后的重要工作就是进行消毒处理,消毒的目的是为了确保将餐具上的微生物杀灭干净,以保证餐具的卫生安全。现在,厨房常用的消毒方法主要有以下几种
(1) 水煮,在 100 摄氏度的水中将餐具煮 10 分钟
(2) 汽蒸,在 100 摄氏度以上的蒸汽中将餐具加热 5 分钟以上
(3) 氯液,在万分之二的游离氯水溶液中,将餐具浸泡 10 分钟以上
(4) 干热,在 110 摄氏度的干热环境中加热 10 分钟以上
(5) 微波,在微波内用高火力加热 2 分钟以上

步骤五 干燥

干燥就是把带水的餐具去净水分的过程,一般将消毒后的餐具以倒置状态控干或晾干水分,有条件的可用烘干机等设备将餐具上的水分除干净,使餐具保持在干燥状态

步骤六 保存

将经过干燥处理的餐具放入专用的餐具柜内存放,存放餐具的柜子也应该先进行消毒处理,以免干净的餐具二次污染

餐具清洗消毒的步骤

第四节 食物中毒的预防

一、食物中毒的特点

食物中毒，大多呈集体性暴发，但也可单人独户散发。食物中毒种类虽多，但都有共同的特点，如下图所示。

特点一	发病急骤，潜伏期短而集中，一般在 24 小时或 48 小时以内突然连续出现大量病人
特点二	病人都有类似的临床症状表现，并有急性胃肠炎的症状
特点三	病人在相近的时间内都食用过同样的有毒食物，凡进食这种有毒食物的人大都发病，而没有进食这种有毒食物的人则不发病
特点四	调查发现其发病范围和这种有毒食物分布区域相一致，若立即停止食用这种有毒食物，就停止发病
特点五	食物中毒病人对健康人不直接传染

食物中毒的特点

二、食物中毒的常见原因

1.细菌性食物中毒常见原因

细菌性食物中毒常见原因如下图所示。

原因一	生熟交叉污染。如熟食品被生食品原料污染，或被与生食品原料接触过的表面（如容器、手、操作台等）污染，或接触熟食品的容器、手、操作台等被生的食品原料污染
原因二	食品储存不当。如熟食品被长时间存放在 10～60 摄氏度之间的温度条件下（在此温度下的存放时间应小于 2 小时），或易腐原料、半成品食品在不适合温度下长时间储存
原因三	食品未烧熟煮透。如食品烧制时间不足、烹调前未彻底解冻等原因使食品加工时中心温度未达到 70 摄氏度

| 原因四 | 从业人员带菌污染食品。从业人员患有传染病或是带菌者，操作时通过手部接触等方式污染食品 |

| 原因五 | 经长时间储存的食品食用前未彻底再加热至中心温度70摄氏度以上 |

| 原因六 | 进食未经加热处理的生食品 |

细菌性食物中毒常见原因

2. 化学性食物中毒常见原因

化学性食物中毒常见原因如下图所示。

| 原因一 | 作为食品原料的食用农产品在种植、养殖过程或生长环境中，受到化学性有毒有害物质污染，如含农药过高的蔬菜 |

| 原因二 | 因不小心误用化学物质（杀虫剂、灭鼠剂、洗涤剂、消毒剂、食品添加剂）或化学物质污染食物。如果此物质保存在没有标记的容器里，就很容易与食物、调料弄混。盛放过杀虫剂和洗洁剂的容器未清洗而又盛放食物也会引起化学物中毒，如工业用的亚硝酸盐误当食盐食用 |

化学性食物中毒常见原因

3. 有毒动植物食物中毒常见原因

食品中含有天然有毒物质，食品加工过程未去除。如豆浆未煮透使其中的胰蛋白酶抑制物未彻底去除；四季豆加工时加热时间不够，使其中的皂素等未完全破坏；发芽马铃薯含有大量的龙葵素。

三、预防食物中毒的关键点

预防食物中毒，应根据防止食品受到细菌污染、控制细菌的繁殖和杀灭病原菌三项基本原则采取措施，其主要关键点如下图所示。

关键点一	避免污染
	即避免熟食品受到各种致病菌的污染。如避免生食品与熟食品接触、经常性洗手、接触直接入口食品的还应消毒手部、保持食品加工操作场所清洁，避免昆虫、鼠类等动物接触食品

> 关键点二 控制温度

如果加热的温度不能使食品的中心温度达到 70 摄氏度以上，就很难杀灭存在食品上的微生物。储存熟食品，要及时热藏，使食品温度保持在 60 摄氏度以上，或者及时冷藏，把温度控制在 0～10 摄氏度。另外，对于剩余的食品，由于剩余食品上的致病微生物有足够的时间生长繁殖，在重新食用前必须重新加热

> 关键点三 控制时间

即尽量缩短食品存放时间，不给微生物生长繁殖的机会。熟食品应尽快吃掉；食品原料应尽快使用完

> 关键点四 清洗和消毒

彻底清洗食品原料是去除污染的最好方式。未彻底清洗，会造成可能的化学性污染物、物理性污染物残留于食品中。对于不经加热直接食用的食品，还应在清洗的基础上进行消毒。一些生吃的蔬菜及水果也应进行清洗和消毒

> 关键点五 严禁超负荷接待

饭菜的加工量应与加工条件相吻合，饭菜加工量超过加工场所和设备的承受能力时，难以做到按卫生要求加工，极易造成食品污染，引起食物中毒，切莫贪图经济利益，超负荷运行。这种情况往往发生在大型宴会上，这时厨师往往以工作忙为借口，不按卫生要求加工。需要提醒注意的是，此时恰恰潜伏着食物中毒的隐患，需要更严格地执行卫生要求

预防食物中毒的关键点

四、各类食物中毒的预防措施

各类食物中毒的预防措施如下表所示。

各类食物中毒的预防措施

序号	类别	具体预防措施
1	细菌性食物中毒	（1）减少或彻底杜绝各种有害细菌对食物的污染 （2）凡容器、切肉刀板，只要接触过生肉、生内脏的，都应及时洗刷和清洗，严格做到生熟用具分开，冷藏设备分开，加工人员分开，加工场所分开

续表

序号	类别	具体预防措施
1	细菌性食物中毒	（3）生熟动物性食品及其制品，都应尽量在低温条件下保存，暂时缺乏冷藏设备时，应及时将食品放于阴凉通风处 （4）严禁食用病死或病后屠宰的家禽畜，对肉类等动物性食品，在烹调时应注意充分加热 （5）禁止家禽、家畜及宠物进入厨房或食品加工室，彻底消灭厨房、储存室、大厅等处的老鼠、蟑螂、苍蝇等害虫
2	化学性食物中毒	（1）禁止使用装过含砷、有机磷等农药的容器盛放粮食和其他食品，不用镀锌容器盛放、煮制、加工酸性食物 （2）严格遵守食品卫生标准，凡食材中镉与汞含量超过国家规定标准的一律不进行菜品加工 （3）控制食材及添加剂中的含铅量，使用添加剂时要严格按国家标准执行 （4）蔬菜、水果食用前需清洗、浸泡或削皮，以降低有机磷农药在食物中的残留量
3	有毒动、植物食物中毒	（1）不加工出售有毒或腐败变质的鱼类食品，尤其是青皮红肉鱼类，对含组胺较多的鱼类，应注意烹调方法，减轻其毒性 （2）加工前应对菌类进行鉴别，对于未能识别有毒或无毒的菌种类，应该把样品送有关部门进行鉴定，确认无毒后方可食用 （3）马铃薯应在低温、无阳光直射的场所储存，发芽较重及变黑变绿的马铃薯不得加工食用 （4）加工四季豆时应充分熟透，避免食用沸水焯过和旺火快炒的四季豆菜肴 （5）加工杏仁时应充分加热，敞开锅盖使其失去毒性 （6）木薯不能生吃，加工要去皮、水浸、煮熟，新鲜木薯要剥去内皮后再进行加工，浸泡木薯的水及薯汤不宜弃于池塘内
4	真菌毒素食物中毒	（1）防霉变，控制温度和湿度，粮食储存要清洁干燥，低温，要装有通风设备，根据粮温、库温及湿度采取降温和降湿措施 （2）祛毒素，如果粮食已被黄曲霉菌污染并产生毒素后，应设法将毒素清除或破坏，可选择霉粒法、碾轧加工法、加碱去毒法、物理吸附法、加水搓洗法等方法

五、发生食物中毒应及时处理

发生食物中毒事件，应及时处理，处理要点如下图所示。

特点一	顾客在用餐时，突发不明疾病晕倒或出现其他不良症状，离患者最近的服务员应立即上前将其扶到座位上，请人照看，及时向大厅主管报告，同时迅速告知行政总厨赶赴现场
特点二	工作人员在第一时间请一位同事陪同前往就近医院进行抢救，紧急情况要拨打"120"急救电话
特点三	若出现第二例以上症状病人，应立即停止售卖，做好现场保护工作，同时通知最高领导，听取处理意见，必要时拨打"120"急救电话，并通知食品卫生监督部门人员到场，配合调查处理
特点四	保存好出售食品的留样，以备相关部门化验检查

食物中毒事件的处理要点

第五节 食物过敏控制

大量改良品种、基因产品逐渐上市，增加了食品的不安全因素，其中一部分就是引起过敏的过敏源，而且容易被人们忽视。食物过敏是食物引起对机体和免疫系统的异常反应。主要是因为人体对某些外来食物成分的反应过度或对某些蛋白质以及某些食物成分缺乏消化能力。常见的食物过敏，与免疫球蛋白E有关，而致敏物即为某些蛋白。蛋白质是生物体内最复杂，也是最重要的物质之一，异体蛋白质进入人体后可能会发生过敏反应。这就是为什么在食品的成分和食用量都正常的情况下，而少数消费者食用后却会有不同形式的过敏反应发生。

一、食物过敏的反应

食物过敏原产生的过敏反应包括呼吸系统、肠胃系统、中枢神经系统、皮肤、肌肉和骨骼等不同形式的临床症状，幸运的是大多数人对食物的过敏反应是相对温和的，具体如下图所示。

特点一 当摄入了有关的食物，其中的食物过敏原可能导致一系列的过敏反应。过敏反应通常会在一个小时内出现，症状明显，有时表现得会较激烈，包括诸如呕吐、腹泻、呼吸困难、嘴唇、舌头或咽喉肿胀，血压骤降等

特点二 因食物产生的敏感或不适反应可能在几小时内，甚至几天后才会发生，叫作缓慢性过敏反应，主要的症状有：湿疹、胃肠不适综合征、偏头痛、麻疹、鼻炎、全身乏力、哮喘、关节炎、疼痛、儿童多动症等

特点三 有一小部分人有非常严重的甚至威胁生命的反应，叫过敏性休克（Anaphylactic Shock）。过敏性休克是一种血压突然降低的现象，如不迅速治疗可以致命

食物过敏的反应特点

二、最常见的食物过敏原

餐饮店要做好食物过敏预防工作，一定要熟悉常见食物过敏原。

（一）严重的过敏原

严重的过敏原主要包括以下几类。

（1）八大样　蛋品、牛奶、花生、黄豆、小麦、树木坚果、鱼类和甲壳类食品。

（2）八小样　芝麻籽、葵花籽、棉籽、罂粟籽、水果、豆类（不包括绿豆）、豌豆和小扁豆。

（3）其他　柠檬黄、亚硫酸盐、胶乳。

（二）主要致敏物

主要致敏物，具体如下表所示。

主要致敏物

序号	成分	例如
1	花生及其制品	烘烤花生、花生酱、花生粉、花生油、落花生
2	甲壳类动物及其制品	小虾、螃蟹、龙虾、小龙虾
3	鱼类及其制品	狼鲈、鲣鱼、比目鱼、金枪鱼、凤尾鱼、鳕鱼、鲑鱼、鱼油、鱼明胶、鱼粉、鱼肉
4	蛋类及其制品	蛋清、蛋黄、卵蛋白质、卵白蛋白、溶菌酶、卵黏蛋白、蛋磷脂

续表

序号	成分	例如
5	（树）坚果类及其制品	杏仁、榛子、胡桃、腰果、山核桃、巴西坚果、阿月浑子坚果、澳大利亚坚果、昆士兰坚果、坚果油
6	乳及乳制品（包括乳糖）	脱脂乳、奶油、乳脂肪、酪乳、干酪素、酪蛋白酸盐、乳清、凝乳、干酪、稀奶油、酸奶、乳白蛋白、乳糖
7	大豆及其制品	大豆蛋白、水解植物蛋白、大豆零食、大豆粉、大豆磷脂、大豆油、酱油（大豆制）、日本豆面酱、豆腐、生育酚（维生素E）、植物甾醇类
8	含谷蛋白的谷物及其制品	含谷蛋白谷物的完整清单：小麦、黑麦、大麦、燕麦、斯佩尔特小麦、远古硬质小麦及其杂交品种
9	二氧化硫及亚硫酸盐	亚硫酸钠代谢物、酸式亚硫酸钠、二氧化硫
10	芹菜及其制品	芹菜籽、块根芹、芹菜油、芹菜叶、芹菜浸提香油精
11	芝麻籽及其制品	芝麻籽、芝麻油、芝麻酱
12	芥末及其制品	芥菜籽、芥末油、芥末浸提树脂油、芥末粉
13	羽扇豆及其制品	羽扇豆粉、羽扇豆籽
14	软体动物及其制品	蛤、扇贝、牡蛎、蚌类、章鱼、蜗牛等

三、过敏原预防管理

（一）采购

（1）确认原材料中是否含有已知的过敏原成分，同时，包装材料也应视为原料来检查和核对其是否含有过敏原成分。餐饮店应采购满足规格的原料。

（2）运输工具也必须特别注意，因为它在运送不同物品时也可能导致交叉污染。

（二）储存加工

（1）做好对含有过敏原成分的原材料的隔离储存，并标上相应标识。严禁叠放在其他原料上，以防止跌落或飘洒引起的其他原料污染。

（2）如果在储罐中发现有过敏原成分，若不能专用，则需要进行严格的清洗工作，防止过敏原成分对其他成分的污染。

（3）避免来自其他生产区域或外部的交叉感染。

（三）品质检验

（1）对采购原辅材料、包装材料进行进一步的识别确认。

(2) 做好生产加工环节的日常监管工作，确保没有交叉污染。

(3) 收集过敏原的相关信息，提高识别潜在的食品安全性问题的能力，协助各部门不断改进食物过敏的控制措施。

（四）标识标注

对于过敏原，餐厅要做好各种标识标注，提醒顾客注意。过敏原标识标注的要求如下图所示。

要求一　基本原则

(1) 过敏原标识标注应准确、清晰、醒目、持久
(2) 过敏原标识标注应与餐饮食品摆放在同一视野内，易于就餐人员辨认和识读
(3) 配料应在过敏原标识标注中加以提示，如含有小麦、牛奶和蛋类
(4) 餐饮食品过敏原标识标注的字符高度不得小于 5 毫米

要求二　过敏原标识标注要求

(1) 对含有如下列举的、可以导致过敏反应的食品必须如实标注
①含有谷蛋白的谷物（小麦、面筋、荞麦、黑麦、燕麦、斯佩耳特小麦或它们的杂交品系及其产品）
②甲壳类、贝类动物及其产品（虾、蟹、蛤、牡蛎、扇贝等）
③蛋类及蛋类产品（鸡蛋、鸡蛋清、鸡蛋黄等）
④鱼类及鱼类产品、海产品（鳕鱼、金枪鱼、三文鱼）
⑤头足类及其产品（鱿鱼等）
⑥花生、大豆、芝麻及其产品
⑦乳及乳制品（牛奶、奶酪、奶油、干酪、干酪素、乳清、酸奶酪等）
⑧木本坚果及坚果类产品（榛子、开心果、腰果、核桃、杏仁等）
⑨蔬菜、水果、食用菌（芹菜、胡萝卜、扁豆、豆芽、苹果、猕猴桃、草莓、桃、橘子、芒果、荔枝、桂圆、红毛丹、蘑菇等）
⑩调料（味精、芥末、咖喱、黑胡椒、辣椒、花椒等）
⑪加入 10 毫克 / 千克或以上亚硫酸盐的产品
(2) 加入由两种或两种以上的其他配料构成的复合配料的食品，如含有（1）中所列举的可以导致过敏反应的食品，应进行提示
(3) 不能确定但可能含有（1）所列举的过敏原食品可写上"可能含有×××"或"不能保证不含有×××"等警示语句

过敏原标识标注的要求

第六节 加强病媒生物的防治

一、加强对虫鼠的防治

（一）化学防除法

化学防除法即利用化学药剂防除或毒死虫鼠的方法。用此方式防除虫鼠者占75%～80%。在使用化学药剂之前，最好先与虫害控制或卫生单位的专家协商，以确定药剂种类、用量及使用方式是否在法令规章的许可范围以内。

（二）物理防除法

物理防除法又分四类，如下图所示。

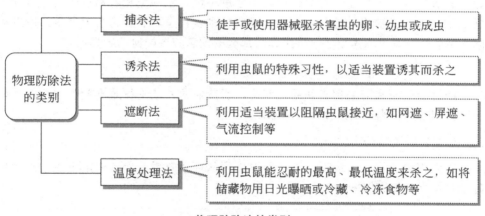

物理防除法的类别

（三）环境防除法

保持环境整洁来降低虫鼠的生存率，主要工作是杜绝为虫鼠繁殖提供所需食物及水分的场所。如所有与食物制备及供应有关的用具、餐具，使用后均应彻底洗净、消毒。任何用于接触食物的用具均不可用作其他用途。

二、加强对苍蝇的防治

苍蝇的种类很多，但是与食品卫生关系最大的是家蝇。家蝇白天多栖息于食物或产卵地的附近，停留时喜欢选择粗糙的表面，特别喜欢器物的边缘。在夜间，大部分的苍蝇多停留在室外，在植物的枝叶上、灌木或篱笆上。在温暖的气候中，家蝇一般也多停留在室外。

（一）环境防除法

控制家蝇最好的方法莫过于环境防除法。建筑物应尽量用自动开启的门，且在对外开口及门窗处加装纱窗、纱门或空气门等，并加装风扇以防止家蝇的侵入。

（二）化学药剂防除

以化学药剂防除家蝇可奏效一时，但若以环境防除法来配合，则必能取得事半功倍的效果。在室内，可用喷洒式杀虫剂迅速击落并杀死苍蝇。

杀蝇剂可使用除虫菊加协力剂，或使用人工合成除虫菊，但需将所有食物包盖或移走，员工不可停留在内，并将电源及所有火源关闭，紧闭门窗。

三、加强对蟑螂的防治

蟑螂对餐饮店的危害是最严重的，因为食物丰富，而且水源也很充足，特别适合蟑螂生存，另外加上有些餐饮店不注意环境卫生则更加容易有蟑螂。餐饮店又是给客人提供食物的地方，一旦有蟑螂掉进食物里，后果将会很严重，所以灭除蟑螂和预防是非常重要的一项工作。那么餐饮店应该如何灭蟑螂呢？

（一）药物防治

蟑螂的灭除和防治都必须通过药物，而其他的办法是很难奏效的。注意选择正确的药物，否则也无法使蟑螂灭除。

（二）环境防治

仅用灭蟑药物，治根不治本，所以必须从环境着手，保持清洁卫生，从而更好地防止受到蟑螂侵害。

要点一	清理环境卫生，收藏好食物，不要把食物放在外面，食物最好是放到柜子里，及时清除散落、残存的食物，对泔水和垃圾要日产日清，以降低蟑螂可取食的食源和水源
要点二	厨房墙壁瓷砖缝和破裂的瓷砖一定要封起来，下水道要保持畅通，下水道口必须加网盖，定期清理下水道的垃圾
要点三	与外界连接的管道接口最好都封起来，可以防止蟑螂从外界入侵
要点四	始终保持干燥清洁的环境，破坏蟑螂生存的环境

环境防治的要点

第七章
餐厅营运安全管理

引言

在日常经营中,以经济效益为核心,又往往使领导忽视安全。安全虽然不直接创造经济效益,但是,它可保障经济效益的实现。一旦失去安全保障,那么餐厅的经济效益和社会效益都会付之东流。因此说,安全是餐厅有序生产的前提,是实现餐厅效益的保证,是保护顾客与员工利益的根本。

第一节　餐厅人财物的安全防范

安全是有序生产的前提，安全是实现餐饮企业效益的保证，是保护员工利益的根本。餐饮企业要确保人、财、物的安全，必须做好防抢、防偷、防意外、防火、防台风、防爆、防地震工作。

一、防抢

平时就应强化员工的警觉性，对于出入店内的人、事、物都要提高警觉，适时地向顾客寒暄，眼神的接触可以让歹徒心虚，进而预防抢案的发生。所以专业的、完善的营运管理，训练员工正确的现金控制流程，灌输以公司为事业的理念，必能防患未然。

（一）遇抢应变措施

1.遇抢的应变通则

抢劫多发生在打烊后或深夜时刻，面对抢案发生，当事人第一时间就是想办法尽快让歹徒离去，因为歹徒停留在店内的时间越久，对员工及顾客造成伤害的概率就越大。所以抢案发生当时的处理方式，是以避免暴力行为发生为关键。遇抢的应变通则如下图所示。

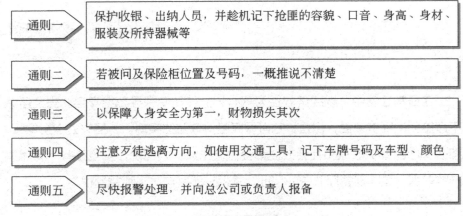

遇抢的应变通则

2.各级人员遇抢的处理细则

各级人员遇抢的处理细则如下图所示。

收银人员	其他员工
尽量配合歹徒的要求,将钱交出,切勿反抗,而引发其杀机;不可与歹徒争执,也不必主动提供资讯,只需简短回答其问话即可	保持冷静,不要乱跑,以免歹徒受到惊吓,而引发其暴力倾向,当然更应尽可能地离歹徒越远越好;要机警,并仔细观察记下歹徒的特征

各级人员遇抢的处理细则

（二）被抢善后处理原则

1. 各级管理人员

（1）马上通知警方抢劫案发生的地点及时间,并提供有关抢劫案事件发生的始末及任何有关歹徒的线索,如面貌、口音、身高、身材、服装、所持器械、交通工具的车号、车型、颜色及歹徒逃逸方向等。

（2）确定损失的金额。

（3）把门锁上,尽量保持案发现场的完整,直到警方人员抵达。

（4）要求员工镇静,不要讨论所发生的事件。

2. 所有员工

远离案发现场,不要触碰任何东西。不要彼此讨论所发生的事件。

（三）可疑情形及应对措施

许多时候只要防范得宜,不给歹徒留下可趁之机,则抢案自无发生之虞。所以餐厅在日常营业时,应教育员工密切注意抢劫的可疑情形并了解应对措施,以消弭抢案于无形。常见可疑情形及应对措施,具体如下图所示。

第一种 当你在处理金钱的时候,这位顾客总是在你面前出现

（1）与这位顾客寒暄,设法打听其住处、姓名、工作地点等,让他知道你已在注意他
（2）避免钱财外露,切勿在顾客面前数钞票

第二种 单独用餐的顾客,用完餐后还停留在店内迟迟不肯离去

（1）请服务人员上前礼貌地问候:"请问还需要点什么东西吗?"
（2）与顾客寒暄并闲话家常,此举可以吓阻歹徒,打消犯案意图

第三种 顾客在餐厅高峰时刻，进出餐厅好几次

(1) 通知其他工作人员，加强注意
(2) 礼貌地问候顾客有什么可以效劳的地方
(3) 上前寒暄与问候

第四种 在酷热气候下，还穿着外套者，可能藏有器械

(1) 通知其他工作人员观察他（她）
(2) 礼貌性地上前问候交谈，并询问店内的温度他（她）可否满意

第五种 车辆停泊在店门口或停车场上，而有人在车上等候

(1) 试着确认车上的人是否是正在等候店内用餐的顾客
(2) 如有可能，观察并记录该车的车号、车型、颜色及停留时间

第六种 打烊后还有车辆停在店外或停车场

(1) 观察驾驶人并记下该车的车号、车型、颜色及停留时间
(2) 确认车上的人是否在等候店内同伴

第七种 有人或一群人在餐厅门外闲荡逗留

(1) 密切观察其有无可疑的行为，并记下身材特征
(2) 如果有充分理由，可礼貌地请对方离开，以确保安全
(3) 如果对方持续在店外闲荡，则可视情况通知警方

第八种 打烊后，有人敲门

(1) 应装设保安系统
(2) 打烊后，勿让任何人进来（如借用厕所或借打电话等）

常见可疑情形及应对措施

二、防偷

（一）防止员工偷窃

餐厅中人多事杂，对于员工的偷窃行为发生时，其处理通则如下。
（1）明令规定贵重物品严禁携至店中，如有必要，则交由柜台保管。
（2）发薪日现金或薪资支票锁于保险柜中，下班的员工方可领回，领完钱后

最好随即离店，勿在店中无事逗留。

（3）抓到偷窃者立即开除，绝不姑息。

（二）防止外人偷窃

1.餐厅硬件设备方面

餐厅硬件设备方面，具体如下图所示。

措施一　门窗

（1）后门要加装猫眼，利用猫眼来确认想要从后门进来的任何人，后门最好保持锁着的状态
（2）如果后门没有猫眼装置，则请想从后门进来的人改从前门进入
（3）后门的门面不要有手把或其他类似零件，要使后门只能从店内打开
（4）检查门窗万一有玻璃破损及任何螺钉脱落的情况，应立即找人修理
（5）控制餐厅钥匙的数量，只限店长、经理或开店及打烊的管理人员持有
（6）建立钥匙记录簿，务必要求钥匙持有人签名
（7）当钥匙数量多到无法控制时，最好赶快换锁

措施二　储藏间和巨型铁质垃圾桶

储藏间须上锁，巨型铁质垃圾桶确认维修良好，并保持紧闭

措施三　灯光照明

充足的灯光可以吓阻店内和店外犯罪人员
（1）在阴雨天和天将黑时，要打开外围的灯光
（2）在天黑时，要打开屋顶招牌灯
（3）投射灯须能照到走道、后门、前门及外围景观
（4）营业时间用餐区须打开灯光
（5）损坏的灯需随时换新

措施四　店面外的景观

经常检查建筑物的前后及室外垃圾处理区（如果有的话），尤其有庭院的餐厅还要检查是否杂草丛生，一旦植物生长过高或过于茂盛，不但影响视野的清晰度，更易成为歹徒躲藏之处

餐厅硬件设备方面措施

2.营运安全管理

（1）餐厅开店的安全　每天第一个抵达餐厅的工作人员，应先环绕店面四周，

检查窗户是否破损，门是否打开，巨型铁质垃圾桶是否开着，以及任何其他可疑的征兆。然后将车停在餐厅前门而非后门，从前门进入餐厅。在餐厅营业之前，再将车辆移到餐厅后面，将餐厅前面的停车位留给顾客使用。

（2）打烊的安全步骤　打烊的安全步骤如下图所示。

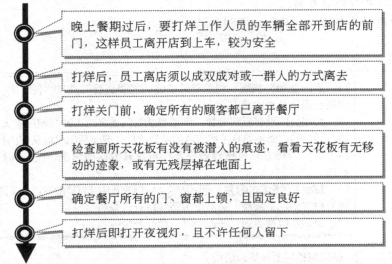

打烊的安全步骤

（3）垃圾处理　将所有垃圾集中在后门，然后再一次将所有的垃圾丢到巨型铁质垃圾桶（或垃圾集中场），这样可以减少开门及锁门的次数。尤其在犯罪率较高的地区，夜晚可以不必将所有垃圾清理干净，除非有另一个员工可以协助。

三、防意外

（一）预防措施

（1）一旦地面有油渍、水渍、汤汁或食物，必须要马上清理干净。
（2）清除在工作区、走道、储藏区及进出口的障碍物。
（3）修理或更换有缺口的桌、椅和其他安装物。
（4）修理破裂的地毯。
（5）确保高脚椅十分稳固。
（6）去除装潢物、家具及工作台的尖角外缘。
（7）更换有缺口或破损的器皿、器具或设备。
（8）刀叉等尖锐用具及厨房器具正确使用及储存。
（9）训练员工正确搬货举物的技巧。
（10）笨重物品储存正确及稳固。

（11）训练相关人员各项电器设备的正确使用、保养及清洁方法。

（12）定期检查插座、插头、电线、电路开关，万一有破损，应立即请专人修理。

（二）急救箱

餐厅急救箱应摆放固定位置，以防意外发生时可迅速取用。急救箱大致置放的医疗用品有：胶布、胶带；纱布；绷带；棉花、棉花棒；烫伤药膏；剪刀及小钳子；急救手册；双氧水；擦伤药水。

四、防火

（一）防火措施

"慎防火灾"这句警语用在厨房中是最恰当不过的，因为厨房烹饪食物，燃烧使用火种频繁，稍有不慎，极容易引发火灾。不过发生火灾的原因除烹饪燃烧火种外，还有吸烟烟蒂、电线漏电、电动机机械损坏、液化气漏气、油料外泄与罪犯纵火等。而"星星之火，可以燎原"，事先做好预防最重要。现将防火应注意的事项，分述如下。

（1）厨房本该保持清洁，染有油污的抹布、纸屑等杂物，应随时消除，炉灶油垢常清洗，以免火层飞散，引起火灾。

（2）炒菜时切勿随便离开，或分神处理其他厨务，或与人聊天，都是很危险的。

（3）油锅起火时，应立即关闭炉火，除去热源，并将锅盖紧闭，使之缺氧而熄灭；锅盖不密时，就近用酵母粉或食盐倾入，使火焰熄灭。

（4）工作时切勿吸烟，吸烟已经是违规，而将未熄灭的烟蒂随便放置，更是严重错误，切忌之。

（5）易燃、易爆危险物品不可靠近火源附近，例如酒精、汽油、木柴、液化气钢瓶、火柴等，不可放置在炉具或电源插座附近。

（6）电动机动力机器使用过久，常会生热起火，应切实注意定期检修，维护保养。

（7）确定所有的开关及插座都有覆盖壳。

（8）所有有关电的工程，都由合格电工操作完成。

（9）用电烹煮食物，须防水分烧干起火，用电切勿利用分叉或多口插座，不要同时使用多个电器，以免超过负荷，而致电线着火。

（10）电线配线老旧、外部绝缘体破裂或插座头损坏，应立即更换或修理。发现电线着火时，迅速切断电源，切勿用水泼覆其上，以防导电。

（11）使用液化气炉、液化气管线，勿靠近电气线路或电源插座装置。炉具及钢瓶凡未经检验合格者，不可采用。

（12）液化气钢瓶不可横放，管线及开关不可有漏气现象。遵照点火及熄火方法，点火之前切忌大量液化气喷出，易产生爆炸的危险。熄火时，关闭管制龙头（断绝液化气来源即熄），不可用口吹熄，以致忘记关闭，使液化气泄溢室内，即会引起火灾或中毒。

（13）平日可用肥皂水检查液化气管及接头处是否有漏气现象，液化气管以金属品代替橡胶制，可防虫咬或鼠咬。

（14）抹布尽量不要摆在烤箱、煎板或正在煮的锅上烘干。

（15）如闻到烟味，应即察看热源处，并搜寻每一个垃圾桶中是否有未熄灭的烟蒂或火柴。

（16）每日工作结束时，必须清理厨房，检查电源及液化气、热源火种等开关是否确实关闭。防火检查不可遗忘，以防万一。

（17）平时宜加强员工消防宣导，灌输员工救灾常识，实施救灾编组，训练正确使用消防器材，如"泡沫式"灭火器不可直接喷入燃烧的液体内，仅让泡沫轻轻落于火焰表面；"二氧化碳式"灭火器尽可能接近火焰直接喷射；"SOPAACID"气体灭火器及"干化学剂"直接喷于火焰基部。灭火器及消防水栓应常检验，以免失效。太平门、安全梯的安全检查，也属必要措施。

（二）火灾应变措施

（1）如遇店内火警，应立刻切断灭火器及电源，如火势不大，可用灭火器灭火，切勿惊慌大叫，影响营业。

（2）如火势太大，无法控制，应立即打"119"报警处理，并打开安全门，让顾客循序逃出，店内员工应保持镇定，稳定外场秩序，并检查化妆室是否有未逃出的顾客，派遣两名男性员工保护出纳人员携财务及会计资料离去，员工最后再循序离去，并报备管理层。

（3）如隔壁或楼上发生火灾，应查看火势大小是否会波及本店，处理方式同（1）及（2），切勿惊慌失措。

（4）电线着火除立刻切断电源外，切勿用水乱泼，以免火势蔓延，并尽量隔离空气灭火。

（5）万一是液化气漏气，尚未酿成火灾，应立刻切断液化气总开关，打开门窗，并尽速切除火源、电源、等液化气散尽再开电源，以免发生爆炸。

（6）一旦液化气泄漏引起火灾，灭火方法为：断绝液化气之源；断绝空气供给；降低周围温度；用泡沫灭火器灭火。

（三）火灾疏散顾客引导要领

（1）利用广播向客人告知火灾地点。

（2）从最靠近火灾处所的顾客优先疏散。

（3）老弱妇孺优先疏散。

（4）疏散过程中如遇浓烟迫近时要使用湿手帕、湿毛巾将鼻、口掩住，必要时使用室内消防栓射水援护。

（5）疏散时不可使用电梯。

（6）在火灾楼层下面的顾客，指导其至各安全（门）楼梯向下层疏散。

（7）在火灾楼层的顾客，指导其至离开火灾地点反方向的安全（门）楼梯向下面楼层疏散。

（8）在火灾楼层上面的顾客，如安全（门）楼梯间无烟火冒出时，指导其向下面楼层疏散。如遇烟火时，则改由反方向的安全（门）楼梯向下面楼层疏散。

（9）指导疏散时要注意安全，不可混乱，而且必须大声呼叫、指示。

（10）一旦疏散至安全地带后，禁止顾客返回取物。

（11）关闭火灾区域的防火门，在此之前要先确认有无人员未疏散。

（12）检查厕所、餐厅内是否还有人。

五、防台风

（1）检查门窗是否坚固，铰链有无锈蚀失灵。

（2）关闭非必要的门窗，如属中强度台风，风力达12级以上，迎风面的门窗，应加钉木板，以防玻璃破碎，并准备强黏胶带，以备粘贴玻璃门窗。

（3）检查电路、液化气，注意炉火，慎防火灾。

（4）准备照明手电筒及电池（不可使用蜡烛），以防停电。

（5）多备两三日的食物和蔬菜，并节省用水。

（6）房屋外、庭院内各种悬挂物件、盆花及零星物件易被吹落者，应即取下收藏，以防伤人。

（7）如因风害有财务损失，立即通知财务部。

（8）台风后，立刻整理环境，清除污物，喷洒消毒药品。

（9）若台风引起水灾，应将易浸坏的用具、设备、物品垫高，或移往高处。

（10）若水已淹人，不可开电源，以免触电。

六、防爆

防范歹徒以放置爆炸物遂行恐吓勒索或扰乱秩序，以减轻损害至最低程度。

（1）各部门办公室门应随时保持关闭状态，尽量不在办公室内接待访客，遇有访客至办公室须询明身份，绝对不接受寄存任何物品，如必须接受寄存物品，应了解寄存人身份，记明寄存时间，在该寄存物上标示清楚。

（2）离开办公室，如非短时间可返回时，抽屉及经管的橱柜务必加锁。

（3）下班后务必关窗、关门、关灯。

（4）办公室、仓库随时保持整洁，一切公私对象均须有一定的放置位置，便于发现可疑物，凡发现不属于本餐厅的公私或可疑对象，切勿移动，应立即通报店长。

（5）电话总机、主管办公室、秘书为最可能接获恐吓电话者，如接获歹徒电话时，要保持镇静，切忌慌乱，尽可能延长通话时间，以轻松、和缓的语气与其周旋。

（6）接获歹徒恐吓电话，除立即报告店长外，不得向任何人透露（包含隶属主管），绝对保守秘密，以免招致慌乱，发生其他意外。

（7）任何人员发现可疑物或可疑情况时，都应立即通报店长，对该可疑物或可疑情况，严密监视，不触摸、不移动，尽可能保持现状，等待警察前来处理。

七、防地震

餐饮企业对地震的预防与应变措施如下图所示。

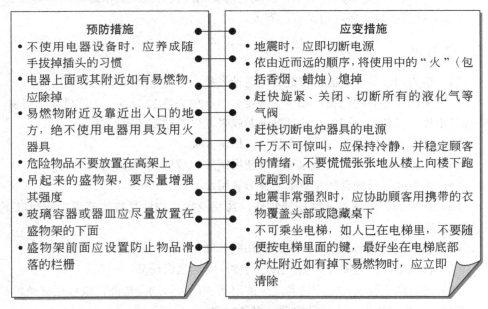

餐饮企业对地震的预防与应变措施

第二节　餐厅突发事件应急处理

突发事件就是意外地突然发生的重大或敏感事件。在餐厅内可能会发生的突发事件有烫伤、烧伤、腐蚀性化学制剂伤害、电伤、客人突然病倒、客人跌倒、顾客出言不逊、客人丢失财物、顾客打架闹事、突然停电等，对于这些，餐饮企业应能够事先预见，并制定应急处理措施，并对员工进行培训、演练。

一、烫伤

（1）将被烫伤的部位用流动的自来水冲洗或是直接浸泡在水中，以使皮肤表面的温度迅速降下来。

（2）在被烫伤的部位充分浸湿后，再小心地将烫伤表面的衣物去除，必要时可以利用剪刀剪开，如果衣物已经和皮肤发生粘连的现象，可以让衣物暂时保留，此外，还必须注意不可将伤部的水泡弄破。

（3）继续将烫伤的部位浸泡在冷水中，以减轻伤者的疼痛感。但不能泡得太久，应及时去医院，以免延误了治疗的时机。

（4）用干净的布将伤口覆盖起来，切记千万不可自行涂抹任何药品，以免引起伤口感染和影响医疗人员的判断与处理。

（5）尽快送医院治疗。如果伤势过重，最好要送到设有整形外科或烧烫伤病科的医院。

二、烧伤

（1）如果顾客身上着火，应该告知顾客用双手尽量掩盖脸部，并让其立即倒地翻滚让火熄灭，或者立刻拿桌布等大型布料将伤者包住、翻滚，将火熄灭。

（2）等到火熄灭后，再以烫伤的急救步骤来处理。

三、腐蚀性化学制剂伤害

（1）无论是哪种化学制剂，都应该以大量的清水加以冲洗，而且清洗的时间至少要维持30分钟，才可以冲淡化学制剂的浓度，尤其当眼睛已受到伤害时，更要立即睁开眼睛用大量清水来冲洗。

（2）立刻送医院治疗。

四、电伤

（1）先切断电源或是用绝缘体将电线等物移开，接着应立即检查伤者是否有呼吸和心跳，如果呼吸与心跳停止，应该立即进行人工呼吸救助。

（2）若是电伤的伤害程度较深，应该直接送往医院急救。

五、客人突然病倒

客人在餐饮店用餐，任何意外都有可能发生，突然病倒就是其中一项。遇到就餐客人突然病倒时，服务员应按照以下方法去解决。

（1）保持镇静。对于突然发病的客人，服务员要保持镇静，首先要打电话通知急救部门，再通知餐馆的有关部门，采取一些可能的抢救措施。

（2）如果客人昏厥或是摔倒，不要随意搬动客人。如果觉得客人躺在那儿不雅观，可以用屏风把病者围起来。服务员还要认真观察病人的病情，帮助客人解开领扣，打开领带，等待急救医生的到来，并按医生的吩咐，做一些力所能及的事情，协助医生的工作。

（3）对于有些客人在进餐过程中，或是进餐后尚未离开餐馆时，就突然出现肠胃不适等病症的人，服务员也要尽量帮助客人。这时候，服务员可以帮助客人叫急救车，或是帮助客人去洗手间，或是清扫呕吐物等。

（4）与此同时，服务员不要急于清理餐桌，要保留客人食用过的食品，留待检查化验，以便分清责任。

（5）当客人突然病倒，服务员不要当着客人的面，随便判定，随便下结论，也不要自作主张地给客人使用药物。

六、客人跌倒

客人在餐饮店跌倒，服务员应主动上前扶起，安置客人暂时休息，细心询问客人有无摔伤，严重的马上与医院联系，采取措施，事后检查原因，引以为鉴，并及时汇报，做好登记，以备查询。

七、顾客出言不逊

个别的客人由于各种各样的原因，对服务员出言无礼，甚至出口伤人，这种事情也时有发生。

情况不同，对待和处理的方式也不一样。如果是客人自身的素质低，不懂得在公共场合保持应有的言行举止，服务员可以冷静地对待，一般不要计较，如果实在太过分，服务员可以冷静地指出，让客人收敛其言行，有必要的话，还可以报告上级领导和有关部门，出面协助处理。

如果客人是出于受到怠慢而出言不逊，作为服务员或餐饮店方面，应该立即弥补自己服务上的失误，不要去计较客人在言语上的过激与无礼。

总之，遇到出言不逊的顾客，服务员首先仍应以礼相待，晓之以理，若情况并无好转，也不能以粗对粗，而应及时通知有关部门协助处理，用文明的方式方法解决纠纷。

八、客人丢失财物

为了防止顾客丢失财物现象的发生，当顾客来餐饮店就餐时，服务员就应当热心地、适度地提醒客人,注意他们的财物。

在顾客的整个就餐过程中,服务员应经常提醒顾客注意保管好自己的财物。

顾客丢失了财物,服务员应表现出同情与关心,尽量帮助客人查找,一定要让客人感到服务员是在尽力诚心实意地帮他。

如果顾客在餐饮店里丢失了财物,一时没有找到,服务员应问清客人当时用餐的具体位置、餐桌的台号、物品的件数和特征等情况,并且当着客人的面登记备查,或是通知有关部门帮助协查寻找。

经过寻找,一时仍无着落的,可以请客人留下联系地址和电话号码等,以便一有信息可以及时通报。

有的顾客因丢失物品,难免会对餐饮店的环境或是服务员产生怀疑,有时甚至当场说些"过头话",作为服务员应从同情和理解的角度出发,坦诚相待,不急不恼,认真查找,以自己的实际行动来替客人排忧解难,这样,便会化解客人的愤怒,有助于事情的解决。

九、顾客打架闹事

如果打架闹事者根本不听劝告,继续斗殴,比较严重的,餐饮店应马上报警,请警察采取适当措施,以维持餐饮店的秩序。

(1)服务员在劝阻顾客打架闹事时,要注意方法,态度上要尊敬对方,言语上用词恰当,自己不要介入到纠纷中去,不要去评判谁是谁非。

(2)一般来说,打架闹事的人多是出于一时的冲动,逞一时之勇,即使是故意、有目的打架斗殴,只要服务员能及时、恰当地劝阻,一般都会解决。

(3)制止打架斗殴,不但是为餐饮店的安全和名誉着想,也是为打架的双方着想。如果闹事者是冲着捣乱餐饮店而来的,更应该保持冷静,而不要中了圈套。

(4)若是事态严重的,要立即拨打"110",并注意保护现场以便审案时作证。

 案例 ▶▶▶

星期天,小童与好友打电话,本想约好友去一家之前常去的餐厅见面,刚讲出那家餐厅的名字,就听好友立刻神经质地说:"不要去!那家餐厅很邪的,以后都不会去的了。"小童心想:奇怪了,原来你一直觉得那家餐厅很好的呀,又干净,服务员也好,菜也不错,今天怎么就变了呢?于是小童就问她:"原来你不是很喜欢去那里的吗?怎么……"好友压低声音说:"你还不知道吧?那家餐厅里刚死过人呀!"

"啊?!"小童的脑中飞快地闪过电影里杀人的镜头:暗杀?黑社会?追捕逃犯?朋友见小童没吭声,接下去说:"一个月前,餐厅里来了两位中年男顾客，一边喝酒一边谈话。不知怎的，两人就吵起来了，差点还要动手，被餐厅的保安和楼面经理给拉开了。但谁知其中一人突然面色发青，双手捂胸就倒下去了。开始大家还以为他被对方弄伤，后来发现情形不对，才赶快拨打120。等急救车赶到时，医生说他已经去世了，是心脏受了刺激，突发而死的。那个跟他吵架的人也被带走了。人死在餐厅里，人人都很惊慌，吃饭的人不管吃没吃完都赶紧结账走了，剩下很多吓得不知所措的服务员。"好友一口气讲到这里，停了停，又接着讲下去："餐厅死了人的事马上就被传开了。谁还敢去呀？反正到处都有餐厅。所以那家餐厅几天前就关门停业了。"

十、突然停电

开餐期间如遇到突然停电，服务人员要保持镇静，首先要设法稳定住客人的情绪，请客人不必惊慌，然后立即开启应急灯，或者为客人餐桌点燃备用蜡烛，并说服客人不要离开自己座位，继续进餐。自己则马上与有关部门取得联系，弄清楚断电的原因，如果是餐饮店供电设备出现了问题，就要立即要求派人检查和修理，在尽可能短的时间内恢复供电。如果是地区停电，或是其他一时不能解决的问题，应采取相应的对策。对在餐饮店用餐的客人要继续提供服务，向客人表示歉意，并暂不接待新来的客人。

案例 ▶▶▶

傍晚，某餐厅正在举办寿宴。天逐渐地暗了下来，寿宴正进行得热烈而隆重。

突然，餐厅漆黑一片，停电了。短暂的沉寂之后，迎来了此起彼伏的喊声："服务员，怎么停电了？""服务员，赶紧去看看！""服务员，什么时候来电？"……

领班小张反应迅速，来到库房抓了两包红蜡烛，跑回楼面。立刻安排12名服务员站成两排，点燃蜡烛，整齐地排好，走到宴会厅。同时他手持扩音器，说道："尊敬的宾客，幸福的寿星！今晚，我们酒楼特别策划送上别致、独到的烛光晚宴，祝寿星及来宾在此吃得开心！"霎时间，掌声雷动，整个宴会厅充满了温馨浪漫的气氛。客人们非常高兴，赞不绝口。

服务员逐个把蜡烛放到烛台上，然后送到大厅的各个区域。宴会继续进行，气氛依然热烈。

在平时，餐饮店里的备用蜡烛应该放在固定的位置，以便取用方便。如备有应急灯，应该在平时定期检查插头、开关、灯泡是否能正常工作。